闲话北宋人物

周康尧 著

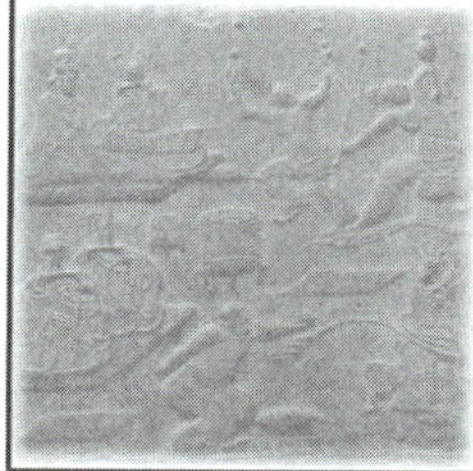

线装书局

图书在版编目（CIP）数据

闲话北宋人物 / 周康尧著. -- 北京 : 线装书局,
2019.1（2019.8）
ISBN 978-7-5120-3103-6

Ⅰ. ①闲… Ⅱ. ①周… Ⅲ. ①历史人物－人物研究－中国－北宋 Ⅳ. ①K820.441

中国版本图书馆 CIP 数据核字(2018)第 015389 号

闲话北宋人物

作　　者：周康尧
责任编辑：李　媛
出版发行：线装书局
地　址：北京市丰台区方庄日月天地大厦 B 座 17 层（100078）
电　话：010-58077126（发行部）010-58076938（总编室）
网　址：www.zgxzsj.com
经　　销：新华书店
印　　制：三河市荣展印务有限公司
开　　本：710mm×1000mm 1/16
印　　张：24
字　　数：320 千字
版　　次：2019 年 8 月第 1 版第 2 次印刷
印　　数：1001-2000

线装书局官方微信

定　　价：60.00 元

引　言

在我们的史观里，对宋朝有“陋宋”之说，但是读西方人写的世界史，宋朝因其政治、经济、文化和科技都领先世界，并且有“伟大的文化成就”，成为当时的世界强国。现代文明史观看到的宋朝跟唐朝一样，都是人类文明成果的典范。因此，了解一个拥有人类文明成果的宋朝，就需要我们持现代文明史观去看待宋朝的得失和兴亡。

基于《宋史》“大旨以表章道学为宗”，作者所以着力在《宋史》以外的原始史料里较真求是，然后关注《宋史》以及近代史料的相关记载。若说古道学和今道学在社会意识方面的“唯心”偏好都含“违心”成份，那么，不管是《宋史》还是近代史料，都需要我们以历史人物的功过作为来判断，这对历史人物、历史事件乃至那个时代或许才有一个较为真实的了解。

拙著结集北宋历史人物，希图从这些人物故事去考量宋人的思想、观念、情感和意趣，从而洞见北宋在政治、经济、文化上的成就及其成因，就宋人的人生选择、道德判断、价值取向等方面或可获得一些借鉴和启迪。

周康尧　于得逸园

目　录

真宗一朝

仁宗一朝

宋初君臣

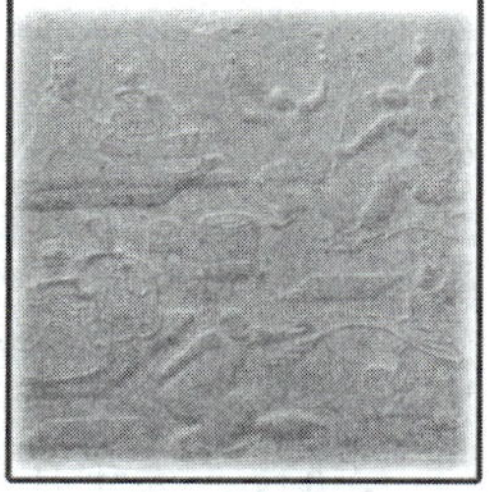

宋太祖创业

宋太祖赵匡胤（927—976），宋朝开国皇帝。祖籍涿州（今河北涿州）。在位十七年。

皇权神授进行时

一

国家元首的合法性，在今天是通过选举获得的，但在我们的古代，世袭之外更强调上天所授，亦即由上天派他的儿子来当皇帝，所以皇帝又名“天子”。皇权既是上天所授，天子在即将产生和问世时也都会有神奇的吉兆或非同寻常的天象。宋太祖赵匡胤的降世，在这方面尤其充满神秘色彩。

据《东都事略》卷一和《湖海新闻夷坚续志》前集卷一载，公元926年，也就是后唐天成元年，明宗帝在宫中向天祷告：“某本胡人，因乱为众所推，愿天早生圣人，为生民主事。”

明宗帝李嗣源在五代皇帝中要算一个开明国君，虽是个文盲，但他觉得五代皇帝都不过是乱世冒名顶替皇帝的人，所以向上天祈求真命天子。明宗帝当然是祈求自家“早生圣人”，据说上天听到明宗帝的祷告，也认为五代十国扰乱华夏已几十年，走马灯似的皇帝没一个是真命天子，是应该派个真命天子去平复华夏。

《孙公谈甫》卷中说，上天依于汴河势冲南京，至城外迂其势以避之，有道“留赵湾”，这“留赵湾”也就有了帝王气。因此，上天叫洛阳夹马营低级军官赵弘殷的妻子杜氏结此缘而孕宋太祖，由于这个生育指标是上天特许的唯一指标，所以杜氏在孕宋太祖时梦见太阳入怀。也就是说，把国家元首喻成“我们心中的红太阳”，本是皇权神授的旁白。

天成二年，太祖降生在洛阳夹马营。《湖海新闻夷坚续志》前集卷一说太祖赵匡胤出生时，“赤光绕室，异香经宿不散，体有金色，三日不变”。夹马营是时即被人们叫作“香孩儿营”。脱脱在撰《宋史》时，将这则神化[①]录入《宋史·太祖本纪》，就是对宋太祖天子身份的认同。

王立群教授引用这个神化时，说：“这是史家写史的一贯伎俩。”（《宋太祖·上》第15页）王教授这话，自然是站在现代人的立场来断言，在破除迷信上，尤其是破除造神说，这话倒是无可厚非的。

但是，习俗史告诉我们：“宋代是一个充满神异色彩的朝代，上至封建帝王，下至庶民百姓，对神仙、巫觋、先兆无不崇信，在民间信仰上显现出庞杂而神秘的特色。”（《新编中国习俗史·宋代民间信仰》第105页）先兆、梦兆、占验术加上官民供奉的诸神等信神说，说明宋时的百姓和官都是迷信佬。宋人敬天畏地信鬼神，固然是沿袭前朝习俗，亦即在我们的古代，信神说就是社会意识的一部分。例如安阳的殷墟甲骨，就是殷王朝的国家档案，这些档案的内容，大都是殷王朝敬天畏地信鬼神而令巫官卜占国家大事的记载。

一个民族的文字与迷信如是结缘，历朝历代的社会意识也就难免夹带迷信的心态和形态，这样一来，真命天子降世的神化，既是社会的潜

① 拙稿中所用“神化”一词，校对后仍坚持用这一词，是依据《现代汉语规范词典》“神化”释：“把某一对象视为神仙加以崇拜。”据此，窃以为造神说神化伟人的故事应为神话故事。

在意识，也是真命天子即将登上历史舞台的当然备份。当这一造神说成为百姓认同真命天子的无形布告时，即看到迷信手段本是帝王术的一部分。我们说政治是艺术不是科学。因此，视这类神化为史家伎俩，就难以了解当时社会态度的真实所在。

二

上天虽在夹马营降下天子，赵匡胤本人并不知道自己命占九五之尊。《挥麈后录》卷一记，赵匡胤怀上皇帝野心，是他从军后客游睢阳，醉卧阙伯庙做了个奇异的梦，醒来便在神像前拿起珓（打卦工具，形同蚌壳的两片竹片）来卜问自己做官能做到多大。俗以珓着地后一俯一仰为圣珓，亦即对卜问之事的回应，简称“应”；珓着地后两俯两仰为弃珓，皆是卜问无回应，简称“不应”。他先只是祈求做个副将，珓着地不应；再求做大帅，珓仍不应；于是以皇位占之，珓在空中盘旋后掷地应之。神的这般示意，赵匡胤本人因此日益自负起来。

只是，赵匡胤没有沉醉在梦想里坐等皇位到来，而是在战场上凭着卓越的军事才能和组织能力，由士兵提拔为军官后，一路晋升，做上军事统帅殿前都点检太尉。

笔者关注这些神化，旨在探视宋太祖即位前的心迹流露。忽视这些神话故事，定难捉摸宋太祖登基前的心迹。所以，赵匡胤既是怀着帝王梦从军，更应看到一个怀有皇帝野心的军事统帅，兵变乃至逼宫不过是时间和时机选择了。

陈桥兵变及主谋

就陈桥兵变留下的史料来看，无论是李焘的《续资治通鉴长编》，

（以下简称《长编》）还是司马光的《涑水纪闻》（以下简称《纪闻》）所载，都像一场天意所为的突发事件，压根不存在事前蓄谋。

《纪闻》卷一记，周世宗驾崩，周恭帝即位，恭帝不过七岁小孩，军政大事多取决于副都指挥使韩通，韩通这人生性愚顽固执，在朝廷没有什么势力，殿前都点检太尉赵匡胤这时不仅是后周的军事统帅，更在私下将文武百官纳入自己的势力。周恭帝即位不久，也就是显德七年的正月，边境镇、定二州奏契丹与北汉联合来犯，顾命大臣范质和宰相王溥匆忙派赵匡胤率大军北上御敌。

大军开赴陈桥驿的这一天，天上出现日晕，军中一个通晓天象的军校苗训面对这天象，却说是“日下复有一日”，并将这天象作为异主征兆在军中宣传。大军夜宿陈桥，军中也就议论开来，将士们聚集起来议论，说：“主上幼弱，今我辈出死力为国破贼，有谁知之？不若先立点检为天子，然后北征，未晚也。”

将士们经过一夜议论，于第二天早晨集结在驿庭前，由赵光义和赵普直闯赵匡胤卧室，赵匡胤才从沉睡中惊起（亦说是酒醉才醒）出屋一看，“诸将露刃罗立于庭”，齐声高喊：“诸军无主，愿奉太尉为天子事！”

赵匡胤还没来得及答应，黄袍已经加在他的身上，众将士接着跪拜庭下，齐声高呼万岁，呼喊声威震数里。尽管黄袍加在赵匡胤身上，他却是一再拒绝众将士的拥立，众将士根本不听他的推脱，强行扶他上马，逼着他回汴京去坐皇位。赵匡胤再三推脱不过，才揽辔驻马对众将士说：“汝辈自贪富贵，强立我为天子，能从我命则可，不然，我不能为汝主也。”众将士下马听命，赵匡胤说，“主上及太后，我平日北面事之；公卿大臣，皆我比肩之人也，汝等毋得辄加凌暴。近世帝王初入京城，皆纵兵大掠，擅劫府库，汝等毋得复然，事定，当厚赏汝。不然，当族诛汝。”

众将士拜听，整军回城。赵匡胤自陈桥驿拥兵回京城，在南城门遇守南门的警备长乔、陆二人率众拒绝开南门，大军即从北门入城，“解衣折箭，誓不杀”。此时，乔、陆二人守义不当宋臣，自缢。事后，“太祖亲至直舍，叹曰‘忠义孩儿！’，赐庙曰忠义。”（《随隐漫录》卷一）

除这两人外，再是副都指挥使韩通反抗被诛后，太祖追封韩通中书令，同时以国礼葬之。

这场政变就死了这样三个人，大军入城，“市里皆安定，无所惊扰，不终日而帝业成焉。”（《纪闻》卷一）

多年后，苏东坡为之赞道：“予观汉高祖及光武，及唐太宗，及我太祖皇帝，能一天下者四君，皆以不嗜杀人者致之，其余杀人愈多而天下愈乱。”（《宋史全文》）确实，陈桥兵变在中国历史上的改朝换代中，代价是最小的一次，说宋太祖胜过汉唐三君也不为过。

但是，上述史料看不出宋太祖是兵变的主谋，多少年来，研究者一直在问兵变的主谋是谁，因而成了“千秋疑案”。窃以为，赵匡胤做上殿前都点检，就在觊觎周世宗的帝位。虽说前述宋太祖做皇帝梦不足以证明他就是陈桥兵变的主谋，但笔者认为，能证明赵匡胤就是陈桥兵变主谋的依据有以下五点：

一、无论是《纪闻》说的“黄袍”还是《宋史·太祖本纪》说的“黄衣”，都是龙袍的代名词。我们都得承认，皇上才有资格穿的龙袍，是借不来也买不到的，不是皇家的定制，都是诛九族的谋逆罪。这事要是事前没有得到他赵匡胤的首肯，这个当事人（哪怕就是他的胞弟赵光义）也就是他赵匡胤和恭帝的共同政敌。黄袍既是在赵匡胤的首肯下偷制，即证明赵匡胤正是陈桥兵变的主谋，而且蓄谋已久。

二、《宋史·陶穀传》记：“太祖将受禅，未有禅文，穀在旁，出诸怀中而进之曰：‘已成矣。’太祖甚薄之。”

《纪闻》卷一和《昨非庵日纂》一集卷十八也载：“太祖将受禅，

未有禅文，翰林学士陶穀在旁，出诸怀中而进之，曰：‘已成矣。’太祖由是薄其为人。”

不管是“甚薄之”还是“薄其为人”，可以说都是受禅者在按禅让脚本表演。这其中有一个事实露出了预谋在先的马脚，即禅文既非逼宫现场急就，是由陶穀预先写好揣在身上备用，陶穀写禅文受谁的指使？陶穀在兵变前没有赵匡胤的面授机密，陶穀敢吗？陶穀作为后周重臣，事先写禅文，事发不测便是诛九族。敢说，陶穀如果没有得到主谋者的利益承诺，他是断然不会干这种有灭族风险的事的。在陶穀篇，可见陶穀在兵变前夕对赵匡胤格外礼之。

三、心志表露：据《藏一话腴》甲集卷上记，赵匡胤在陈桥兵变前，作有一首咏《日》诗：

欲出未出光辣挞，千山万山如火发。
须臾走向天上来，逐却残星赶却月。

这些话虽然没有项羽的“彼可取而代之”那么直接，却不折不扣地道出了帝王志向。

四、《龙川别志》卷上记：“周显德中，以太祖在殿前点检，功业日隆，而谦下愈甚，老将大校多归心者，虽宰相王溥亦阴效诚款，今淮南都园，则溥所献也。惟范质忠于周室，初无所附。”这是说赵匡胤在兵变前已与后周大臣有谋。

五、《宋史·后妃上·杜太后传》：“及太祖自陈桥还京师，有人走报太后曰：‘点检已作天子。’”

太后曰：“吾儿素有大志，今果然。”

杜太后这话，无异是说自己早就知道儿子赵匡胤在谋划这场兵变。

据以上五点，可见赵普、赵光义等不过兵变抛头露面的组织者，赵匡胤才是兵变的主谋，掌控着兵变的方方面面，所以成为兵变的最大受益人。

当代宋史研究家更从其他方面论证了“陈桥兵变”是赵匡胤蓄谋已久的事，只是在认定赵匡胤为“陈桥兵变”的主谋时，产生了以下看法：

——大概宋朝的史家也觉得这种从孤儿寡母手里夺取天下的手段不光彩，因而为尊者讳，变着法儿说得好听点儿。（《教科书里没有的宋史》第 6 页）

——多少善于圆谎的史学家们对此事均多方面的加以粉饰，希图蒙蔽后代读史的人，……不论一般史学家们如何逢迎了宋朝皇帝们的意旨而粉饰掩盖，对这事件却终于还留下一些漏洞。（《宋史十讲》第 14 页）

笔者以为，无论是《长编》还是《纪闻》对陈桥兵变的记载都是史家据事直书，差异在记事的多与寡，遣词造句略有区别，不存在“变着法儿说得好听点儿”的曲笔，更无须“圆谎”而“多方面的加以粉饰”——

一、应看到未登皇位前的赵匡胤不但是个身经百战的军事家，同时还是一个饱读经史的政治家。那么，这样一个野心家对历史上的谋逆事件和禅让事件不可能不反复酌量，权衡再三。从军事上讲，反叛、谋逆和逼宫、禅让都是武力保障下夺权，但从政治的法理上讲，谋逆成功叫篡位，谋逆失败不遭诛九族也只能作流寇。换个方式，采用武力威慑下的逼宫、禅让方式，就使谋逆臣子变身贤臣接位了。这，不仅仅解除了作历史人物的道德风险，更重要的是大可减少即位后的人为障碍，增加舆论正面引导。

二、赵匡胤既然选择了逼宫、禅让，他就必须按逼宫、禅让的程式去构思这场历史大戏的脚本、编导及演出，因此，陈桥兵变在赵匡胤心中既然是按策划演出，自己也就只能依从逼宫禅让的角色安排出场，因而在黄袍加身前没有他的出场安排，他就不应该抛头露面。兵变前佯装不知，被拥立天子时还再三推让，是基于禅让游戏的“三劝三让”规则而为，造成尊天意顺民心被迫做皇帝的既定事实，达到众人服从领导的目的。

三、认为陈桥兵变是赵光义、赵普一干人所谋，或认为史家曲笔，想必是忽略了受禅者对政权更迭的成本选择和道德风险顾忌度。陈桥兵变成为经典之作，正是这场和平演变的历史大戏成功演出的说明，其成功之处就在政权更迭成本最小化和道德零风险。

四、至于今人对这场事件的孤儿寡母的同情，实在犯不着。这是世袭制安排女人出镜的良机，女强人大可风光一阵子，弱女子就只能听人宰割，亦即我们常说的弱肉强食。赵匡胤的母亲杜太后是时也就只看到弱女子掌权被人宰割，由是生出“金匮之盟”一幕。但是，就在宋朝的历史上，孤儿寡母执掌一国权柄也不是一次两次，例如真宗妻刘后就因仁宗年幼而垂帘听政，风光了十来年，寇准、丁谓等办事干练的权臣就败在她手里。

笔者据此要说的是，政治是一门艺术，是艺术就得讲技巧。政策和策略之所以被视为执政的生命，关键也就在这里。陈桥兵变和稍后的杯酒释兵权之所成为历史经典，是宋太祖在这两桩事上举重若轻，以极其艺术的政治手段将政权暨兵权和平演变。

曾记得，和平演变在“文革”是个贬义词，受贬的原因，就在于草菅人命不够轰轰烈烈。然而，大凡政权更迭血腥惨烈，即是社会文明和社会经济遭受空前毁灭。翻开史书即可看到，太祖以前和之后的政权更迭、兵权结集，无不是杀人一遍又一遍，例如朱元璋在政权更迭中杀人无数，释兵权又杀人无数，难怪鲁迅说他是无赖儿郎。再是康熙，亲政杀了一大批，撤藩也就是释兵权，结果却导向一场战争。可见，在前的帝王没有赵太祖这点本领，以后的帝王学都学不会。

释兵权及“以文制武”

一

历史上有“孤秦陋宋”说，宋之“陋”源于军事上的孱弱和政治上因循苟且。但深究之，也未必然。

毛泽东在《沁园春·雪》中说宋太祖“略输文采”，李零教授却认为宋太祖不过一介武夫（“宋太祖是个丘八”《丧家狗·总结三》）。

《铁围山丛谈》卷一记，赵匡胤早年随周世宗攻打淮南，有人告发他私藏货数车。周世宗当即令官检查，结果是书籍数千卷。周世宗问他：“你做将帅，应该致力坚甲利兵，要这么多书干什么？”

赵匡胤理直气壮地回道：“臣承蒙陛下用为将帅，常怕不能很好地完成任务，所以弄来很多书看，只是为了学知识、广见闻、增智虑罢了。”

可见，宋太祖就是在征战岁月，读书仍是他生活的一部分。

二

晚唐至五代百年间，中国社会一直动乱不安，其根源，就在“方镇大重，君弱臣强”。臣所以强，就在军人拥兵自重。宋太祖登基后，亦从兵制上来解决这个政治痼疾。

《邵氏闻见录》卷一《宋名臣言行录》前集卷一记，宋太祖即位第二年七月，请禁军（正规军）将领石守信等喝酒，酒过数巡，宋太祖才说：“我没有你们的通力合作，也没这位置，使我念不尽你们这份德意。然而作天子太难，没得一晚上是睡安稳的，简直不如作节度使快乐。”

众将惊问：“陛下为何睡不安稳呀？”

太祖说：“皇帝的龙位，谁不想坐？”

众将跪问道：“陛下何出此言？陛下是天命所定，谁敢有异心？”

太祖回道："你们虽无异心，可你们手下的人想富贵者，一旦以黄袍加在你身上，你就不想当皇帝，能不当吗？"

众将跪在地上哭着说："我等愚昧，望陛下哀怜，为我们指一条生路。"

太祖说："人生如白驹过隙，世上的富贵者，不过是多积金钱，天天过着娱愉快乐的日子，子孙也很富裕。你们何不释去兵权，出守各大藩，择好田宅，为子孙留下永世不动的产业，自个儿多配置歌儿舞女，成天饮酒相欢，以终其天年。我再和你们联姻，君臣之间，两无猜疑，上下相安，不亦善乎？"

众将皆拜谢："陛下这样念及臣等，真是同生死的肉骨也！"

第二天，石守信等手握重兵的大将称病辞官，太祖也兑现了他的承诺。

第二次释兵权是九年后，即开宝三年十月赵太祖将各方镇的兵权收归中央政府。这次，据《闻见近录》载，"方镇多偃蹇（傲上），所谓十兄弟者是也。上（太祖）一日召诸方镇，授以弓箭，人驰一骑，与上私出固子的大林中，下马酌酒。上语方镇曰：'此处无人，尔辈要作官家（皇帝）者，可煞（杀）我而为之。'方镇伏地战恐。……上曰：'尔辈既为天下主，尔辈当尽臣节，今后无或偃蹇。'方镇复再拜呼万岁，与饮尽醉而归"。

这，就是流芳千古的"杯酒释兵权"的纪实，也是中国历史上千百次释兵权唯一具有文采的一笔。

三

太祖的过人之处是将兵权收归中央后，从制度上强化"以文制武"的同时，大力倡导军人要多读书。

《类苑》卷一记，太祖闻国子监集武将讲学，十分高兴，遣使赐酒果，传口谕："今之武臣，亦当使其读经书，欲其知为治之道也。"

而他本人，尤喜夜读经史，更鼓励大臣读书。曾经对重臣赵普说："你苦于不读书，和大臣们互不相让，高高乎上，不感到羞愧吗？"赵普于是手不释卷。（《玉壶清话》卷二）

皇帝要求武将读书，文人更应读书学习，《宋史解读》认为这是宋帝国"重文轻武"的发端。就以当今世界各国都办军校而论，武将学文化应是强军的内在所需，没有文化的军队就是愚蠢的军队。如李自成的军队。再说，宋太祖执政十七年，宋朝军队一直在南征北战，若是轻武，怎能八方征伐？还有一种看法，认为宋太祖的"以文制武"制约武将的军事才能发挥。这一点，我们在《儒将曹彬》里可见这种看法不实。

上述可见，宋太祖用兵制上实施"以文制武"，从而基本结束了方镇拥兵自重分裂国家的历史。可以说，宋代以后再没有出现分裂割据局面，宋太祖的兵制在历史上的影响不容忽视。从制度创新上讲，至今也不失为制度创新的典范。

但是，我们必须看到宋太祖的兵制是有待完善的建制，他的后继人非但没有完善这个制度，反而抱过度防范和猜忌的心理去完成宋太祖的未竟大业，在兵制建设上，使"以文制武"的机制从而变为"重文轻武"的现实。因此，宋代兵制的这一缺陷，不应由宋太祖承担。

宽平施政，广开言路

一

据《宋稗类钞》卷一和《篷窗日录》卷五载，太祖即位的第三个年头，密刻一碑立于太庙的夹室，谓之誓碑。誓碑上立下誓词三条：

一、柴氏子孙有罪，不得加刑，纵犯谋逆，止于狱中赐尽，不得市曹刑戮，亦不得连坐支属。

二、不得杀士大夫及上书言事人。

三、子孙有渝此誓者，天必殛之。

第一条誓言的兑现，据《随手杂录》和《默记》卷上记，太祖自陈桥推戴入后宫，周恭帝身穿一件上衣下裳连接的服装，乘轿子出居天清寺。这是周世宗朝的功德院，也是周恭帝的容身处暨“此间乐”。

太祖与诸将同入内宫，六宫迎拜，有两个头发束成两角的儿童由宫人抱作拜。太祖问，说这是周世宗的儿子，纪王、蕲王，太祖问诸将，怎样处理这两个孩子？赵普等人回答说：“拿出去杀掉。”

太祖见潘美与一帅在后用手掐着殿柱，低头不语，问潘美：“你以为不可杀吗？”

潘美回道：“臣与陛下北面事世宗，劝陛下杀之，有负世宗，劝陛下不杀，陛下必然怀疑我。”

太祖回道：“即人之位，杀人之子，朕不忍为也。世宗的孩子不可作你的孩子，让这孩子作为你的侄子。”

潘美将孩子收养后，太祖就再也没有问过，孩子中有一个名夙者，有才，官至刺史。

按逼宫的常规，这是要赶尽杀绝的，太祖一个不杀，善待还立碑誓言。周恭帝享受王侯待遇时，若周世宗的子孙谋逆，“狱中赐尽”和“市曹刑戮”虽说都是死，但“狱中赐尽”可是王侯才能享受的尊严死。

就誓碑的第二条，太祖至仁宗，在施政中对上书言事人基本上持激励态度。这在中国历史上是一件了不起的事，不杀士大夫及上书言事人，不仅是执仁政的品质表现，更是仁政的根本体现。宋太祖的这条誓词，可以说是北宋言论相对自由的发轫。由于言论自由有了这条政治保障，时人的言论为促进中国文化造极于华夏产生了不可估量的作用。

北宋立国一百二十年后，贤相吕大防在总结宋帝国的祖宗家法时，特别指出：“宽仁之法：前代刑法严厉，宋朝用法最轻，臣子有罪，最

多也就是谪黜，未遭杀身。”（《宋史·吕大防传》）

二

宋太祖广开言路虽然没有形式上的“百花齐放”，却在举措上许以“全言堂”。这里，列举两事：

《识小录》卷一和《纪闻》卷一皆记，有一天，太祖在后花园拿着弹弓打雀鸟，群臣称有急事请见，太祖亟见，结果，群臣所奏之事都是些寻常事，没有一件是急事。使太祖怒气大发，其中有一个大臣就理直气壮地回复道：“我们奏请的虽是一些不甚紧急的事，但总比陛下弹雀的事重要得多。”

宋太祖一听这话，更是愤怒地举起柱头上灭烛的小斧头就向这位言臣的嘴上打去，顿时将这言臣的牙齿打落两颗，但见这位言臣不慌不忙地将打落的牙齿捡起来揣入怀中。太祖骂问道：“你把牙齿揣起来，难道还要拿去控诉我不成？”

被打落牙者回道：“臣不能诉陛下，自当有史官书之。”

太祖听后转怒为喜，认为言臣做得对，当场赐金帛慰劳这位挨打之臣。

在明清两代，这样面责皇帝，通常是罢官甚至坐牢，例如海瑞罢官，也就不过是这等常案中一案。

《国老谈苑》卷一记，太祖有一次御宴众臣，翰林学士王著趁醉搞恶大闹，太祖念他是前朝大学士，就宽容地令人扶他回去，谁知这王著不买皇帝的账，走到屏风边掩袂恸哭，被太祖的左右拽出宴会厅。第二天，有大臣参奏王著，说他昨天在宫中悲悲伤伤的哭诉，是在追念前朝皇帝周世宗，乃谋逆行为，应该罢官问罪。

言官的参奏，是依据史上前朝旧臣追思亡国之君皆被治罪。但宋太祖看了奏折后，不但没有治王著的罪，反而为王著开脱，说：“王著不过是酒后失态，在世宗幕府也这样过。就算他追思周世宗，他一介书生，又能做什么。”

王著因之安然无恙，照旧高官。据《明季北略》记，明亡，三百多明朝大臣在承天门前哭祭崇祯帝，全被革命闯王李自成杀掉。

我们从这两个小故事中，看到太祖朝是一个言路广开的朝廷时，更应看到执政者如果没有这方面的一贯表现，就没有北宋前中期“全言堂”的议政局面。

当然，宋太祖在广开言路的同时，也在防止百官结党营私，他在建隆三年九月下诏：“及第举人，不得呼知举官为恩门、师门及自称学生。”（《长编》卷三）为此，据《石林燕语》卷八记，宋太祖创意地将所举进士一概纳为“天子门生”，并于开宝八年将殿试制度化。

维稳安民，积极发展经济

一

《宋史·太祖本纪》说太祖即位：“务农兴学，慎罚薄敛，与世休息，迄于丕平。”这是说太祖即位后，兴办学校的同时制定了一系列发展农业的政策，慎用刑罚，推行轻税薄徭的政策与民休养生息，力求安定太平。

但是，时下也有专家指出：

——“征役不均于苦乐，收敛未适于轻重”的现象在北宋初年便已十分严重。（《宋史十讲》第 11 页）

——“宋初的最高统治集团对大量破产失业的劳动人民视若无睹，不肯把荒地分配给他们，不肯给以任何生产条件，……其农业生产因而也就不能随时有相应的发展。”（《宋史十讲》第 12 页）

孰是孰非，我们不妨看看《宋史》的相关记载：

——太祖即位，循用其法。建隆以来（也就是建隆二年正月循用其法），命官分诣诸道均田，苛暴失实者辄谴黜。（《宋史食货志补正》第 3 页）

——（建隆二年春）申明周显德三年令。课民种树，定民籍为五等，第一等种杂树百，每等减二十为差，（梨）（桑）枣半之。（《宋史食货志补正》第 4 页）

——又诏所在长吏谕民，有能广植桑枣、垦辟荒田者，止输旧租。县令佐……议赏。（《宋史食货志补正》第 4 页）

——（建隆二年）诸州各随风土所宜，量地广狭，土壤瘠埆不宜种艺者，不须责课。（《宋史食货志补正》第 4 页）

太祖至仁宗，可以说都是令行禁止的朝代，也只有上述政策得到不折不扣的贯彻执行，宋朝伊始的经济社会才趋于稳定发展。由于太祖制定并推行了这样一些农业政策，“北宋前期垦田面积迅猛增长，据统计，太宗至道二年（996 年）全国垦田 3 亿多亩，到真宗天禧五年（1021 年）便增至 5 亿多亩，25 年间增加近 68%。许多无地的客户由此获得土地，上升成为主户，不少财力丰厚的地主借此扩充了土地。”（《新编中国经济史 · 北宋前期经济》第 23 页）

宋帝国作为一个农业国，耕作面积的成倍增加，便是宋帝国经济迅猛发展而成为当时的经济强国的说明。《宋史十讲》所说境况若有，也只限局部存在。就类似的局部问题，我们从以下两个历史小故事来看宋太祖是怎样处理的。

二

据《归田录》卷一和《宋朝事实类苑》卷六所记，关南巡检使李汉超捍卫北方，所带领边防部队只三千人。然其齐州赋税最多，乃以为齐州防御使，悉与一州之赋，俾之养士。而李汉超作为一个武将，所为多有不法。久之，关南百姓到京城上访，指讼李汉超在民间借款不还以及掠民女为妾。

宋太祖在便殿召见关南上访百姓，首先赐以酒食慰劳上访百姓，然后才问："李汉超带兵驻扎关南后，契丹入境侵犯有几回？"

大伙回道："一回也没有。"

太祖又问："往时契丹入侵，边将不能抵抗，河北民众，年年遭契丹人劫掠，你们在那时能保全一家财产和妇女吗？今汉超所取的多，还是契丹的多？"

太祖见大伙沉默不语，又问控诉李汉超掠民女的人："你家几个女儿？所嫁何人？"讼者具实回答后，太祖说，"然则所嫁皆村夫也。你看汉超这人，可是朕的重臣也，以爱你的女儿才取之，得之必不使失所。与其嫁村夫，还不如和李汉超一起享富贵。"

太祖如是做群众工作，上访百姓皆感悦而去。太祖马上派使者带着数百两赐银去面诫李汉超："你差钱用为何不跟我讲，而去榨取百姓？今赐银与你，拿去把借的钱还了，让百姓感念你。"

李汉超感动得哭起来发誓："这辈子以死相报。"

《纪闻》卷一也讲了类似不法之事，沧州百姓上书告州节度使张美强取民女为妾，榨取民财四千缗。太祖召上书人，问："你们沧州，在张美未去就任前，民间平安不？"

上书人回道："民间不平安。"

太祖又问："既然张美到任后就没有外敌敢来侵犯，我爱惜沧州百姓的平安，就不想杀张美也不贬张美，戒勅张美，叫他不敢胡作非为。再是他张美强取的这个民女值多少钱？"

上书人回道："值钱五百缗。"

在上访结束时，太祖把民女值钱给上书人。之后，召张美的母亲，转告张美的不法行为，赐钱万缗，要她立即把榨取民间的钱还了，同时告诫张美:“差钱用找我,不能在民间勒索。善待民女,不时去慰抚女家。”

张美因之惶恐供职,“折节为廉谨”不久,即以政绩闻于京师。张美在沧州十年,有“沧州张氏”的美誉。

这里,应看到宋帝国刚建立,捍卫边疆的干将可谓“国之重器”,而保卫国土需要军民一体。太祖基于国家安定为要,因此对捍边干将的不法行为采用戒勅善导,对受害百姓进行比较说服并给予相应补赏,这既是一针国防力量增强剂,更是得爱官民的良苦用心,司马光等史家所以记之。

皇室崇俭　以身作则

赵匡胤做皇帝后,《类说》卷十九引《三朝圣政录》记,太祖的日常生活本来就讲究节俭,寝殿幕设皆用布缘苇帘。他曾拿出麻履布衫对左右说:“这是我过去的衣作服饰。”

《类苑》卷一记:“太祖服用俭素,退朝常衣绝袴麻鞵(粗绸麻鞋),寝殿门悬青布缘帘,殿中设青布缦。”

《国老谈苑》卷一记,太祖有一天脱去官服,穿着便衣去了翰林院,当时只有学士卢多逊一人值班,君臣在谈话间去了学士寝室,太祖指着这寝室里用双丝织细绢做的床帐和紫绫被褥说:“你们还以为朕在后宫奢侈十分,其实,朕用这绫罗绸缎,时常感到愧疚。”

在古代,帝王身着“絁袴麻鞵”有“保其社稷,高朗以终”之缘由。(《旧五代史·晋书·高祖纪论》)太祖的大女儿魏国长公主不明白这个道理,穿一身非常华丽的贴绣铺翠襦入宫中,宋太祖看见后就对长公主说:“以后,你就不要穿得这样奢侈了。”

长公主感到好笑地回道:“我穿这一身翠羽价值几何呀。”

太祖驳道:“不是你这样看,公主的衣着服饰,宫闱及官宦皆效仿，京城翠羽价高，小民追利益而辗转贩卖，翠羽上涨，捕捉伤生。你生长在富贵之家，当珍惜眼前的幸福，岂能成为恶业的始作俑耶？”

公主由是惭愧拜谢，可坐下来后，同孝章皇后摆谈时却说：“官家（宫中对皇帝的日常称呼）做天子日久，何不用黄金装饰肩舁（轿子），乘以出入？”

太祖笑起来说：“我以四海之富，宫殿如以金银来装饰，是完全有这个财力的。但我为天下看守财产，岂能妄用？古称以一人治天下，不以天下奉一人。如得意自己的奢华，天下人又怎么来仰望朕？所以，你这话今后不得再说。”

这则故事在《杨文公谈苑》《五总志》皆有载。宋太祖和长公主这次对话中有一个极为重要的思想，这就是：“我为天下看守财产，岂能妄用？”从这句话里，我们不仅看到宋太祖懂得执政者本是社会财富的“守夜人”，更明白自己作为“守夜人”的责任所在。以后的篇什将看到太祖的这一思想影响了好几位继位者。一个经济社会有了这样的“守夜人”，我们就不难理解北宋凭什么成为世界经济强国了。或许说，北宋之所以成为经济强国的原因之一，是北宋神宗以前的统治者忠于“守夜人”的职守。

此外，这些对话把太祖尚朴的原因阐明，是历史已经告诉宋太祖，只要政府里的君臣争相穷奢，比阔炫富，这个政府距垮台也就不远了。亡国之君李煜所以这时在囚居地悔悟：“梦里不知身是客，一晌贪欢。”只是，宋太祖完全没想到他的七代孙徽宗将李煜的悲剧照搬上演。

太祖死因

宋太祖于公元960年登基，公元976年冬去世，时年49岁，可谓英年早逝。对宋太祖的死因，《宋史·太祖本纪》只字未提，但野史记载宋太祖的死因颇多：

一、《烬余录》甲编说宋太祖灭了西蜀后，降主孟昶带美姬花蕊夫人费氏归属宋朝，宋太宗时为晋王，屡在太祖面前称赞费氏之美，太宗赞美费氏也就不过月余，孟昶暴病身亡。宋太祖为之惊诧不已，即将费氏召入宫中，宠幸有加。太祖病卧，太宗调戏费氏被太祖察觉，太祖气愤而崩。亦即死于争风吃醋。

二、《续湘山野录》记宋太祖在开宝九年（976年）去洛阳祭祖，遇老相识真无道人，宋太祖问真无："我寿不得几多？"

真无一番掐算后，说："但今年十月廿日夜，晴，则可延一纪（十二年）；不尔，则当速措置（抓紧处理山陵后事）。"

到了十月二十日夜里，太祖得见星光灿烂，心里非常高兴，未料不一会儿，雪雹骤降，宋太祖意识到大限将到，忙召胞弟赵光义进宫。"酌酒对饮，宦官宫妾悉屏之。但遥见烛影下，太宗时或避席，有不可胜（难以忍受）之状。饮讫，禁漏三鼓，殿雪数寸。"帝引柱斧戳雪，顾赵光义曰："好做，好做（做好皇帝）！"遂解带就寝，鼻息如雷霆。是夕太宗留宿禁内。将五鼓，周庐者寂无所闻，帝已崩矣。太宗受遗诏，于柩前即位。

这就是史上有名的千古疑案"烛影斧声"。依于这一神化，宋太祖死于天意。

三、王禹偁在《建隆遗事》说，太祖病卧后，急召宰相赵普、卢多逊入宫，留下遗诏；"吾不忍违太后慈训（即'金匮之盟'），下为海内方小康，思待长君以抚之，吾意已决矣，愿公等善为我辅晋王。"遂出御府珠玉金器赐（赵）普等，令归第，翌日，（皇）上崩于长庆殿。这是说，宋太祖因病去世。

四、司马光在《纪闻》中所记与《宋史·程德玄传》大致相同，李焘在《长编》博采撰之：癸丑，（皇）上崩于万岁殿。时夜已四更，宋皇后使（宦官）王继恩出召（太祖长子）贵州防御使（赵）德芳，王继恩以太祖传国晋王之志（即“金匮之盟”）素定，乃不诣德芳，径趋开封府召晋王，……晋王大一惊，犹豫不行，曰：“吾当与家人议之。”

晋王入久不出，继恩促之：“事久将为他人有矣！”

晋王即位是逆取还是应诏，我们放在太宗篇去讨论，这里，也说太祖因病去世。

司马光、李焘都是具有史德的史家，王禹偁也是一位叙事严谨的政治家，他们对太祖死后记叙虽有出入，但在病死上是一致的。因死得突然，传位有别于传统，争风吃醋说以及天意派生出的“烛光斧影”说，也是符合时人的好奇心的。

不管是天意还是病因，英雄的死皆如太阳壮丽西去。

中外评价暨历史功绩

我们中国的帝王有三百多个，能在世界上展示中国政治面孔的，也就不过六七人。这六七人中分为两档，秦皇汉武的历史功绩是以政治残暴和民不聊生为代价。另一档是唐宗宋祖，二人的历史功绩不亚于秦皇汉武，但二人从一些根本举措上防范草菅人命、注重民生，使中国也就在这两个时期成为人类文明生活的典范。这在英国人的《世界史便览》和美国人的《全球通史》中均有所载，可谓第三只眼看中国。

史学家陈寅恪在《金明馆丛稿二编》中指出：“华夏民族之文化，历数千年之演变，造极于赵宋之世。”

“的确如此，宋朝的科举使得大量读书人得以进入社会上层，在言论相对自由和文化事业相对发达的条件下，他们讲学论道，著书立说，热心于文化事业，促进了宋代文化的勃兴。”（《宋史解读》第 3 页）

显然，没有宋太祖“不杀士大夫和上书言事人”的执政原则，也就没有宋代的文化勃兴。

“这是一个有伟大文化成就的时代。在形象艺术、文学、哲学、科学和技术都达到了新水平。”“在这整个时期，中国是世界上最强大的国家，中国的文化是世界上最光辉的。”（《世界史便览》第250－251页）

这一切成就，皆发轫于宋太祖的以下创举。

一、基本统一南方，以宽平政策导向人民安居乐业。

二、通过“以文制武”和统一赋税等国策强化中央集权。

三、广开言路，奠定了文化大繁荣的前提。

是是非非宋太宗

宋太宗赵炅（937—997），原名匡义，赵匡胤称帝后避讳赐名光义。赵匡胤的胞弟，因“金匮之盟”即位，在位21年。在历史上有贤君美誉。

神化取舍

赵光义做上皇帝，也颇有些神话故事，这里择几则来看太宗的登基造势。

《古谣谚》卷七十一引《绣像列仙传》说，太祖和太宗出生之初，母亲杜氏避战乱，就用竹箩挑着还是婴儿的太祖太宗四处躲藏，遇到方士陈希夷，陈当场吟道：“莫道当今无天子，都将天子一担挑。”这句谶语是在告诉世人，赵光义也是真命天子。

这个神话故事编得不太高明，因为赵光义在年纪上要比赵匡胤小十二岁，将一个十二三岁的少年和一个岁把的婴儿凑成一担挑在肩上逃难，有违常理。所以，这个神化只能蒙不知太祖太宗年龄悬殊的人。

第二个神化是《湖海新闻夷坚续志》前集卷一说宋太宗未登基时，与赵普同坐，太宗处其下，术士陈希夷看到后，即拉着赵普的手说：“你一颗紫微小恒星，岂敢压倒帝座耶！”

陈希夷之所以说这话，是他在这之前应召去太祖的宫内，顺路去跟时为晋王的太宗面相什么的。陈到晋王的大门口看了一眼就去见太祖，太祖问："你看到晋王了吗？"

陈希夷回道："我到晋王府大门前，没进去就到你陛下这里来了。"

太祖问："为什么没进晋王府？"

陈希夷回道："我在晋王的大门前看到守门的都有做侯爷气运，即知晋王他日必当太平天子，所以，用不着见晋王。"

这个神化也只知为太宗皇位的合法性造势，忽略了这里面潜在的谋逆意识，即胞弟觊觎帝位，也在当诛之列。当年唐太宗诛杀武姓，就因袁天罡说了这样的预见，陈希夷不可能不知道，所以，这个神化犯今上忌，难以自圆其说。

第三个神化是《宋史·太宗本纪》载："太宗神功文武皇帝讳炅，……初，（太）后梦神人捧日以授，已而有娠，遂生帝于浚仪官舍，是夜，赤光上腾如火，闾巷闻有异香，时晋天福四年十日七日甲辰也。"这是说，当初他母亲杜氏梦见神人捧日以授而孕，于后晋天福四年十月七日夜在浚仪生下他。是夜，红光像火焰一样在他出生的房上腾起，附近的巷子里都闻到一种奇异的香气。

这个神化就符合宋代习俗的神秘意识。太宗作真命天子的合法性因之成立。

金匮之盟

赵光义做皇帝虽说上天早已安排，但有违皇位"父传子"的政治惯例，"烛影斧声"和"金匮之盟"也就成了研究者们翻来覆去的说辞。"烛影斧声"在宋太祖篇已讲，本节谈谈"金匮之盟"的由来及发酵。

一

《宋史·后妃传》记，赵匡胤自陈桥还京师，使者报赵匡胤的母亲杜太后："点检（赵匡胤）已作天子。"

杜太后说："吾儿素有大志，今果然。"

但是，杜氏被尊为皇太后时，众臣祝贺，太后愀然不乐。左右因之问杜太后："臣闻'母以子贵'，今子为天子，你老人家为何还愀然不乐呢？"

杜太后回道："我听说国君难做，天子身居万民之上，若说天下治理得很好，皇位确实是世上最尊贵的岗位，要是把国家弄得一团糟，失控而被赶下台，想做一个平安无事的老百姓都是不得行的，所以，我高兴不起来（吾闻'为君难'，天子置身兆庶之上，若治得其道，则此位可尊；苟或失驭，求为匹夫不可得，是吾以忧也）。"

从历史上看，赵老妈子这腔话，可是中国封建王朝的哲学家和政治家们都没有的境界。虽说公元前希腊人在选择制度时已认识到专制的弊端就在能上不能下，但那是在希腊，比不得我们中国，我们中国人从政向来想的是大干快上，干吗去想下台的事呢？

由于杜太后观念如是准西化，在赵匡胤做皇帝第二年，杜太后病重临终时召赵普入宫书遗命时，太后问赵匡胤："你知道你这天下是怎样获得的吗？"

赵匡胤呜咽不能对答，太后再问，赵匡胤才说："臣所以得天下，是先祖和母亲的结庆。"

太后说："不对，正由周世宗使幼儿主天下耳。假如周氏有长君，天下岂为汝有乎？汝百岁后当传位于汝弟。四海至广，万机至众，能立长君，社稷之福也。"

赵匡胤拱手作揖地哭着说："就遵照您的圣教办。"

太后对赵普说："你把这些话跟我记下来，不可违命。"

赵普在太后榻前写好誓约，纸尾写了“臣普书”：藏之金匮，历史上的“金匮之盟”由此产生。

这事在《续资治通鉴长编》卷二也有同样记载。

二

《宋史·太祖本纪》之谓：“受命杜太后，传位太宗。”也就是这藏之金匮的遗命。但是，这条遗命生产于建隆二年（961年），生效于15年后的太平兴国元年（976年）。又由于宋太祖崩于“烛影斧声”之夜，太宗即位又不符合皇位父传子的数千年惯例，以致宋史家在《宋史·太宗本纪》里也责道：“太祖之崩不逾年而改元，涪陵县公（赵光义的胞弟赵廷美）之贬死，武功王（太祖子赵德昭）之自杀，（太祖妻）宋后之不成丧（久不安葬），则后世不能无议焉。”

历来的宋史研究于是怀疑“金匮之盟”是赵光义和赵普的合谋。时至今日，《教科书里没有的宋史》认为，“‘金匮之盟’可能‘纯属虚构’”，为此提出系列论证。《宋史十讲》更是否认“金匮之盟”的存在，认为纯属伪造，也为此多方论证。

笔者无意议论杜太后遗命的真伪，这里只指出研究家忽略了的几件事：

一、若说“金匮之盟”不存在，宋太祖执政十七年，为什么一直没立太子呢？难道这位一生谨慎的君主不知皇储的重要？

杜太后立遗命时，太祖三十四岁，赵光义二十三岁，赵匡胤的长子赵德昭十岁。赵匡胤尔后在位十五年，赵德昭年过弱冠，正当立太子习政务。但在赵太祖执政期，朝堂上的文武百官，无一人提议立太子，赵匡胤也没说过立太子，是不是存在母命难违之隐？

二、《曲洧旧闻》卷一记，赵普劝太祖“违太母之约”立太子，太祖不听。所以，太宗即位后，将赵普贬黜，卢多逊事发后，太宗拿这事来责问赵普，赵普回答说：“先帝若听臣言，则今日不睹圣明。然先帝已错，陛下不得再错。”

太宗听后，首肯赵普言之有理，由是重用赵普。

三、《东都事略》卷三十二载，太祖幸西都，回京后对太宗说：“我幸西都，惟得一张齐贤，我不欲爵之以官，异日，你可收之，这是个辅助你的相才。”

《宋史·张齐贤传》：“（太祖）及还，语太宗：‘我幸西都，唯得一张齐贤尔，我不欲爵之以官，异时可使辅汝为相也。’”

不难看出，这些话皆暗示“金匮之盟”存在并为宋太祖认可。

四、宋太宗贬死涪陵县公（胞弟赵廷美），根源还在“金匮之盟”的存在威胁着宋太宗的父传子。

综上四条，以父传子论，就拿太祖不立太子这一史实来追究太祖的责任，不能说不是宋太祖的一大失策。

记得在杯酒释兵权时，宋太祖就明言属下不乏窃位者，还说为之睡不安稳，由此证明他时刻提防着窃位者。然而，他在位十七年，不依于皇家世袭传统早立太子，就是不存在“金匮之盟”，不仅在客观上不时招惹窃位者谋篡，更在给谋篡者制造谋逆机会，所以，即令宋太祖不崩于“烛影斧声”，也会宴驾于其他防不胜防的谋逆之中。这对忧患意识时揣于怀的宋太祖说来，不可能崩于这样的失策。

因此，不管后人怎样质疑太宗继位的合法性，有一个史实是众所认同的，这就是太宗即位没有引起朝野动乱，太宗按即位惯例大赦天下，国家运转如常，太宗也成为历史上大有作为的一个皇帝。

育才重才　倾注文化发展

一

在太宗朝，科场考举在制式和程序上更加完善。就科举的规模而言，是太祖朝的四五倍，大量的读书人进入政府各部门，社会精英向中央权力靠拢，从而激发了平民大众的子弟发奋读书，国家的教育事业因而得到空前发展，社会文风蓬勃兴盛起来，形成“田野无遗逸”“朝廷多君子”的社会局面。

太祖重科举搞殿试，视举子为天子门生并制度化，无疑在制度上提高了读书人的政治地位。太宗继承发扬了这一传统。《东轩笔录》卷一记，孙何一榜的殿试，太宗出试题《卮言日出赋》后，在考场上对侍臣说：“近年来举子们轻薄浮躁，不求义理，务以敏捷相尚，今出此题渊奥，故使研穷意义，庶浇薄之风可渐革也。”

太宗这话说后，考生钱易就早早地来交试卷，太宗大怒，立即就把这个倒霉蛋叱出考场。十年不得再考。

我们从这个故事里，大可领略太宗对士子的导向及太宗朝的人才取向。

二

太宗在重视科举和教育的同时，推出了很多措施激发社会文化大繁荣：

——《宋朝事实类苑》卷一记：太宗诏诸儒编故事一千卷，曰《太年总类》；文章一千卷，曰《文苑英华》；小说五百卷，曰《太平广记》；医方一千卷，曰《神医普救》。《太平总类》初成，太宗日览三卷，一年读完，赐名《太平御览》。

这在当时，是一项浩大的文化工程，在中国的文化发展史上，对传统文化的整理和传承，产生了非常意义的历史影响。

——“太平兴国中，诸降王死。其旧臣或宣怨言，太宗尽收用在馆阁，使修群书，如《册府元龟》《文苑英华》《太平广记》之类，广其卷帙，厚其廪禄赡给，以役其心，多卒老于文字之间云。”（《宋稗类钞》卷二）这是说，太宗着手发展文化，在传统文化的整理和继承上，太宗重用王著、李昉、扈蒙、徐铉、张洎等等前朝老臣来主持国家的文化工程，不怕他们用笔杆子搞影射什么的，将前朝学士的余热尽情发挥。足见太宗在发展文化上的开明心态。也正是这种心态才可能推动社会文化的繁荣。

——太宗读《太平御览》后，颇有心得地对大臣宋琪说："朕性喜读书，开卷有益，每见前代兴废，以为鉴戒，虽未能尽记，其未闻未见之事，国以多矣。此书千卷，朕欲一年读遍，因思好学之士，读万卷书，亦不为难。大凡读书，须性所好，若其不好，读亦不入。"（《樵书》二编卷十）

我们今天还能看到的《淳化阁帖》，也是太宗命翰林侍书王著编辑摹刻上石于禁内，然后刊印成书。

三

《淳化阁帖》的主编王著，也就是我们前面说他御宴上酒后哭周世宗的那个翰林学士。要是太祖杀了王著，恐怕就没有《淳化阁帖》了，须知编法帖不单工作量浩大繁重，更是一项须得方家细心筛滤的工作。没有独具慧眼和担当的方家来主持，是不可能绝佳地完成这件千古盛事的。徐铉在书法上或许比王著更有鉴赏力，但在担当上，我们在徐铉篇可见，徐铉在皇帝面前，是不敢说不的人，所以，王著当时在这方面应是不二之人。

《淳化阁帖》是我国最早的一部书法丛帖，是不折不扣的"法帖之祖"。后人虽认为主编王著识鉴不精，致使法帖真伪杂糅，错乱失序。然而也不得不承认《淳化阁帖》"镌集尤为美富，摹泐逼真"。这是一项开先河的工作，后人不应求全责备，看到先人书法赖以流传时，更应看到《淳化阁帖》刊印问世后，在中国的书法传承中发挥了不可估量的作用。因此，宋太宗和王著功不可没。

帖石早佚，后世想重新作，但一面对摹刻、翻刻甚繁而罢手。现藏上海博物馆的《淳化阁帖》宋真本，是花大价钱从美国藏家安思远那里买回来的。

笔者之所以说王著是主编《淳化阁帖》的不二之人，是他面对当今皇帝的书法敢说不。《渑水燕谈录》卷六说王著学右军书，深得其法，侍书翰林。太宗从政之余，留心笔札，常常把自己书写的手札拿出来叫王著品评，王著都要指出不好之处，太宗由是刻意临学。于是，有人问王著："你为什么老是说皇上的字不好呢？"

王著说："皇上的书法是不错，但若只说好的，不指出差次的地方，皇上练习书法就恐怕不再这样用功了。"

在封建王朝，王著如是论今上，是时和以后的书法家都欠缺这样的胆子，这点胆子都没有，又比王著更有担当吗？

据此，我们看到宋太宗作艺人的虚心品质时，就他令王著作《淳化阁帖》的主编，更见知人善任的一面。

四

《宋诗纪事》卷一《宋稗类钞》卷七记，太宗当天下无事，留意艺文，而琴棋亦皆造极品。

词臣王元之诗云："太宗多才复多艺，万机余暇翻棋势。对面千里为第一，独飞天鹅为第二。第三海底取明珠，三阵堂堂皆御制。中使宣来赐近臣，天机秘密通鬼神。"这诗，虽带有吹捧吹嘘的成分，但《杨文公说苑》《孔氏谈苑》《续湘山野录》也都说太宗精于琴棋。

从这些小故事里看到太宗和王著等大臣如是这样坚守艺德，可贵之处就在太宗朝的君臣都将这份文艺热情推向社会文化大发展。

兽性发作时

《铁围山丛谈》卷六《闻见近录》《烬余录》甲编皆记，西蜀降，太祖把大美人花蕊夫人召到宫里宠之，太宗吃醋又争风不过，将花蕊夫人一箭射死。

继后灭南唐，后主李煜带着一大堆美人来陪他囚居，宠爱的小周后自在其中。因此，《樵书》二编卷九有记："姚叔祥《见只编》云：余尝见吾盐名手张纪临元人《宋太宗强幸小周后》粉本。后戴花冠，两足穿红袜，袜仅半胫耳。裸身凭五侍女，两人承腋，两人承股，一人拥臂后，身在空中。太宗以身当后，后闭目转头，以手拒太宗颊。"

《万历野获编》卷二十七也载："宋人画《熙陵幸小周后图》，太宗头戴幞头，面黔色而体肥，器具甚伟。周后肢体纤弱，数宫人抱持之，周作蹙额不能胜之状。"

元人冯海粟学士为之在《熙陵幸小周后图》上题诗云：

江南剩得李花开，也被君王强折来。
怪底金风冲地起，御园红紫满龙堆。

这诗，好事者认为是影射靖康之辱，以喻无往不复之旨。

《默记》还说，小周后在太宗宫中被强幸后，回到李煜身边"大泣，骂后主，声闻于外，多宛转避之"。

这时的李煜不过是一个被软禁的违令侯，这位侯爷这时除了偷偷地写一点令人心碎的小歌词外，能做的，就是忍辱苟且。为了苟且生存，这位侯爷只能在应召下把身边的美人一个个送给太宗发泄。小周后外，还有保仪黄氏、美人流珠、乔氏、宫人秋水、窅娘等等，无一不是强颜承欢。

太宗宫中应该有三宫六院，为什么还要强奸俘虏呢？从历史背景去看，唐末强权几乎都有性心理变态支撑兽性发作的毛病，五代军阀更甚。即作践对手的后妃美人不仅是一种最能羞辱对手的方式，更是一种征服欲的直观表现。宋太宗强幸李后主的妻妾，也就基于此。

所以，《宋史·太宗本纪》总结太宗生活作风时，夸他“却女乐之献，悟畋之非”，显然有些浮夸了。

历史功过及影响

一

《宋史·太宗本纪》说：“帝之功德，炳焕史牒，号称贤君。”其“炳焕史牒”的功德表现在：

——消灭北汉，陈洪进、钱俶等附庸国在武力威胁下纳土归附。

——宋太祖建立的制度得以继续实施，兵制及科举等国策在修订中进入制度化和常态化。

——推行优惠政策，兴起农田开垦新高潮，从而为经济社会注入新活力，国民经济趋向繁荣。

——用教育培育人才，通过科举选拔人才，唯才是用。由此推动文化发展，在文化发展史上翻开了开创性的一页。

二

《世界史便览》指出：“宋（朝）比唐（朝）的世界主义要少，对外部世界经常采取防范和猜疑的态度。”宋人这一社会态度，同样发端于宋太宗的过度防范和猜疑，他的种种制度安排就是最好的证据。

我们在前面已指出，宋太祖的兵制是有待完善的建制，宋太宗没有完善这个制度，只将兵权通过枢密院直接归于自己手中。理论上，军中的军事判官、监军本是牵制主帅拥兵自重，防范军队反叛。但在宋太宗的施行中，军事判官、监军多为皇帝心腹，大多不懂军事，只知弄权控制主帅，从而削弱了主帅的指挥权，“以文制武”的机制从而变为“重文轻武”的现实。太宗以来，武将的频频调动，造成“兵无常帅，帅无常师”“将不识兵，兵不识将”的尴尬局面，这就大大削弱了军队的战斗力。这也让我们看到，当兵制由“以文制武”导向“重文轻武”后，凸显了宋太宗及以后的宋朝皇帝都有一个大毛病：过度防范和猜忌。防范和猜忌虽说是官场常态，也是大多执政者的必备随身宝，然而，防范和猜忌一当过度，即由真理导向荒谬。宋帝国因此成为军事弱国。

宋朝皇帝的过度防范和猜忌不仅仅是削弱军队战斗力，更在导致国家发展战略趋于保守和封闭。和大唐的开放、包容形成鲜明的对比。

最能形象地说明宋人思想趋于保守和封闭的,是宋代的女人缠小足，宋代男人不觉得女人缠小脚是对生命残害和人性扭曲，士大夫们为之总结出了小脚的“四妍”（形、质、姿、神）、“三美”（肥、软、秀）。这，既是宋代女人生理扭曲的写照，更是宋代男人心理扭曲的诠释，由此引申到宋代的国家发展战略上，其保守和封闭的态度正是执政者扭捏之身疲于扭曲之心的证明。所以，宋帝国在国家发展战略上始终没有放开手脚，这不能不说是华夏历史上一个典型的国家发展病例。

政权更迭中的范质

范质（911—964），字文素，大名宗城（今河北清河）人。后唐长兴四年（933 年）举进士，后周重臣，北宋开国宰相。

为故主争礼遇

宋太祖的首任宰相范质是前朝老臣，在周世宗朝和王溥同为参知枢密院事。周世宗驾崩，他是顾命大臣辅周恭帝。

据《宋史・范质传》和《龙川别志》卷上载，在陈桥兵变前夕，宰相王溥已在私下和赵匡胤有政权更迭的交涉，有道“阴效诚款”。

“唯范质忠于周室，初无所附。”（《龙川别志》卷上）

《涑水纪闻》卷一载，赵匡胤带着众兵自陈桥进入京城，逼宫的消息一传到宫廷，当时早朝未散，朝廷上群臣大乱。范质下殿抓着王溥的手说：“仓促派遣赵匡胤们去北方抗敌，实在是我俩的过失。”范质说这话时，指甲掐进了王溥的手腕，差不多要掐出血来，王溥无言以对。当赵匡胤出现在王溥和范质面前时，范质对赵匡胤说，“先帝养太尉如子，今日先帝的尸骨未寒，你怎么就这样呢？”

赵匡胤泪流满面，哭诉着说：“我也是没办法，被众将士逼着当天子呀。”

赵匡胤说这话，范质和王溥无话再说，军校罗彦环却举刀威胁范质：“我们没有主上，今日须得天子。”

是时，赵匡胤叱不退罗彦环，范质看到事不可遏，才对赵匡胤说：“事已至此，无奈太仓促，自古帝王有禅让之礼，今可行。”

赵匡胤于是和王范二人把禅让的仪式商定下来，之后，范质对赵匡胤说：“太尉以礼受禅，则事太后当如母，养少主当如子，慎勿负先帝旧恩。”

赵匡胤挥涕承诺后，率百官行禅让大礼。

中国历史上的逼宫、禅让，到了五代，可以说是已具程式化的政治游戏。赵匡胤所以哭起来“具言拥逼之状”。这里的“逼”，虽是赵匡胤自己“逼”自己，但在禅让法理上，受禅者这样做才可能演出被迫无奈的一面。这样一来，在政权移交理由上就是周恭帝把皇位让给赵匡胤的，不是赵匡胤谋逆篡位了。

赵匡胤哭着“具言拥逼之状”的同时，军校向范质举着刀强说另立天子，这在梨园戏台上叫一个唱红脸，一个唱白脸；而在政治舞台上，一边哭诉道情，一边举刀言理，从而造成于情于理都说得过去的逼宫之势，达到禅让的目的。不这样演，禅让之礼又怎能顺理成章？

宋太祖即位后，史说周室“太后、少主皆无恙”，亦即赵匡胤兑现了受禅承诺，虽是太祖仁厚的表现，也与范质在受禅前的交涉密不可分，这时的交涉，不能说不是尽忠行义。

坐站听便

由于范质在禅让中的“领导”作用，转而成为宋帝国的开国宰相。

宋太祖任用前朝的顾命大臣范质为开国宰相，这在中国历史上是绝无仅有的一次，可见宋太祖抱有一颗极其宽容的开国雄心和自信。范质没有辜负宋太祖的信任，举政谨慎使得宋初稳定发展。可在范质做宰相的第四个年头，发生过一件极不起眼的事，却在历史上产生了深远的影响。据《邵氏闻见后录》卷一记，自唐至五代，大臣见君，皆列坐在殿上，然后才议论所呈报的军国大事。这在礼仪上叫“坐而论道之义”。太祖即位之初，君臣在大殿上也是坐下来讨论国事。可是有一天，范质一干大臣坐下来呈报，太祖却说：“我今天眼睛昏花，你们持文书到我身边来议论。”

范质等人到皇帝身边呈报完毕归座时，见座位已被太祖密令撤去。其他大臣立即明白新主子有新的规矩，但对范质，心知自己该辞职了。不久，亦即宋太祖登基第四年的正月请辞相位时，宋太祖一句挽留的客套话都没有。

《宋史·范质传》对这事也有记载，但记载的就颇为不同：“先是，宰相见天子议大政事，必命坐面议之，从容赐茶而退，唐及五代犹遵此制。及（范）质等惮帝英睿，每事辄具札子进呈，说：‘如此庶尽禀承之方，免妄庸之失。’帝从之。由是奏御寖多，始废坐论之礼。”

这是说，宰相见皇帝议军国大事，自来是受命坐下来讨论，从容赐茶后退下，唐至五代一直到宋初都遵循这一礼仪。但范质等畏惧宋太祖的英明才智，每次呈上议事札子，都站着说：“就这样尽职听命，免得随意失误。”太祖也听从范质站着议事，御前站议的次数多了，也就将坐而议事的礼仪废除了。

同样的事异于不同的记叙，意思也就大不一样了。诚然，《邵氏闻见后录》卷一记废坐事较符合宋太祖的性格，即宋太祖这人在政治细节上从来不辞用心良苦。《宋史·范质传》所记废坐事，有不实之嫌，前述范质在赵匡胤带兵逼宫时都没有“惮帝英睿”，事后被重用了还“惮帝英睿”，有违范质的本性。

不管怎么说，这看似不值一谈的撤座，不仅是宋太祖“唯我独尊”

的一大展示，更使此后的朝廷“坐而论道之义”不再存在。到清季，朝堂上的群臣就只有以犬马形象自称奴才了。

持廉一生

范质是个急性子，好当面指责人的过失，以廉节自持，对四面八方的馈赠皆不接受，就是皇室给他的禄赐，他也常给孤遗，死后家中也没有厚富的家财，所以，宋太祖在论辅相时，说范质“止有居第，不事生产，真宰相也”。

范质本人愧于尽节不够，认为自己“但欠周世宗一死”（《宋史·范质传》）。这话，自是范质基于帝王家的尽忠尽节要求说的。就从政品质而言，这话在表面上虽是一句敷衍话，但也实实在在地反映了范质对变节的内疚。用儒家的忠诚理念来衡量，正是知耻的注脚。所以，尽管范质尽节有缺，人品上仍不失政治家的君子品行及器识。

此外，据《宋名臣言行录》前集卷一记，范质留下的政治遗产是：“人能鼻吸三斗醇醋，即可为宰相矣。”

宋朝的一斗等于今天的6700毫升，想当宰相又有此等醋劲的人，不妨试试。

王溥及父

王溥（922—982），字齐物，并州祁（今属山西）人。后汉乾祐元年（948 年）举进士。后周宰相，宋初次相，官至祁国公。北宋著名政治家、史学家。

史上笑料

王溥在太祖朝进位司堂，太宗朝封祁国公。他是个很有风度的宽厚人，一生官运亨通，更喜欢举荐后进，朝廷中有许多身居显位的官员都是他举荐的。但是，他做高官后，对父亲王祚的官阶却从未提拔过。

王祚虽是宿州的一个小吏，但朝廷公卿到王溥家，首先都要拜见王祚。王祚办寿酒，王溥穿着朝廷重臣的朝服趋侍在他父亲王祚的左右，这让前来祝寿的客人不安于席，都向王祚求退欲离宴席，王祚不准客人离席冷场，于是对席中客人说："这是我的犬子，诸君何必避之？"

等到客人吃饱喝足，王溥就带着讥讽的口气劝父亲退居，不要再做这个州小吏了，王祚却说："我也不想当这个官了，只是政府不许我退下来。"

王溥却说："你的退职我叫人跟你办就是了。"

王祚听儿子这话，不禁火冒三丈，骂着儿子说："我筋力未衰，你想自固名位而幽囚我吗？”

王祚不单嘴上怒骂，还抓起一根梃杖就朝着王溥打去，在场的亲友由祝寿转向劝架，将这场父子吵闹劝歇后方才离去。

一个小吏敢梃杖打骂当朝重臣，可谓史上最牛的爹，《宋史·王溥传》所以把这事记入。

《宋史·王溥传》说王祚是个有心计的小吏，或许正因为王祚这份市井心计凸显，才沾儿子的光，有姓有名地上《宋史》，令人多拿这事来作谈资笑料。但王祚比起蔡京来，又算一个会当爹的男人。

《清波别志》卷二记，蔡京父子为权倾轧，蔡京罢相，儿子蔡攸入相，童贯和蔡攸为蔡京饯行，蔡京对二人说：“某衰老宜去，然皇恩未报，实在不忍这样退身，此心二公所知也。”这时，左右闻蔡京并称儿子攸为公，无不偷偷发笑。

蔡京如此不顾人格地权迷心窍，不仅是史上最不会当爹的男人，更是遭人耻笑的男人。

谁说“寿则多辱”

王祚久居富贵，过着奢侈日子，时常担忧的，就怕自己的寿命不高。一天，听下人说洛阳城中有一个神算子，推算年寿十分灵验，于是令人火速呼来。这位神算子是个瞎子，私下问传呼人：“你叫我去给谁推算呀？”

传呼人对神算子说：“今天要你去推算的，是当朝王丞相的父亲王老太爷，虽说我家王老太爷贵极富溢，但不知高寿否，你若算准我家老太爷高寿的话，我家老太爷定会重重地赏付卦钱。”

神算子心领神会，一到王府，王祚就叫卜者布卦。神算子卦后推算，十分吃惊地说道：“此命唯有寿高也。”

王祚一听，惊喜地问："能活到七十岁吗？"

神算子回道："七十还要多。"

王祚再问："是八十还是九十？"

神算子更是神乎其神卖关子："更向上。"

王祚更是惊奇地问："能至百岁乎？"

神算子惊叹一声，回道："此命至少亦须一百三四十岁也。"

王祚一阵大喜后再问："敢问先生，这期间有疾病否？"

神算子再看卦象，又作一翻推算后，回道："疾病倒是没啥大病，只是在一百二十岁这一年的春夏间微苦脏腑，少吃冷凉的东西便没得事了。"

王祚大喜，回去头去对侍立在身后的子孙说："孙儿们千万要跟我记好哇，我一百二十岁这年且莫叫我吃冷汤水哟。"（《默记》卷上）

其人其时

王溥中进士后官运亨通，先是后汉枢密使（相当于国防部长）郭威的心腹，郭威称帝建立后周，王溥由枢密直学士改任中书舍人，翰林学士，直掌诏告草拟大权。郭威临死时命王溥为宰相，还说："吾无忧矣。"周世宗称帝，又被周世宗重用，周世宗晏驾，王溥为顾命大臣之一，但与赵匡胤暗中交结，送豪宅大院取悦赵匡胤。陈桥兵变，王溥是赵匡胤兵变成功的主要推手，所以，赵匡胤称帝后，王溥是次相，并监修国史。

就王溥的这份简历而言，拿封建王朝的臣节操守来论，王溥一生多有变节之嫌。但是，五代是云谲波诡的时代，四五十年就涌现出十二三个皇帝，城头随时都有更换大王旗的可能，一个文人要混得有模有样就不可能学痴女闹从一而终。以社会趋势言，社会动荡，人心难以从一；就尽忠对象讲，五代确实没有一个值得以死相报的君主。无怪五代不倒翁冯道《偶作》有云：

但教方寸无诸恶，狼虎丛中也立身。

王溥如是立身而不枉此身的是，他二十四岁状元及第，三十二岁拜相，在四十二岁这年罢相后，著书立说，六十一岁寿终正寝。有《唐会要》一百卷，《五代会要》三十卷，均为传世之作，算是一代文英了。

因此，可以这样说，王溥有个好爹，王祚有个好儿子。

赵普辅政

赵普（922—992），字则平，祖籍幽州蓟县（今北京）人。陈桥兵变的核心人物，开国功臣，两度拜相，官至韩王。北宋著名政治家。

人才只为识者用

一

谈起韩王赵普，世有赵普“以半部《论语》治天下”之说。其实，这不是赵普的全部意思，《自警编》卷一记，太宗欲相赵普，或谮之，曰：“普山东学究，唯能读《论语》耳。”太宗疑之，以告普，普曰：“臣实不知书，但能读《论语》，佐艺祖定天下才用半部，尚有一半可以辅陛下。”太宗释然，卒相之。

把这次对话翻译成现代汉语，大意是：宋太宗打算任赵普为宰相，有人却在太宗面前诋毁赵普：“赵普不过是山东的一个村学究，只会读《论语》罢了。”

太宗听后顿生疑虑，把这话告诉赵普，赵普却回答说：“臣读的书实在不多，但《论语》这部书我是熟读了的，辅佐太祖定天下我用了半部，现在还有一半尽可拿来辅佐陛下。”

太宗听后，这才消除了心中疑虑，立即任命赵普为宰相。

赵普这话与其说是讨好皇上，不如说是智展身手的表白。确实，一个干才不在读书万卷，贵在熟读精读几部有用的书，能将知识化为智慧，才是会读书的人。若像马谡那样只会纸上谈兵，也就只能似马谡一样误国误自身。

据《铁围山丛谈》卷三说，赵普当其为相时，每朝廷遇一大事，定大议，回到家中必然是把自己关在书房里，自启书箱，取一书而读之。虽家人莫测，但到了第二天早上，这事在他心中已有主意。日以为常，大家都在私下议论，怀疑有像汉高祖的谋士张子房那样在解读黄石公之事，必得异人神诀之书以解。待到赵普去世后，家人打开书箱一看，原来是《论语》二十卷。

由此观之，赵普从一个乡间教书先生登上王位，应是读《论语》的最大受益者。读《丧家狗·总结三》可见李零教授对赵普“半部《论语》治天下”一说特别怀疑，就宋人笔记多载此说，可证赵普是以《论语》为指导执政的理论基础。

二

赵普最初在陕西大帅刘词手下当属吏，刘词向朝廷推荐赵普，说赵普是个难得的人才。赵普拿着刘词的推荐书去见周世宗，周世宗不以为然，把赵普撂到赵匡胤帐下当军吏。这就恰如楚霸王瞧不起韩信，加速了自家王权的瓦解。如果周世宗这时将赵普重用，或许历史上就压根不存在宋朝。

赵普得官是在随赵匡胤攻破滁州后，有道是：“赵匡胤攻打南唐滁州的时候，他父亲赵弘殷也在军中，得了大病，您说这不是添乱吗？赵匡胤身为一军统帅，哪顾得上照顾父亲，伺候老爷子的任务自然就落在军事推官赵普身上。赵普对赵弘殷关心备至，……把赵弘殷感动得热泪盈眶，实在没得回报，于是把赵普‘收编’到老赵家宗族当中，当族人看待。这份回报看起来挺虚，却为赵普日后接近赵匡胤打开了方便之门。”“淮南大战后，赵普先到滑州当了几天军事推官，赵匡胤授同州节度使后，便把赵普调到自己帐下做亲随。……赵匡胤为归德军节度使，把赵普提了一级，升任归德节度掌书记。”（《教科书里没有的宋史》第 59 页）

这段文字与《宋史·赵普传》所载有出入，《宋史·赵普传》说赵普得官是在随赵匡胤攻破滁州后，因破滁州有功，“宰相范质奏(请赵)普为军事判官”，不是军事推官，赵匡胤授同州节度，赵普“辟为推官”，赵匡胤镇守宋州，赵普才升为“表掌书记”。赵普这几次提升都是朝廷按政绩提升，不是伺候赵老爷子才提升。当然，向朝廷请封也要赵匡胤打报告，但这类报告在赵匡胤应该是按功呈报，犯不着冒因私废公的风险。

三

赵普在任滁州军事判官时，赵匡胤抓了百来个强盗，赵匡胤本要全部杀掉，却遭到赵普劝阻。作为军事判官的赵普，却认为这其中有一些是被冤枉的，应该审讯确认事实后再杀不迟，赵匡胤只好把这百来人交赵普去审讯。结果，有十之七八都不是强盗而得以活命。这事在《厚德录》卷二《宋名臣言行弄》前集卷一皆有载。两家之所记载这事，窃以为，还在告诫后人：建功者贵在立德。我们从这件事上也可看到赵普不是曲意阿主的人。

一朝成国栋 三事计久安

赵普当上“表掌书记”后，成为赵匡胤团体的核心人员，参与陈桥兵变的事前谋划，因而在兵变中成为抛头露面的骨干。陈桥兵变后，赵普由基层官员一跃而成为朝廷要员，“以佐命功，授右谏议大夫，充枢密直学士”（《宋史·赵普传》）。所谓“以佐命功”，也就是辅佐宋太祖完成了帝业，恰如《教科书里没有的宋史》所言：“赵匡胤废周自立的每一个步骤，肯定都是赵普为他策划的，甚至那领黄袍，十有八九都是赵普预先准备好了的。”那么，对赵普加官进爵自是无可非议的回报。赵匡胤在陈桥被拥立时说：“尔辈自贪富贵，强立我为天子。”盖非虚言。

不妨试想一下，如果是赵普和范质同为恭帝的顾命大臣，如果陈桥兵变前没有赵普“以佐命功”，赵匡胤做天子的胜算还有多少呢？历史是没有如果更没有假设，但历史却告诉我们：周世宗和楚霸王一样瞎于不识人才，同样把掌权助手送给对手，从而加速了自己的灭亡。

赵普就任宋帝国重臣后，干的第一件大事是协助太祖解除将帅手中兵权，从制度上形成以文制武的常态。《续资治通鉴长编》卷二载：宋太祖即位后第二年七月的一天，召赵普问：“天下自唐季以来，数十年间，帝王凡易八姓，战争不息，生民涂地，其故何也？吾欲息天下之兵，为国家长久之计，其道何如？”

赵普说：“陛下今日言及此事，天地人神之福也。此无他故，方镇太重，君弱臣强而已。今所以治之，亦无他奇巧，惟稍夺其权，制其钱谷，收其精兵，则天下自安矣。”

语未毕，太祖说：“卿不要说了，吾已喻矣。”

宋太祖明白了这个道理，才上演了杯酒释兵权一幕。

赵普为宋帝国谋划的第二件大事是去削弱各大藩镇的财权，将税租权收归中央政府统一实施。

赵普为宋帝国的制度安排上做出的第三件大事，是中央政府在地方政府的编制中设通判一职，使地方长官的权力受到有效监督。

因此，《宋史·赵普传》说宋帝国“偃武而修文，慎罚而薄敛，三百年余年宏规”。皆因赵普这三大作为。赵普在制度上的这些建树，尤其是“偃武而修文，慎罚而薄敛”，不只对宋产生“三百年余年宏规”，在宋以后，元明清在兵制和税制上，基本上是沿袭宋制。

有功有过　贵在以天下为己任

一

太祖任赵普为相后，对赵普说：“汝虽为相，见旧相班立坐起，也须且让他。”

赵普回奏说：“陛下初创业，以为相，正欲弹压四方。臣见旧相，臣须在上，不可更让也。”

太祖听后嘉许之，由是被“（皇）上视如左右手，事无巨细，悉咨决焉”。（《曲洧旧闻》卷一）

《宋史·赵普传》说开国时的几位丞相位都是唯唯诺诺，因循守旧的人，唯有赵普这人生性深沉高傲，行事刚毅果断，未有其比。朝中大臣张洎有一次奏忤旨，事违圣意，太祖大怒，把张洎的奏折从赵普手中夺来掷之于地。赵普却不慌不忙地把奏折捡起来，走近太祖，打开奏折继续呈奏，太祖更是恼火，拂袖不听，赵普奏完后对太祖说：“此事合当如此，容臣进入取旨。”

也由于赵普的一再坚持宋太祖最终听取了张洎的意见。《丁晋公谈录》记载这事后，对赵普的评价是：“其胆量也如此。”其实，这不单是胆量，更具有一个宰相唯事不唯上的担当。

二

参知政事卢多逊善于取媚皇上，只望获得皇上的重视。宋太祖常令秘书到图书馆取书，卢多逊也就常叫太祖的秘书把所取之书的书名私告他，他也就通宵览读。第二天，太祖问书中事，卢都对答如流。

赵普有一天同卢多逊在朝廷上和太祖议年号，改元乾德，有说此号是从古未有的，赵普从旁大加称赞，卢多逊却说这是伪蜀时的年号，太祖大为惊诧，马上命官检史，一看果然如卢多逊所说。这是犯了立年号的大忌。太祖大怒，抓起案上毛笔就往赵普脸上涂乌，同时，对赵普叱道："你得像卢多逊这样多识多读书！"

赵普带着一张涂乌脸回家后，经宿不敢洗脸，第二天上朝奏请太祖同意后，才把皇上的涂乌洗去。前述太祖说赵普不学无术，苦不读书就是这会说的。这之后，赵普手不释卷。就赵普的奏议来看，他也是一个涉猎广博的读书人。

赵普和卢多逊自此矛盾益深。在太祖执政的最后两年，赵普曾劝太祖毁"金匮之盟"，太祖不听。太宗即位，卢多逊却把这事密告太宗，太宗大怒，赵普罢相，迁太子少保，很不得志。数年后，赵镕等人告秦王赵廷美与卢多逊阴谋窃位，太宗这才把赵普诏来追问，赵普回道："先帝若听臣言，则今日不睹圣明。然先帝已错，陛下不得再错。"

这话得到宋太宗肯定，赵普再次拜相，卢多逊失势，罢官，没收家产，流放到海南岛。

上述，在《曲洧旧闻》卷一、《宋稗类抄》卷一、《甕牖闲评》卷八有载。

三

史家在评说赵普的品质时，说他"睚眦（小的仇怨）必报"，像卢多逊这一类跟他对着干的人，他会很恼火，恨不得将其整死不可。这，不仅是这位村学究过于注重专政，更有心胸狭窄的一面。究之，权心迷于"入世"角力，自不知"出世"还有更可人的天地。

对此，卢多逊的父亲更有高见。《涑水纪闻》卷二记，卢多逊父，深恶卢多逊所为，闻其与赵中令（赵普）为仇，曰：“彼元勋也，而小事毁之，祸必及我，得早死，不及见其败，幸也。”竟以忧卒，未几，多逊败。

《渑水燕谈录》卷四记卢多逊的父亲卢亿，性俭素，恬于荣进，以少府监告老归洛中，以棋酒自放，不亲俗事。卢多逊做高官后，日见一日的奢侈腐败起来，卢亿叹而泣：“家本寒素，今日富贵骤至，不知税驾（归宿）地矣！”

卢亿说这话没有多久，儿子卢多逊果败，士大夫都认为卢亿有预见。

四

赵普二次拜相，毫无政绩可言，除热衷于权力斗争外，和卢多逊一样奢侈腐败。《宋史·赵普传》说他“贪财好奢，营邸店夺民利”。这等劣迹，与《论语》的“修身”“齐家”要求完全背离，可见赵普读《论语》，只读懂了《论语》“治国平天下”这一部分，忽略了儒家的“修身齐家”要求对人生的增值，从而助长了他政治上的邪恶面。进而言之，我们在认定政治本质上存在邪恶的一面时，还应看到人性恶对政治邪恶的助长，否则，对历史人物的功过论多是隔靴搔痒。

结语

《宋史·赵普传》说：“（赵）普性深沈有岸谷，虽多忌克，而能以天下事为己任。”这对赵普说来，可谓公允之论。我们由此更应看到宋太祖重用赵普，用了赵普“能以天下事为己任”的一面。这，正是赵普的幸运，也是宋太祖立国之幸。

儒将曹彬

曹彬（931—999），字国华，真定灵寿（河北正定）人。官至枢密使，入相，史称“宋良将第一”。

忠于职守

据《宋各臣言行录》前集卷一记，宋初将相曹彬受到宋太祖器重，是曹彬的品质。之前，赵匡胤和曹彬同在周世宗手下为官，在澶州，赵匡胤有一天想酒喝，就去找掌管朝廷茶酒的曹彬讨酒喝，不料曹彬却说：“这是官酒，我不敢私喝。”曹彬说后，自掏腰包去买了些酒来款待赵匡胤。

曹彬正因为这一德行，赵匡胤做皇帝后不仅对同僚说“不欺其主，独曹彬耳”，更在心目中重看曹彬。

行武儒风

一

赵匡胤登上皇位，曹彬由于“不欺其主”受到赵匡胤高度信任和重用。乾德二年，宋军分东、北两路讨伐西蜀，王全斌为北军统帅，刘光毅为东路军统帅，曹彬为东路军都监。东路军在攻克中，诸将士每要屠城以逞其嗜杀欲时，都被曹形严厉禁止，以至大军所到之处皆悦服。太祖得知后特下诏褒奖。而北路军的将士在平定两川的一路上皆有抢掠，蜀地官民苦不堪言。两川平定，曹彬屡请班师回朝，王全斌不听从又不抚恤北路军将士，任由将士抢掠，从而导致蜀地生发内乱，之后，是曹彬协同刘光毅平乱。

因此，宋军班师回朝，北路军主帅王全斌、都监王仁赡、军事判官崔彦进皆受降职处置，独有曹彬受加封，授宣微南院使、义成军节度使。

太祖赞许他“清介廉谨”，是他除了履行都监职责外，大军从西蜀班师回朝，诸将多取女子玉帛，唯有曹彬的辎重里是书籍，无铢金寸锦。

这则故事在《宋名臣言行录》前集卷一和《东山谈苑》卷四皆有载，《宋史》本传录之。

二

《涑水纪闻》卷三和《宋史·曹彬传》记，宋军讨伐南唐，曹彬任主帅，潘美副之。曹彬和潘美率大军攻打南京城前夕，多方向城中散发攻城公告：“大军决于十一月二十七日破城，宜早为图。”

他这样做，目的就是让城中百姓早点躲避战火，减少战火带来的死亡。此外，曹彬还与众将案前焚香发誓，攻城之日降者不杀，更不得滥杀无辜。在平定江南的军事行动中，曹彬的麾下也都兑现了这一誓言。

《宋朝事实类苑》卷五十四记，南京城陷，曹彬整军成列，至其宫城门，接受后主投降。宫门开后，李后主奉表纳降，曹彬答拜，为之尽礼，对李后主说，“奉太祖旨意，我得马上派人遣送你归朝，奉赐有限，你自用的东西尽量多带一些”。

李后主要回宫中准备自家的行李，副将梁迥、田钦祚都争去押护，曹彬笑而不准，梁迥等都说不随押就怕李后主回宫自决，曹彬解释说：

“我看李煜的神气，还不若懦夫女子，哪有自决的勇气。”

果然，李煜准备好后，即带着家眷和行李出宫，在五百人的押护下登上去汴京的船，李后主的行李装上船时，有一个士兵背着李后主的一笼行李私偷外逃，抓回后被曹彬当场斩首，其他搬运行李的兵就再也不敢妄为。

李后主归降一事，在《养疴漫笔》也有记载，说李后主身穿白长衫，头戴纱帽去见曹彬和潘美，二人召李后主上船喝茶，茶后，曹彬叫李后主快回宫准备行李去汴京，潘美还怕放李煜回宫后自决，曹认为李煜刚才上船过独木板怕落水，定是个贪生怕死的人。《养疴漫笔》这则记载失实于召降主喝茶，有违古代受降礼仪和常识，不可信。

由此可证，宋太祖不仅需要一支威武之师，同时更要这支威武之师还是一支文明之师。今天都还有学者忽略了宋太祖这一治军要旨，认为北路军将领平蜀回京不受奖反受罚，是宋太祖搞秋后算账偏护心腹曹彬，没看到曹彬恰恰领略太祖的这一治军要旨。应看到，曹彬治军难在五代军阀混战了几十年，华夏文明遭到空前践踏，文人稀缺却龌龊生存，百姓刁野成性。一场争战后，诛降兵乃至屠城，可是见惯不惊的事。在这种境况下建一支文明之师，其难度恰如放虎狼上不设拦网的戏台，演出不能伤观众。

结语

曹彬由一个掌酒吏累官枢密使成为一代儒将，乃文乃武贵在德才兼备。

徐铉伺主

徐铉（916—991），字鼎臣，广陵（今江苏扬州）人。北宋著名文学家、文字学家、书法家。南唐知制诰、翰林学士、吏部尚书，后随李煜归宋，任左散骑常侍，世称徐骑省。

弱国无外交　不辱使命

一

徐铉和他的老东家李煜一样，都是政治弱智，也都是文化精英。

《桯史》卷一记，徐铉在南唐，官至翰林学士、通署中书省事，是江南三大辩才之一，更是后主李煜的谋臣。所以，南唐成为北宋的属国后，徐铉多次做李后主的特使出使宋朝。有一年，徐铉来宋朝进贡，按惯例，进贡使来朝应有朝中大臣陪伴，因朝中大臣畏于徐铉的口若悬河，都不愿当这个陪伴，宋太祖于是随便点了一个不善言谈的殿前使者去陪伴。陪伴中，殿前使任由徐铉谈天说地，都只管点头不开腔，几天下来，徐铉一个人说够了，也只好闭口不说了。

这是历史上有名的以愚治智范例，通常作为笑话来说。笔者以为，倘若不是潜在强权威慑，这样的以愚治智是难以奏效的。反之，有道是徐铉迂了一点：你连谈话的筹码都没有，还谈啥？但是，作为一国的外交使节，明知弱国无外交而致力于交好，正是不辱使命的表现。

可悲的是，此时的李后主没看到南唐小朝廷危在旦夕，竟然信听谗言，诛杀了忠良潘佑、李平，而徐铉是时起了推波助澜的作用。

宋太祖忙于调军遣将伐南唐，李后主却忙于遣词造句构华章，宋军围城，后主才派徐铉去对宋太祖恳述“江南之大礼甚恭”。

这回，太祖只对徐铉说：“不须多言，江南何罪？但天下一家，卧榻之侧，岂容他人鼾睡。”

太祖这话虽源于孟子的“定于一”，但把国家统一的道理说得比孟子更透彻。这话成为成语，正是这话导出了专制者具有强烈的排他性。

二

王师平定江南，徐铉随后主归降宋时，太祖面责徐铉没早劝后主来降，铉说：“臣在江南，备位大臣，国亡不能止，罪当死，何谈劝降。”

太祖听后没有罪责他顽固不化，反而很高兴地安抚道：“卿果然是忠臣，事我当如李氏也。”

《涑水纪闻》卷一如是记，算是智者与智者的对话了，太祖由是封徐铉为左散骑常侍。犹见太祖重才但不排除“统战”的政治意义。

与老东家诀别

据《十国春秋》卷二十八记，宋太宗即位后，有一天问徐铉：“近来去见李煜没有？”

这时的李煜，已是一个失去自由的太尉，铉所以回道：“臣安敢私见之？”

太宗说：“卿到他府第，就说是朕令卿去的。”

铉于是去了李煜的居所，望门下马以示对老东家的尊重，见守门老兵，喊着李煜是时的官职说："我要见太尉。"

老兵回道："没有圣旨，不能相见。"

"我正是奉旨来见。"铉说。

老兵入报，铉肃立在庭下候见，看到老兵搬出两把椅子来相对安放于正衙上，马上对老兵说："在正衙安一把椅子就够了。"

接着，后主身着纱帽道服而出，徐铉方拜，后主走下阶来拉着徐铉的手进正衙后，徐铉要叩拜行大礼，后主说："今天哪里还有这礼？"

徐铉入座时，把椅子搬到后主的侧面而坐，以示对老东家的依旧尊敬，两人就座，相视无语，相持痛哭，一阵默坐之后，后主一声长长的叹息，说道："当初杀了潘佑、李平，现在只有痛悔不已。"

徐铉只好惭愧告辞。之后，太宗召铉去问，徐铉不敢隐，如实报之。不久，太宗赐李后主牵机药酒而毒死。

太宗如是安排，旧殿君臣如是诀别，在宋太宗，在李煜，在徐铉，可以说都尽了政治家的情义，算是有毒也丈夫吧。

臣为君隐

太宗将李煜赐死后，追封为吴王。据《籀史》和《东轩笔录》卷三载，诏侍臣撰写吴王神道碑，时有中伤徐铉者，推让而奏："知吴王事迹，莫若徐铉为详。"

太宗未悟，遂诏徐铉撰碑，铉遽请对而泣曰："臣旧侍李煜，陛下给臣存故主之义，乃敢奉诏。"

太宗这时候才明白推让者有中伤徐铉之意，于是同意了徐铉的请求。徐铉在碑文中对李后主的功过得失作出微妙的评价，后世认为还是比较公允的。其中有一段碑文说："东隣遘祸，南箕扇疑。投抒致慈亲之惑，乞火无里妇之谈，始劳固垒之师，终后涂山之会。"太宗读后，赞许徐铉是忠义之士。

徐铉在这段碑文中连用典故：遘祸、南箕、投抒、乞火、涂山之会，其意不外是说，宋伐南唐，后主曾书约邻国东越共同抗宋，东越由是挑起祸端，南唐释疑徒然。内部生谤惑众，宋军包围金陵后连一个解危说情的人都没得，后主因而归顺宋朝。这里，徐铉把投降说成“涂山之会”（夏禹王与涂山氏盟），有如日本人把投降说成“终战”一样可笑。基于“臣为君隐”，这样的说法无疑是为后主执政昏庸无能遮羞。当然，冒着砍头的危险为主遮羞，更是尽忠的表现。

学者本色　创意一生

《宋史·文苑》载，徐铉酷好鬼神之说，著有《稽神录》。归宋，参加《太平广记》编纂。

史说他“精通小学”，校订增补《说文解字》，这在文字领域是一项拓荒之举，世称“大徐本”，就是对徐铉在中国文字史上杰出贡献的肯定。

徐铉在书法上工篆隶，但书法成就还在他开宋人尚意之风，其代表作《私诚帖》现藏台北故宫博物院。

由是观之，徐铉的文化贡献大于伺主尽忠，然而，如果没有这份忠义，恐怕也难有这样的文化成就，因为，无论是文艺还是文字，无一不是难以伺候的“主”。多少文人虽说“著作等身”，然而等身著作无非是拾人牙慧，无一点创见，从根本上讲，还在心头欠缺“存故主之义”。

词人李后主

李煜（937—978），南唐中主李璟第六子，初名从嘉，字重光，祖籍彭城（今江苏徐州铜山区），南唐后主，著名词人、书画家。北宋建隆二年（961 年），李煜继位，尊宋为正统，岁贡以保平安。开宝八年降宋。

别样辞旧迎新

一

开宝八年（975 年）冬月二十七，宋军攻克金陵，也就意味着南唐后主李煜的政治生命结束。这一天，他在宫中和小周后填词，有人不知就里，说他不顾国破家亡，仍在闹文字游戏消遣作乐。

李后主虽是世袭制派生出来的政治弱智，却是文艺王国的天才。因此，《词综》载后主国破之日确实在宫中填词，但是，这不是像以往的消遣，就词的内容可证作者是借词作对执政彻底失败作最后交代：

临江仙

樱桃落尽春归去，蝶翻轻[1]粉双飞。子规啼月
小楼西，玉钩罗幕，惆怅暮烟垂。　　别巷寂

寥人散后，望残烟草低迷。炉香闲袅凤凰儿。空
持罗带，回首恨依依。

注[1]轻：一作“金”。

《词综》记，后主填这首词，写到“望残烟草低迷”，传来城破而未就，后三句是《西塘集耆旧续闻》补。北宋词人刘延仲也有补句：“何时重听玉骢嘶。扑帘柳絮，依约梦回时。”笔者读这首词，以为：“别巷寂寥人散后，望残烟草低迷。”已将国亡的凄凉尽道。索性不要后人补句，管它叫《临江仙缺》，意味还要深长一些。

将这首词连同李后主的《破阵子》（四十年来家国）来读，即可看到：正视人生失败也不失为人生担当。也正因为有这种担当，才可能从失败的另一面获得转身的契机。

二

在宋军攻城前夕，李后主叫人在宫里头到处都堆积起干柴，还焚香发誓：“若社稷失守，当携血属赴火自焚！”（《宋名臣言行录》前集卷一）

李后主自食誓言，没有携血属赴火自焚，做了降臣，忍辱苟安地多活了两年多。但在这两年多里，他在痛定思痛中由执政反省转向人生剖析，进而迈向人性的深究，境界由是获得前所未有拓展，直书胸臆，意境至深遂奥，笔下所以语尽意不尽，由此创出千古不朽的词章。也正是这些词章证明：政治王国在他手里丢失了，而他却在艺术上登峰造极。

《人间词话·一七》说：“词至李后主而眼界始大，感慨遂深”“尼采谓‘一切文学，余爱以血为者。’后主之词，真所谓以血为者也。”以后主降宋前与降宋后的词作比，降宋前，他的眼界也就醉在充满脂粉气的花间境界里，降宋后，心境的巨变导向眼界扩大，亡国恨和人生悲叹使他的审美境界获得格外拓展。也就是说，后主词的眼界始大是在降

宋以后。

后主的代表作《虞美人》（春江秋月何时了）、《浪淘沙》（帘外雨潺潺）都作于他降宋当违令侯或陇西郡公之期。亦即他在作亡国奴的这些日子里，只因血泪斑斑的词作悼念故国、解剖自己，遂使他“眼界始大，感慨遂深”。所以，《中国历史大事年表》在记载公元978年的历史大事中，说：“词人，原南唐后主李煜死，降宋后所作哀愁之词，艺术成就颇高。”

行家们对后主词赏析的、评论的，已有不少，笔者就不再学舌了。这里要说的是，作为降宋之臣的李煜，面对自己的国家殁了，自个也失去人身自由，妻妾又不时被敌主奸污，境遇虽然如此糟糕，但他没有屈服，政治生命的结束便转身艺术王国，并致力于艺术人生的升华。这位艺术天才为此倾其心血写作，对人生，对故国，唯有真情献予，不仅眼界始大，更见意境深远。所以，读李煜的后期词作，总有语尽而意不尽的弦外之音。

对后主词，也有非议的。李清照在《词论》中评李煜词时说：“语虽甚奇，所谓‘亡国之音哀以思’也。”将此评看李清照词作的素材来源，可见李清照此评偏执。我们知道，李清照是以自家不幸运成了的她一流词作，这就告诉我们，她认为自家的不幸大可创出上乘之作，后主写亡国事，写得再好，也算不上一流作品。这恰恰说明李清照认识不到不同的灾难同样都是文学创作的最佳题材。

这里要指出的是，宋初词坛受后主晚年词的影响，曲子词由青楼勾栏的伶工之歌变为志士抒情言志的雅咏，至苏轼亦成为另一种形式的诗。但是，明代臧懋循《元曲选》说：“夫词在唐，李白、陈后主（李后主之误）皆已优为之，何必称宋？”这显然忽略了词的质变是在李后主降宋后，没看到宋词的境界较之唐季五代，更大气非凡。今人姚奠中先生的《中国古代文学史讲稿》唯缺宋代文学，也持臧懋循这个观点，这就不仅是忽略后主晚年词肇起宋词新气象，更没看到宋词对美的别番拓展。

黑格尔批评中国旧文法不发达是其思想僵死的侧影，是黑氏只看到八股文束缚学子，忽略唐宋文化曾引领世界文化，因之看不到唐诗宋词的永生就在精美的章句充满口语的活力，诗人的思想、情感乃至时代气息无不跃然于纸。那么，今人再持臧懋循的观点来看宋词，无非自弃传家宝罢了。这不，读《唐宋词选注》，今人有问，李煜词的现实意义何在？

笔者以为，词人的哀愁虽无助读者气吞山河，但能助人反思人性的弱点：失去才知珍贵。反省失去，大可助你珍惜现在，进而提高自己的境界及审美力。当然，无入作者领域，自看不到境界的价值所在。这，就是古诗人看重的阃域之贵。换言之，李后主的政治生命结束了，却做了一个称职的文学家，对此，我们就应该循于文学的基本概要，亦即人性学的要旨去读他的作品，要是带着政治偏见去追究他的什么消极情绪呀，又什么封建文人的闲愁呀，这不仅不可能进入作品的境界与作者共鸣，同时也看不到这位伟大词人对晏殊、欧阳修、柳永、苏轼、李清照等词坛大家所产生的影响，就像宋太祖和李后主谈诗一样——了无意思。

谢世杰作三人行

李后主降宋后，太祖和后主曾有一次对话，那是太祖一日小宴，宾主都喝了二杯后，太祖对后主说：“闻卿能诗，可举一联。”

后主沉思片刻，以《咏扇》为题，咏道：“揖让月在手，摇动风满怀。”

太祖回道：“满怀之风何足尚。”

太祖这话，据《谈渊》记，在场官员无不佩服。公正地说，这就是太祖只顾抛权人嘴脸不顾题目了。

叱咤风云，打造江山，太祖是一把好手，然而谈风咏月，剖析心性，就不如后主了。风人深致，焉有不尚？

就这次对话没几天，太祖突然驾崩。太宗即位后，令徐铉去看望后主不久，太宗本人也在皇家图书馆和后主有一次面晤。太宗对后主说："闻卿在江南好读书，此间卷籍多是卿的旧物，归朝（投降）以来还是这样嗜书否？"

后主听后，唯有顿首示谢。谢什么呢？是不是谢太宗夺人之爱呢？《宋史》没说，或是不好说。基于弱肉强食本是社会发展规则，还能说什么呢？《宋史·李煜传》只说："（太平兴国）三年七月，（后主）卒，年四十二。"

说具体点，后主逝于这年的七月七日，这天是后主的生日，太宗送给他的生日礼物是：毒酒一杯。他送给自己的生日礼物是暮春填的一首词：

浪淘沙

帘外雨潺潺。春意阑珊。罗衾不耐五更寒。梦里不知
身是客，一饷[1]贪欢。　　独自莫凭拦。无限江山。
别时容易见时难。流水落花春去也，天上人间。

注[1]饷：一作"晌"。

这是李后主的谢世之作。纵观历史，亡国之君多多，受降而苟安的，他们不敢怒也不敢言，偶有一点发声，也不过有似乞丐的讨饭声。唯有李后主，敢说"罗衾不耐五更寒"，还道出"梦里不知身是客，一饷贪欢"。

这是一个哲人对人生的深刻反省，更是一个杰出的文学家对人性的冷酷解剖；这是一个艺术天才终其一生的天成佳构，更是一代风人的谢幕绝唱。这，至少为华夏民族的审美力提供了一份难得的悲情营养。所

以，后主的降臣生涯是忍辱从艺而非偷生苟安。从这个意义上讲，李后主降宋后的这两年多没有白活。

《籀史》载，太宗赐酒毒死李煜后，没有反诬后主畏罪自杀，也没有声讨他是战犯反革命什么的，而是追封为吴王，还为他树立墓表。今人有道假惺惺。其实，这正是职业政治家宋太宗的优秀表现。

政治棉被和床上棉被一样，强调里子和面子有别。我们都知道，棉被的里子需要温暖更需要洁净。“罗衾不耐五更寒”，不就是后主暗示政治冷酷么？反之，宋帝国也不正是在寻求政治温暖吗？赐死政敌，正是为政权的温暖作必要的卫生清洗。里子干净了，得考虑面子好看，谁家的被面没有花纹图案？追封、树碑，也就正是政治被面上的花纹图案。这样的政治棉被，作用和目的都只有一个：消除前朝残余，促进政治和解更助社会稳定。

在宋太宗，政治和解才是政治的最高境界。对李后主，政治影响虽然消逝，其文学成就令他在艺术王国南面而王。

文侩陶穀

陶穀（903—970），字秀实，邠州新平（今陕西彬县）人。累官刑部、户部二尚书。

非常之人的非常勾当

陶穀，也就是给赵太祖准备禅文的这个人，他在周世宗朝是吏部侍郎，自五代至宋初，被僚臣奉为文翰一时之冠。

《宋史·陶穀传》说，陶穀这个人非常自信，常常在同僚面前表扬自己："吾头骨法相非常，当戴貂冠尔。" 这不外乎说，我的头骨不同寻常人，按相法所讲，我正是常戴乌纱帽的人。

时人听后，自是讥笑的多。笔者反倒认为，官运亨通，自信之上更需见机行事，可谓陶穀的政治信条。

赵匡胤率大军离京师开往陈桥这天，群臣在城郊给赵匡胤送行，陶穀就特地拉着赵匡胤的衣袖示好，要给赵匡胤拜行，赵匡胤推避，陶穀却说："且先受取两拜，回来难为揖酌也。"

由此可见二人私下交往早也不是一般。赵匡胤逼宫，和范质一达成禅让共识，陶穀立即拿出藏于怀中的禅文，虽在表面上受到赵匡胤"甚薄之"，但宋帝国一开张，陶穀却做了礼部尚书，也就相当于由副部级提升为正部级。

陶穀不是表里如一的人，宋太祖也有政治家的两面性。非常之人共非常之事，也可以说是有缘有分了。

名节值几何

读陶穀在政权更迭中的作为，可见赵匡胤找陶穀预先制作禅文，是找对了人。

作禅文，其内容虽然是用前人旧本稍改词语即成，却也不是随便找个人写出来就可行的，它必须是陶穀这种文冠一时的学士来执笔，才在政治上产生应有的分量。但是，重名节者，都不愿染指这有辱臣节的事。《明史·方孝儒传》记明成祖打下南京，就非叫建文帝的重臣方孝儒来草诏禅文。欲将谋逆说成近似受禅什么的，就是借方孝儒的名望，使天下人相信明成祖不是谋逆是受禅。方孝儒宁死不写，就因写这类文件有卖主求荣之嫌，极容易在历史上留下恶名。方孝儒不写，是明成祖把捉奸人当皮条客来使，方孝儒虽然因此遭遇诛十族，明成祖也因这事在历史上给自己带来负面影响。

不妨试想，宋太祖如果也跟明成祖一样，去找方孝儒这样的忠烈之士来写禅文，这不仅仅是闹得彼此不快，还可能会在根本上坏了大事。所以，基于政治本质存在邪恶的一面，一个优秀的政治家，应该视文侩为政治生态链的一环，可以在态度上薄待文侩，不可以在行为上忽略文侩的存在和利用价值。

使命夹带财与色

宋初，陶穀出使属国东越小朝廷，被钱王奉为坐上客，陶穀因此献诗二十韵于钱王，其中有“此生头已白，无路扫王门”句为时人诟。

陶穀这次出使的官位是丞郎，职务为学士，做高官出使小邦，献诗已是失体，再用“扫王门”句，更是有辱使命。但他曲意奉承也有不曲意的伏笔，因在酒宴上，他见钱王用金盅为盛酒罚爵后，就托病于馆驿，钱王使人去问其所欲，他说自看到钱王的金盅，心病就犯了。

钱王马上送他十副金盅，他立即写诗去谢，说：“乞与金盅病眼明。”

回朝复命，即将出越国边境，又赋诗于邮亭：“井蛙休恃重溟险，泽马曾嘶九曲滨。”并令人传诵，希图掩盖前诗之失。

《尧山堂外纪》卷四十二记这事后，说陶穀在宦涯的狡谲和勒索，大多如此。

但是，他遇到韩熙载，受到的对待又不同了。《类说》卷五十五记，陶穀出使南唐，本是以借书为名来探南唐的国情。但他还没到南唐，南唐政要韩熙载就得到眼线的密报：“吾之名从五柳公，骄而喜奉，宜善待之。”

陶穀不知人家韩熙载对他已有防备，到南唐也就端出一脸的凛然，一副高高乎在上的样子，宴席上大家谈笑风生，他也板着脸不开腔。

“我们这些人都是轻佻惯了的，比不得秀实公端介正人。”韩熙载对陶穀说后，即令人送陶穀回驿馆。

陶穀不知，韩熙载已令歌伎秦蒻兰乔装成驿馆领导的女儿在驿馆勾引他，陶穀见蒻兰的衣着虽是平常少妇的穿戴，然而身段容止却和王府佳丽有一比，于是乘着空隙接触，问起蒻兰的身世来，蒻兰回道：“妾不幸夫亡，生活没有着落，不得不回到父母身边。负责这驿馆的，就是我的老父亲。”

陶穀一听原是新近寡妇，也就放心大胆地勾引，不日就将蒻兰弄上了床，上床后的第二天还填了一阕《春光好》向蒻兰献殷情。

好因缘，恶因缘，奈何天。
只得邮亭一夜眠，别神仙。
琵琶拨尽相思调，知音少。
待得鸾胶续断弦，是何年。

在古代，这对一个出使他国的使者说来，正是情渎有失于“慎独”。

几天后，中主设宴澄心堂，用玻璃巨盅盛酒，叫陶穀喝，陶穀毅然不就，摆出一副正人君子的样子。韩熙载于是令蒻兰到宴会上，唱着陶穀给她填的词，陶穀这才嬉笑着捧起杯来，蒻兰劝酒，他不得不喝，与宴者于是拿起巨盅要陶穀同饮，陶穀不得不饮，致使陶穀当场醉倒澄心堂，呕吐不已，日后被主礼薄待而不敢吭声。

到了还朝之日，韩熙载只叫几个小吏在郊外薄酒送行。等他回到汴京，他被韩熙载戏弄以及给蒻兰写的鸾胶之曲已经在朝廷传开。从此，陶穀不再受朝廷重用。

结语

《宋史·陶穀传》说：“穀强记嗜学，博通经史……为人隽辨宏博……见后学有文采者，必极言以誉之；闻达官有闻望者，则巧诋以排之。”

可见，做朝廷文侩也不大容易，虽然无须十分的人品，却需要十分的本领和名望。形象地说，文侩是这样一种混合物：像夜壶一样本具他物不可代替的特殊本领和名气，像绣花鞋一样有众人看好的模样。陶穀正是这种双料货色。

李昉之善

李昉（925—996），字明远，深州饶阳（今河北深县）人。后汉乾祐年间进士。后周时任集贤殿直学士、翰林学士。宋初名相、文学家。

不附到附

据《后山谈丛》卷五和《宋史·李昉传》的记载，李昉在周世宗朝任开封府知州，宋太祖即位，他是唯独不上朝以示不服的高官。乾德元年，陶穀诬奏李昉为亲戚私求京畿，太祖大怒，命吏部尚书张昭严查。张昭是个德高望重、性格直爽的老臣，查问后进宫面奏太祖，认为是陶穀欺君罔上，但宋太祖却仍依于陶穀的诬奏外贬李昉为彰武军行军司马，居延州。宋太祖之所借陶穀的诬奏贬李昉，自与李昉在宋朝开国时“独不附”有关。

李昉外贬期间，宰相赵普再三对宋太祖说，李昉这人是个可堪大用的人，不应老在地方上做闲职小吏。宋太祖这才调李昉到兵部任判官，调令下达后，李昉称病三月不就，赵普从中催促，才到京城上任。宋太祖召见他，他说：“我过去只知事周，今后用事周的心来事陛下就是了。”

宋太祖听后，非常高兴地说，“宰相不谬荐人。”

李昉回京做京官后，史说他和事厚道，修身至恕。

性情中人

《能改斋漫录》卷十一记，建隆四年，王师平定湖外，李昉任给事中，往南岳伸祭拜之礼。和岳州通判武补阙同途，在襄阳遇到一个妓女，原本是良家女子，家道不幸才失身于风尘，但才色俱妙。二人迫于公事在身，行期有限，只好与此女醉别凤林阙。妓以诗送武补阙，云：

弄珠滩上欲销魂，独把离怀寄酒樽。
无限烟花不留意，忍教芳草怨王孙。

这武补阙得诗回京师后，属意甚切，有复回之意。也就是说武补阙还想去和这襄阳妓玩，时太守吕侍讲读这诗唯恨艳福浅薄，无缘与这妓女一识，于是请李昉赋诗一首给那襄阳妓寄去。李昉于是赋诗云：

岘山亭畔红妆女，小笔香笺善赋诗。
颜色共推倾国貌，篇章皆是断肠辞。
便牵魂梦从今日，得见婵娟在几时。
千里关河才重意，夜深无睡暗寻思。

试把两诗轻议，虽说李昉是心仪白居易的诗人，窃以为李昉诗了无新意，动情处到底差襄阳妓一截。好在襄阳妓没和李武二公多玩，李武二公也就未显才拙。当然，这也只限于咏诗寄怀，倘说爱心，尤其是推己及人，李公还是够意思的：不因沦落风尘而蔑视，更把沦落人同怀视之，这倒不失儒家的恕道展示。

名相的德才

开宝五年，李昉升为中书舍人，卢多逊为兵部员外郎、知制诰，李昉因病告假，卢先为学士。重阳节宴大明殿，太祖见李昉坐在多逊之下，怪而问之，执政官告之："多逊已为学士，昉是更直（值）。"

太祖坐间即令李昉为学士，又以李昉有旧德，移坐卢多逊之上，并对左右说："李昉事朕十余年，最竭忠孝，未尝见损害一人。"身居要职，信守臣节，坚守原则，不整人害人，最是为官者难得的美德，无怪太宗称为李昉为"善君子"。

然而，据《仕学规范》卷四记，卢多逊与李昉相善，昉待之不疑。卢多逊任知政后，多毁谤李昉，有僚臣对李昉说，昉不相信。太宗有一天语及卢多逊的不是，李昉还替卢多逊解释，太宗才说："多逊毁卿一钱不值。"

李昉这才相信卢多逊在背后诋毁他，然而，他对卢多逊也没有报复，《宋史·李昉传》所以说他"不念旧恶"。

《绀珠集》卷十说，李昉为相，每会客喜欢问三事：

——民间有何疾苦？

——为政有何术业？

——自己秉政有何缺失？

客人回答以上三方面的事如有可采纳的，他就立即报知皇上，以期纠正。以儒家的从政要求论，可谓"止于至善"了。

李昉拜相后，凡是对有求差遣者，也就是跑官要官者，李昉一概拒之，发现有用的俊才，就向皇上举荐，对提拔和不被拨用的，都用温和的态度，轻细的话语待之。

因此，他时常对子弟们说："用贤，人主之事，我若是以个人态度来任用，便是经营自己的私恩，故将任用权归于皇上。若其不用，又无善辞，此取怨之道也。"（《宋名臣言行录》前集卷一引《卮史》）

无怪《宋史·李昉传》说李昉官至宰相，“在位小心循谨，无赫赫称。”史家说得不错，法国皇帝拿破仑就指出：“人类的最高荣誉是不会授予那些谨小慎微、知难而退以至毫无建树的庸碌之辈。”不过，话又说回来，李昉毕竟是前朝旧臣，没有张扬的政治资本，能得太宗重用，就是有才的证明。

人低调无奈花张扬

李昉的儿子，翰林学士李宗谔也有父风。李昉秉持国政时，李宗谔避嫌远势，出入官场，为人处世和一般寒士无二样。

有一回，李宗谔在路上碰见父亲的仪队，避让不及，仪队的前驺不知李宗谔是宰相的大公子，面对碍道的李宗谔训斥了两句才去。以后，李宗谔一见这个人就躲开，怕的是这个人知道他是宰相的大公子而渐愧。

《厚德录》卷十所以把这事记了下来，是说宰相李昉家人没有仗势的劣迹。

然而，李昉归宋后如是稳健，府上也荣华一时，本人累官司空。锦上添花的是淳化年间，他家花园的牡丹一年中五次含苞怒放，娇艳十分。真是：这人不想出风头，物来兴风。府上为之数次以酒宴来接待猎奇的宾客。但是，第二年府上老老小小的死了五个人。

《杨文公谈苑》说：这是物极必反的应验，笔者倒不这样看，人生若能多番争奇斗艳，就是早死也值。生命的意义不在寿比南山，当在人格的高低。

文苑有痕

李昉诗沿袭中晚唐诗风，效法白居易，是“白体诗”代表人物之一。

李参与《太祖实录》的编修外，参与了《太平御览》《文苑英华》《太平广记》《册府元龟》纂辑。著有文集五十卷，已佚。

穷达吕蒙正

吕蒙正（944—1011），字圣功，河南洛阳人。太平兴国二年状元，三次登上相位，封许国公，授太子太师。北宋著名政治家。

人穷志不穷

一

吕蒙正幼时贫穷，读书借宿于利涉寺，一听到寺里敲钟吃饭，便跑到斋堂去随同僧人就餐，白吃的回数多了，僧人也就吃了饭再敲钟，吕蒙正少了白吃，也就只能生出“惭愧阇黎饭后钟”的诗句来。（《坚瓠补集》卷一）

他有一天行于龙门伊水，见到卖地瓜的，虽然身无一钱，很想吃，看着卖地瓜的就不想走。卖瓜的走时却遗落了一个，他在懊恼中把地瓜捡起来吃了。后来做了宰相，在洛城的东南买地置家园，特在临近洛水的地方建了个亭子，名“噎瓜亭”，意在不忘贫贱方可守住清廉。（《宋诗纪事》卷三）

二

《六一诗话》记，吕蒙正客游一县，朋友将他和县宰的儿子胡大监互为引见，吕蒙正因穷，胡大监很瞧不起他，朋友就对胡大监说："吕君作诗甚佳，你应该以礼待之才是。"

胡大监问道："他既工于诗，有什么警句没有？"

胡大监这话是问得十分在道的，在古代，喜欢作诗却没有警句，无非是附庸风雅，算不上诗人。因此，吕蒙正的朋友就拿出一句吕诗回道："'挑尽寒灯梦不成'，正是他的警句。"

胡大监听后，好笑地回道："算啥警句，一个瞌睡汉罢了。"

吕蒙正听后，愤恨而去。第二年，吕蒙正首中甲科，特叫人寄话胡大监："瞌睡汉今年可是状元及第了。"

这胡大监却对寄话人说："今年输君一筹，待我明年第二个及第就是了。"

尽管胡大监第二年高中，还当看到胡大监不仅是考试上输了一筹，境界上也输吕蒙正一筹。

虽说诗无达诂，但赏析有深浅。用海明威的话来说，大凡文学佳作，皆似冰山：七分之一在水面，七分之六隐水下。胡大监的眼界也就局限在字面上，看不到字面下的深沉，故而才有"瞌睡汉"一语评人。赏析警句，说到底，赏析他人的作品更在展示自己的眼界。

郭沫若先生晚年也犯这病，他读毛泽东《念奴娇·娄山关》，迂于"霜晨月"和"残阳如血"，"初以为写一天，后觉得不对，是写两次的事"。（《人民文学》1962 年 5 月号）不管认为是"写一天"还是"写两次"，郭沫若先生都忽略了这样一个常识："大诗人所造之境，必合乎自然；所写之境，亦必邻于理想故也。"（《人间词话·二》）一代文豪退化如斯，想必是年年政治运动洗脑，早不是 1921 年写《天上的街市》时的境界了。所以，我们说风人深致，就在有高识方说境界高迈。

知误悔过

一

吕蒙正之妻就比胡大监有眼界，《坚瓠乙集》卷二说吕蒙正未官时，居于破窑中，曾有“拨尽寒炉一夜灰”之句。做官后，在一个大雪纷飞之日，他从衙门回到自己的府第，下轿时片雪沾衣，他就想惩罚服伺他的执役人，好在他的妻子马上就拿“拨尽寒炉一夜灰”一句来讥讽他忘本。吕蒙正幸得贤妻指正，非但未惩罚执役人，还作《鸱吻》诗警告自己：

兽头本是一团泥，做尽辛勤人不知。
如今抬在青云里，忘却当初窑内时。

二

《坚瓠余集》卷一记，吕蒙正做宰相后，最喜欢吃鸡舌汤，每天必用。他有一天傍晚游后花园，看到花园最远处有一座高堆，还以为是山丘，于是问侍从：“那是谁家的假山呀？”

侍从回道：“不是假山，是相公吃鸡舌杀鸡堆起来的鸡毛。”

吕蒙正顿时惊讶：“我吃鸡有几个，鸡毛竟然堆成山？”

侍从辩道：“一只鸡只有一根舌，相公一汤要用好多只鸡的舌条？相公吃鸡舌汤又有好多时间了？”

吕蒙正听后默不作声，自省之下颇为悔悟，从此不再吃鸡舌汤了。

做一个地位显赫的高贵者，其高贵处不是自己拥有显赫的地位，而是在显赫中敢于纠正自己的过失。

不以恶小而为之

吕蒙正为相务实勤政，颇受太宗重看，有一朝臣献媚，把他家一面神奇的宝镜拿来送给吕蒙正，说这宝镜能照看两百里。吕蒙正说："我这个脸面不过碟子大，安用照二百里？"从而拒绝了这人的馈赠。（《言行龟鉴》卷六）

如是正己正人，《宋名臣言行录》记载这事之后还赞道："闻者叹服，贤能不比李卫公（昉）差。"

如此正是宰相才

一

《宋史·吕蒙正传》说，吕蒙正为相时，天下太平，城市也繁华起来，太宗有一次设宴，吕蒙正侍侧，太宗说："五代之际，生灵凋丧，士人和百姓常受抢掠，彗星又现，都说天下永无宁日。朕躬揽庶政，万事粗理，幸上天恩赐，才有这眼下的繁华，乃知拨正反乱，还在人为。"

吕蒙正避席回道："陛下的乘舆所到之处，京城的大街小巷，确实是一片繁华。但在城外不过数里，就不是这样了，乡村路上，饥寒而死者还多。望陛下视近以及远，苍生之幸也。"

皇上听后，脸上的悦颜不再，吕蒙正淡然回到席位。

我们读张择端的《清明上河图》时，也应该记住吕蒙正的这段话，因为宋徽宗时的社会图景，其城乡差异也如此。不同之处是太宗时处发展期，城乡发展不平衡。徽宗时层层勒索在农村，苛政下的农业处凋敝状。还有一个不同之处是，徽宗朝时君臣都报喜不报忧，所以国家走向灭亡。太宗朝是皇上报喜，宰相却为民请命而报忧，确实是国家的幸运。宋初能在安定中走向相对繁荣，与赵普、吕蒙正这样一大批能臣敢于面对社会问题密不可分。

二

吕蒙正为相后，对自己的能力十分自信。据《卮史》记，吕蒙正曾问儿子从简：“我为宰相，外边是怎样看的？”

从简回道：“大人为相，四方无事，蛮夷宾服，甚善。但有人说大人无能，政绩都是同僚下属替大人干的。”

吕公说：“我诚无能，但有一能，善用人尔，此诚宰相之事也。”

以从简这话来看吕蒙正的执政能力，《庄子·应帝王》有道：“功盖天下而不似自己，化贷万物而民弗恃（功绩普天下却不像是自身努力的结果，政施四方而百姓不觉得有所依赖）。”

吕蒙正对人才的遴选也有自己的一套,他的公文包里有一本小册子，大凡会见四面八方的来客，必问该地有何人才。客去，随即记入公文包的小册子，然后分门别类，考察如实再向皇上举荐。难能可贵的，宋太宗有意提拨吕从简为中散大夫，吕蒙正知道后，认为自己的儿子不才，因而拒绝了宋太宗的好意,向宋太宗推荐自己的同窗温仲舒任中散大夫。后来证明，温仲舒比吕从简有能力。

善于任用贤能者，务使能者在职，贤者在位，就是宰相才华的体现。这样的才华，是许多为相者欠缺的，稍后在王荆公篇即可看到，王安石拜相后，只因差这一才华，从而导致社会动荡。

张齐贤的人生碎片

张齐贤（942—1014），字师亮，曹州冤句（今山东菏泽）人，太平兴国年间进士，官至宰相。北宋著名政治家。

奇人奇遇

一

《青琐高议》后集卷二记，张齐贤还是一个平民时，居家贫穷，孤苦无援，时常到路边旅店去混点吃的。有一次，遇到十来个强盗在酒店大吃大喝，店中其他客人都惶恐不安地逃离酒店，独有张齐贤走到强盗中，作揖说道："张某家贫，欲向诸位请求一顿醉饱，不知可以不？"

强盗头高兴地回道："秀才肯屈居，有何不可？只是我们粗鲁，秀才不要见笑就是了。"

张齐贤入席，说道："作强盗，不是龌龊儿所能干得的，皆世间英雄事。我本是慷慨之士，哪的拿诸君当外呢？"

盗头听得这番赞许，叫店小二取大碗来，大家都满斟满饮，连饮三碗。张齐贤拿起一只猪蹄髈就大口大口地吃起来，群盗见其狼咽虎食的吃相，惊愕之下，强盗头叹道："秀才如此不拘小节，他日必是大富大贵之人。那时，秀才当理会我们为盗是被生活所迫。"

张齐贤吃饱喝足后，强盗头还馈送金帛，张齐贤概不推让，纳而去之。

二

《东都事略》卷三十二记，宋太祖巡视西都，张齐贤以平民身份献策于马前，太祖召到行宫并赐以便座，令面述其策。张齐贤条呈十策：

一下并、汾，二富民，三封建，四致孝，立举贤，六大学，七籍田，八选良策，九惩奸，十恤刑。

这十策中，有四策受到太祖称赞，张齐贤却坚持说其余六策皆善，太祖大怒，命武士拽出门。

太祖回京，对太宗说："我幸西都，唯得一张齐贤，我没有爵之以官，他日，何可收之，这是个辅助你的相才。"

太宗即位，放进士榜，因有司偶失，张齐贤列第三甲之末，太宗很不高兴，这一榜尽与京官通判，张齐贤释褐作监丞，衡州通判。不到十年，提拔为相。

就张齐贤面对强盗和皇帝的出奇展示来看，他能够不失时机抓住机遇，还在他本具过人的胆识，显露才华却不失耿介和方端。我们常说机遇是留给有准备的人，就在抓机遇者将胆识、品质及才华都准备好才可能抓得住机遇。

门户自清理

《贤弈编》卷一记，张齐贤做右拾遗、江南转运使，有一天在家中宴请客人后，有一个仆人将几件精美的银器偷藏在怀中，张齐贤在帘下看到后装作不知，以后也没追问。张齐贤拜相后，家中仆人都随同进京，独有这个偷银器的家伙被除名，这家伙不知自己为何被除名，拜见张齐贤，哭着说："我事相公最久，后来事相公的都得官了，相公独把我遣出门，是何故？”

张齐贤也忧郁地对他说：“我本不想讲的，你还来怨我。你难道就忘了江南宴请客人日盗我的银器么？我今日备位宰相，进退百官，志在激浊扬清，哪能推荐一个盗贼去做官呢？我念你事我日久，今予你钱三百千，自择所安，我既指出你的昔时所为，是你有愧于我，故不可再留。”

贼奴震骇，哭拜而去。

激浊扬清，从自家做起，正是廉洁奉公的根本。从这事看张齐贤宽厚和严谨，想见宋太祖这个人确实是慧眼识英才。

《宋史》本传载，张齐贤身材魁伟，仪表堂堂，言谈激昂，举止庄重，以国家栋梁自负，一生也展示国家栋梁的雄才大略。

斗角归来

《青箱杂记》卷二说，张齐贤为相光明磊落，以正直慎重见称。但是晚年娶薛氏妇，惹得真宗很不高兴。元旦会上寿，张齐贤酒后失仪，真宗借机去掉张齐贤的相位。事实是前宰相薛居正的儿媳柴氏守寡多年，欲改嫁张齐贤时，因分家产受子薛安上起诉，被告柴氏对财产及薛居正藏家文档上报失实，虽是柴氏与张齐贤的儿子张宗诲（太子中舍）所为，但张齐贤却有涉案之嫌而罢相归洛阳，将裴晋公的绿野堂买过来建为别墅，在大门前挂牌示人：“老夫已毁裂轩冕，或公绶垂访，不敢拜见。”

这是向过去的同僚告示：我已自毁官位爵禄，公等带印饰玉见访，不便拜见。

《唐宋分门名贤诗话》卷八说张齐贤由是和家人在午桥别墅同天地，过着养尊处优的日子。因此以诗示故人：

午桥今得晋公庐，花竹烟云兴有余。

师亮白头心已足，四登两府九尚书。

“穷则独善其身，达则兼济天下”自是人杰的亮丽人生。但是，《欧阳文忠公试笔》说张齐贤与同僚王济素来不和。王济生性刻薄，背后对张齐贤多有诋毁。王济自洛阳回京师，公卿们问起张齐贤的午桥别墅，王济就恼怒地回道：“昔为绿野堂，今作屠儿墓园矣。”

公卿们听了这话，无不大笑。

其实，张齐贤在午桥别墅并非毫无作为，他的传世之作《洛阳搢绅旧闻记》，正是柴氏协助张齐贤在午桥别墅完成的。而张齐贤文集的刊行问世，却是张齐贤去世后，由遗孀柴氏一手操办方得发行并献与真宗。这，可谓夫妻恩爱的最高境界了。

高士钱若水

钱若水（960—1003），字澹成，河南新安人，雍熙年间举进士，官至知枢密院士。

修仙不成即从政

《湘山野录》卷下记，钱若水年轻时的志愿是修道成仙，为此专程去拜访华山仙道陈抟，求陈抟给他面相，看是不是神仙中人，陈抟对他说：“你半月后再来。”

钱若水如期而至，一到观中即被陈抟带入一山斋，钱若水步入客房，看见一个身着百衲衣的老者在地炉旁瞑目而坐，立即上前去叩拜，老者只把两眼微微睁开，将头稍稍点了一下，这让钱若水很不高兴。三人默坐了很久，陈抟才问老者：“如何？”

老者摆了摆头，说：“没有仙骨。”

钱若水起身告辞，陈抟说：“你过个两三天再来看看。”

三天后，钱若水再拜访陈抟，陈抟对他说：“我最初看你目如点漆，神清气朗，认为你可以修道成仙，但在断章上始终难以定得下来，所以才请老道来定夺。虽说你无仙骨，但命在公卿。只是官场险恶，能急流勇退为上。”

钱若水问：“给我面相的老者是谁？”

陈抟回道："乃麻衣道人也。"

钱若水亦求再见，陈抟说："此人在太白山，好几年才来一次。人生万事，多少事非人力所能强求矣。"

《洞微志》里也有一则记载，说钱若水自幼聪悟，十岁就能做文章，由于仙道的点拨，于雍熙年举进士，做上同州推官。

奇神破案

《乐善录》卷六和《棠阴比事》有记，钱若水在同州推官任上，却遇到一桩命案。

同州有一富民家的小女奴失踪，小女奴的父母讼于州府，知府命录事去审问。这录事参军曾向富民借钱，富民没借给他。如今犯在他手上，便说这小女奴是富民父子将小女奴杀后弃尸水中，致使死不见尸，罪皆于死。富民不服，上诉到州，州官复审，认为一审属实，独有钱若水怀疑是冤，于是拖延结案，派人暗察小女奴下落。录事因此诟之，钱若水回道："今数人当死，何不把供词留在我这里多审思几天呢？"

知府催着结案，钱若水又拖了几天，才对知府说："我暗中使人寻找小女奴，今天也找到了。"

知府惊问："人在哪里？"

钱若水使人将小女奴密送知府衙门，知府让小女奴与父母相认无误，当即将富民父子释放。富民父子在州衙哭号道："不是大人明察暗寻，我家可是灭门了。"

知府回道："这是钱推官的甄审之功，还不是我。"

富民父子去向钱若水谢恩，钱若水闭门拒之。知府要将此事奏报朝廷为钱若水请功，钱若水考虑到录事因此丢官，也说服知府没有上报。但是，钱若水由于在同州政绩凸显，被太宗提拔为知制诰、翰林学士。

皇上高兴的事

钱若水做翰林学士后，干了两件太宗很满意的事：

《杨文公谈苑》记，太宗有一天想自作一篇祝词，也就是想把自己政治意愿报告上天。但冥思良久，提起笔却写不出来，只好叫左右去翰林院，命钱若水作。钱若水领旨，提起笔一挥而就。

祝词的首句说："上帝之休，虽眇躬是荷；下民之命，乃明神所司。"这意思是说：上帝所庇荫的，是渺小之身背负重任的躬行者；天下万民的命运，皆缘神灵所主宰。

这话阐明神权至圣的同时，神佑之下道出天子的谦卑与任重。所以，太宗读后非常高兴地说："我搁笔久思，就是想不出这等美妙的措辞。"

再有一事是《宋朝事实类苑》卷四十记，钱若水草拟赵保忠（党项首领李继捧）的诏书中说："不斩继迁，存狡兔之三穴；潜疑光嗣，持首鼠之两端。"

太宗读后对钱若水说："此四句正说到我的心意。"

继而读到"既除手足之亲，已失辅车之势"时，太宗连夸"其辞甚美"，故御笔批其后："依此诏本，极妙。"

史家说，这本诏书后来还被赵保忠之子李延年宝藏之，足见钱若水的文采在当时之尊。

虽然早年的魏文帝在《典论》中就说："文以气为主。"但是，陶榖辈无视气分清浊，才贵德从。太宗欣赏钱若水的行文优美，就美在才气清皓，可昭日月。陶榖辈虽为文翰一时之冠，然而身谢道衰，也就差一腔清皓气。

我们从这两个故事里，也可看出宋太宗的文才非寻常之辈，否则，就不可能有非同寻常的鉴赏力。

皇上不高兴的事

《西园闻见录》卷二十和《宋名臣言行录》前集卷二同记，钱若水触犯龙颜时，似乎就不在乎皇帝高兴不高兴。

至道初年，吕蒙正罢相，以仆射奉朝，宋太宗有一天在朝廷上对大臣们说："做臣子的，应当时刻考虑到竭尽臣节以保富贵。吕蒙正过去不过一个平民，我提拔他为宰相，如今罢相，退在班列中又惶于寂寞，正在望眼欲穿地等着朕恢复他的相位呢。"

给事中刘昌言回道："吕蒙正虽骤登显贵，但风望依然。今作仆射，是百官的师长，资格威望都很崇高，其地位并不寂寞，况且也没有听说吕蒙正有什么郁闷。更不要说当下的山林高士，不求闻达者多的是。我辈作朝臣者，仅以官禄苟且，也不比山林隐士高在哪里。"刘昌言见太宗听后板着脸不说话，补充说："士大夫遇时得位，富贵显荣，岂得不竭诚以报国乎？"

钱若水见皇上仍不高兴，说："高尚之人，固不以名位为光宠；忠正之士，亦不以穷达易志操，其或以爵禄恩遇之故而效忠于上，此中人以下者之所为也。"

太宗听后虽然也说对，但不久还是贬了刘昌言的官。之后，又有一天在朝廷上问枢密都承旨赵镕："常见刘昌言吗？"

赵镕回道："常见刘昌言。"

太宗问："刘昌言哭没有？"

赵镕回道："刘昌言与臣一交言，就泪流满面。"

太宗得意地告诫群臣："通常都是这样，在位之时不能悉心辅职，一旦斥去，又哭天抹泪。"

钱若水当即说道："昌言其实没有涕泣，是赵镕等人在迎合皇上的心意罢了。"钱若水接着还说："（皇）上待辅臣如此，盖未尝有秉节高迈，不贪名势、能全进退之道，以感动人主，遂贻上之轻鄙。”

因此，钱若水年终借病请求解职，太宗没有同意。

这里，钱若水道出了一个政治常态：为上者听不得反对意见，下属就难持高迈的气节，贪者趋炎附势，恋富贵而只管迎奉皇上，皇上也就只能留下轻佻、昏庸的记录。宋太宗没有解除钱若水的职务，想必是觉得钱若水的话有道理。

但是，宋太宗每罢一相之后，总以为罢相者在望着复位，也就在朝廷上问左右：丢相位哭得伤心不？例如，吕端罢相的第二天，太宗就在朝廷对辅臣说：“听说吕端丢相后，回去痛哭不已。”

钱若水却站在太宗前大声回道：“哪里有这事呢？”然后退下对朝廷上的同僚说：“我辈眷意爵禄，（皇）上见薄如此。”

钱说后自动请求解职，太宗仍然不同意。到了王曾罢相后，太宗又对近臣说：“（王）曾廷辞既退矣，逡巡欲立（欲去又止），恋冀复用。”

群臣听后唯唯是诺，钱若水又挺身出列，说：“王曾以道去国，未见有持禄意，陛下料人何薄耶？顾臣等弃此如土芥耳！”（《旧闻证误》卷一）

钱若水为官如是口无遮拦没遭杀身之祸，也只有在北宋，要在秦始皇时代，不被活埋也会像韩非那样牢死；在汉武帝朝，当受宫刑；在明清之际，是灭族。

钱若水老是触犯龙颜，太宗没处治他，能容忍反对意见，从而证明太宗对言官敢言朝廷是非是持激励态度的。

冰雪珍清皓

《涧泉日记》卷上说，钱若水为王曾说话后“愤而出，即日毁裂冠带，披道士服，佯狂归嵩山，上大骇，累召之，不起，以终其身”。此说不实，因为真宗即位，钱若水奉诏修《太宗实录》，在前，他参与了《太祖实录》的重修。

也因是在北宋的宽平政治环境中,钱若水从政后没听从陈道长的“急流而勇退”，四十四岁这年死在任上。《宋史·钱若水传》的评价是：“若水美风神，有器识，能断大事，事继母以孝闻。……有集二十卷。”是赞钱若水气质清皓人品高，见识弘旷有雅量。

当然，钱若水的清皓气质，与他年轻时的“出世”意愿不能说毫无关联。进而言之，为官者有一点“出世”的眼界来佐“入世”所为，在尘事中把权钱看得轻一点，必然会多一些自重，少一些“屁溜紧跟”和“庙堂厮混”，高尚的人格自在其中。

吕端敬事

吕端（935—1000），字易直，幽州安次（今河北安次）人。北宋名相，著名政治家。

晚年遇贵

吕端原本是秦王赵廷美属下官，太宗征河东，秦王想留守京师，吕端提示秦王：“今主留务，非所宜也。”

虽说吕端在站队上站到了宋太宗的对立面，但对秦王提出政治警示时，自己也就更加谨慎了。因此，秦王受贬而死，吕端被隔离审查却安然无恙。所以，《宋史·吕端传》说：“吕端谏秦王居留，表表已见大器。”

吕端因曾是秦王的属官，年在五十六七时，才受到太宗重视，这还是中书令赵普的推荐。赵普对太宗说：“吾尝观吕公奏事，得圣上嘉赏，未尝喜，遇圣上抑挫，未尝惧，亦不形言，真台辅之器也。”赵普说这话，是他认为，居大位者，贵在气度宽厚。

也就在这年的年底，寇准由左谏议大夫拜参知政事，吕端当上左谏议大夫，但在朝堂的排列上，吕端居寇准之上，而且常被太宗单独召到便殿议军国大事，悔恨自己重用吕端太晚。

诗表态

吕端六十岁这年，太宗欲用吕端代替吕蒙正的相位，有从臣对太宗说：“吕端之为人糊涂。”

太宗回道：“端小事糊涂，大事不糊涂。”

多年后，南怀瑾在《论语别裁》中有道“吕端大事不糊涂”，即典出于此。“文革”后期，毛泽东借用南怀瑾这话来赞叶剑英，吕端一名始在“文革”风闻。

吕端即将任宰相前，太宗在后苑宴重臣，作《钓鱼》诗独赐吕端，诗云：“欲饵金钩深未到，磻溪须问钓鱼人。”

吕端马上和诗进曰：“愚臣钩直难堪用，宜用濠梁结网人。”

《庚溪诗话》卷上和《诗史》都说，吕端和诗进呈后不数日，就被任令为宰相。

宋太宗和吕端在任用上都不糊涂，事前示意也都体体面面的。所以，“诗言志”在这里不再是文字游戏，恰是“志向兑现”。

攻心为上

《东都事略》卷三十一记：吕端做相后，保安军抓获叛军李继迁的母亲，太宗大喜，单独召枢密副使（相当于军委副主席）寇准商议处置李母事，议定后，寇准回自己的办公地要路过宰相的办公地。寇准不入宰相的办公地，吕端便邀寇准进自己办公地，问：“刚才主上召君为何事呀？”

寇准回道：“议边防上的事。”

吕端问：“陛下戒君不要跟我说否？”

寇准说：“没有。”

吕端说："若是边防上的常事，是你枢密院的责职，我也不便过问；若是军国大计，我做宰相的就不能不过问。"寇准把保安军获李继迁母亲的事告诉了吕端，吕端问，"君何以处之？"

寇准回道："我欲将李氏斩于保安军北门外，以诫凶逆。"

吕端问："陛下以为何如？"

寇准说："陛下同意我这处置，令我以枢密院行文执行。"

吕端说："若是这样，也不是上算之策，望君暂缓行文，待我复奏之再行。"吕端立即进宫去，见到皇帝将刚才与寇准的话说后，接着说："过去项羽得太公欲烹之，高祖就说：'你要跟我留一杯羹。'今杀继迁之母，徒然树怨仇而益坚其叛心。"

太宗说："这也是没有办法的办法。"

吕端说："以臣之愚见，将继迁之母安置在延州善待之，虽不能降纳凶叛，但能击其心，而继迁之母的生死还在我矣。"

太宗抚着大腿称善，说："微卿（寇准），几误我事。"

由于采用吕端策，李继迁与母死后，李继迁的儿子有条件地归降了宋朝。

智定天下

《涑水纪闻》卷六载，太宗枪伤复发病危之际，李太后与宣政使王继恩忌恨太子，与参知政事李昌龄、殿兹都指挥使李继勋、知制诰胡旦密谋商定另立潞王为帝。太宗崩，太后使王继恩去召宰相吕端，端知其变，当即软囚王继恩于阁内才去见太后，太后说："宫车（指太宗）已晏驾，立嗣（潞王）以长，顺也，今将何如？"

吕端回道："先帝立太子，正为今日。今始弃天下，岂可遽违先帝之命，更有异议？"

李太后见另立之事泄露，密谋者被囚，孤立无助，只好依了吕端。

真宗于大行（太宗灵）柩前即位，垂帘引见群臣，吕端于殿下平立不拜，请求卷帘，升殿审视。吕端面见真宗，才率群臣拜呼万岁。

《宋史·吕端传》把这事称为“定大计”，并说，“太宗谓之‘大事不糊涂’者，知臣莫过君矣，宰相不和，不足以定大计。”

当然，“大事不糊涂”者，定是非常之人。反之，常人之所以寻常，是因寻常干的是小事，在小事上一点不糊涂也不敢糊涂，否则，极可能将饭碗弄丢。所以，常人倒是在风闻的军国大事上犯些糊涂，其日子说不定还要轻松快活些。但是，对小事精明万分却又在自家客厅高悬郑板桥的“难得糊涂”，正是欺骗自己更见画蛇添足。

柳开错位

柳开（947—1000），字绍先，号东郊野夫，号补亡先生，大名（今属河北）人。开宝六年进士，官至殿中侍御史，散文家。

少年侠气 文不对题

柳开十三岁这年，他父亲就任南乐县令，柳开随父去了南乐。一天晚上，与家人闲聊于庭中，有盗贼入室，众人恐惧盗贼而不敢捉拿盗贼，独有柳开一人急忙取剑逐盗，盗贼越院墙逃走时，柳开挥剑砍断了盗贼的两个脚趾头。此事已显露出少年柳开的警悟和勇敢。（《名贤氏族言行类稿》卷四十）

柳开在赶考途中的一家旅馆里，夜闻店中有姑娘哀哭，第二天晨里一询问，原是临淮县令的女儿夜哭，皆因其父任上贪污，有把柄捏在仆人手里，现在被仆人所恃，逼县令的女儿成婚，县令不得不承诺将女儿许之，女故哭。柳开认为逼婚仆是个负义之徒，见县令问实后，即召这逼婚仆到自己的房间，叫这逼婚仆帮他买了些酒果，以备晚上饮酒商量婚嫁事宜。至深夜，呼逼婚仆到房间，责道："胁逼主人的女儿为妻，是你的心肠太歹毒了。"

柳开话一完，匕首已经刺入逼婚仆的胸膛，杀死逼婚仆并在弃尸时还割了些人肉来烹之。翌日召县令及邻舍来饮酒，共食人肉，饮散亟行，县令问：“我的仆人现在去何处了？”

柳开回道：“我们刚才吃的就是他的肉。”（《宋稗类钞》卷四）

如果说追杀盗贼是少年英雄多剑胆的话，这回在旅馆杀逼婚仆食人肉，实质上也就是“黑吃黑”。这，肯定不是读圣贤书的人应该干的事。柳开既是“欲达于孔子者”，就应持儒家的德行，将孔子的“以直报怨”作为操守演化到行为中。以正直的行为来解除怨恨，亦即促贪者自首，恃者去逼，救助县令女方曰义举。

可见柳开这次赴考，其德行在考前已经不及格，那便是赴考者在试题的另一面还潜在考德行。

柳开的考试结果也很不理想，他平常在同学中大言不惭，考试这一天，他身着士人服装推车以入，用独轮车载着上千轴作文投在主司的帘前，欲以此骇众而夺取功名，未料名落孙山。反之，同场考生张景只将袖中一纸帘前献与考官，主司看后大为称赏，名例优等。时人为之语曰：“柳开千轴，不如张景一书。”（《梦溪笔谈》卷九）

《石林燕语》说，宋初科考，沿用唐季的方式，主打词赋，礼部放榜，柳开落榜，是柳开少学古文，有盛名，不工于词赋，故而累举不第。开宝六年，柳开复试仍落榜，主考官卢多逊对宋太祖说，柳开是英雄之士，不擅长词赋，所以不及格。

太祖召来对话，使宋太祖大悦，特赐及第。柳开这才步入仕途。

国君更识豪杰

一

《名臣碑傳琬琰集》下卷七记，柳开任常州知州，有群盗令百姓苦不堪言，柳开召诱群盗，以自己的俸禄来招安时，还把身上的衣服都脱下来拿给强盗头穿，左右以为不可，柳开说：“我这样对待群盗，也就不过是为了我们百姓么？”

不到半年，境内因此安宁下来。可见宋太祖没有看走眼。

二

柳开知润州时，监兵钱供奉是他的近属，钱供奉的父亲是个京官。有一次，二人到京城，钱供奉就请他到家中做客，这柳开到钱府，见壁上挂着一张美人像，柳开看入迷了，就问这像是谁家闺秀，钱供奉回道：“这是钱某的女弟，笄年未字矣。”

柳开惊喜地说：“开丧偶已有一些时间了，愿取令妹续弦。”

钱供奉说：“得我回告家父，才敢议论姻事。”

“以开之才学，不辱你钱氏之门。”柳开说罢，当下婚期，第二天向钱府送去成婚之礼。

钱父把这事呈报宋太宗，说柳开劫取臣女，太宗问：“卿识柳开否？”

钱父回道：“不识。”

太宗说：“这是个杰出的奇士，卿家可是得到一佳婿矣。我为卿做媒，可乎？”

钱父不敢再言，连忙拜谢而退。柳开由是艳福不浅。

这是《墨客挥犀》卷四所记，如果说柳开在任上没有出色的政绩，太宗也不会做媒人帮他讨媳妇。

开山不行亦护道

据《名贤氏族言行类稿》记，柳开在做学生时，他有一个姓赵的同学得韩愈的文章数十篇，读了不理解，于是拿给柳开看，柳开看后即迷上了韩愈的文章。《郡斋读书志》卷十九说，柳开慕韩愈，因名肩愈。

《宋史·文苑》解释说，柳开做学生时就喜欢讨论经义，认为五代文格浅弱，他本由是更名开，“以为能开圣道之塗（途）也。”这就是说，柳开志在开创一代文风。

柳开虽然名列《宋史·文苑》，但在《中国文学史》上却无名，这原因，郭绍虞先生指出：“柳开，是宋初古文运动中最早的一个人，但是在表面上是古文运动，骨子里早开道学之风气。我们只看他起初名肩愈字绍先，就可知道他是以韩柳为宗，而以斯文自任。后来易名为开，字仲涂，其意以为将开古圣贤之道于时也，将开今人之耳目使聪且明也，必欲开之为其涂矣，使古今由于吾也，……吾欲达于孔子者也。”（《中国文学批评史》第161页）

郭先生说柳开在宋朝开道学之风气，稍后的篇什里可以看到宋朝道学家压根不承认柳开开道学之风，就是闹古文，《中国文学批评史大纲》也指出：“柳开虽有志于复古，然其影响所及甚微。”这无异于告诉我们，柳开徒有大志，疏于开风气的才华。

因此，柳开转向儒道，说的是“欲达于孔子”，其实也未如愿。

《玉壶清话》卷三说，柳开任润州的知府，胡旦秘监为淮漕，他和柳开一样，都是喜于名播于时的人。胡旦编造《汉春秋编年》，立五始先经、后经，还创造发明了凡例之类，比作圣作。书成即在金山寺开研讨会，特邀柳开参加。那时的发行研讨会跟眼下的差不多，特邀者当在会上对作者及作品吹捧一番，以便彼此都名扬。

柳开到会不按常理出牌，拂案开篇，还未翻阅就拔出剑来对胡旦怒斥道：“你小子这是扯淡乱常，实乃名教的罪人。生民以来，从未有过如孔夫子这样的人，至左丘明以下诸子，都是述而不著，你算什么东西，竟敢剽窃圣经之名冠于编首？因此，今日赠你一剑，作为后世狂斐之戒！”

柳开叱罢，一剑向胡旦刺去，胡旦转身就跑回自己的船上直叫开船，柳开赶到时，船也开动，气得柳开照着船尾连砍数剑，以平快愤。

可见，柳开从“欲达于孔子”转向维护孔子，这就是郭绍虞先生为什么说柳开“骨子里早开道学之风气”。

文不惊神羞愧去

《友会丛谈》卷中记，扬州处士潘阆和柳开是莫逆之交，同样也是尚气自任者，因而讥笑柳开从政。端拱年间，柳开出任全州，途经扬州，潘阆亲到江边迎柳开到府上，柳开见别院的堂厅里还有一个房间紧锁，也就好奇地问仆人，仆人说：“这是客人住的上等房间，只是客人睡在里面，被鬼闹得难以安身，所以，这十来年无人敢住，只好紧锁。”

柳开不以为然地说：“我的文章可以震惊鬼神，胆气可以令敌夷恐惧。你把这房跟我打开，我今晚就住这房间，夜鬼胆敢打扰我的睡眠，我定会收拾他。”

仆人于是开锁将房间一番打扫布置后，柳开住了进去。夜半，月光格外幽明，叫人可鉴头毛。柳开回房间正要倒床入睡，突听到室外有异动，一想到仆人所言鬼事，连忙拔剑出门，沿阶寻觅，见一切如常，便转身回屋，可就在转身之际，突见一个身影通体漆黑，披着豹文袍，散发掩面，牛鼻下口吐兽牙，手执一鞭吼道：“嘿！尔竟找上门来，呔！”

柳开在惊恐中躬身作揖，说：“某借道赴任，暂息此馆，并非有意与你作对，还望圣者谅恕。”

黑鬼指诉柳开平生幽隐不法之事后，厉声说道：“阴曹地府以尔积恶如此，令我持符来捉拿尔，尔马上随我去见阎王，不得烦我手中神鞭！”

柳开忙叩拜道：“事诚有之，其如官序未达，家事未了，倘若圣者垂恩庇护，某诚有厚报。”言罢再拜。

黑鬼的语气软了下来，慢问道：“尔认识我吗？”

柳开回道："尘土下士，不识圣者。"

"柳开，我本潘阆是也。"潘阆变回本音说后，恐怕吃剑，转身溜之。

来日清晨，柳开带着一脸的惭愧不辞而别，解舟离开了扬州。

潘阆这出恶作剧，其本意无非是目睹老友惶惧而讥之，万没想到柳开从此不再自我炫耀。

英雄本色在功业

《宋史·文苑》说柳开有集十五卷，作《家戒》书丹泐石，意在训子孙。可见他生前即知自己不是"达于孔子者"。

《玉壶清话》卷三记，柳开知荆州后，朝廷授他崇仪使，知宁边军，却是声压大漠，威镇边疆而名垂青史。这还真应了汉《武帝求茂材异等诏》中的话："士或有负俗之累而立功名。"

人生错位乃人生寻常事，柳开的错位却告诉我们，人生错位能及时纠正，人生价值依然存在。

改革先驱王禹偁

王禹偁(954—1001)，字元之，济州钜野（今山东巨野县）人。太平兴国八年进士，官至知制诰、翰林学士。北宋著名政治家、诗人。有《小畜集》传世。

少年得志

王禹偁是宋初有名的神童，他和稍后的神童杨亿的不同之处在：杨亿是以过去来处现在，王禹偁则是立足现在着眼将来。

据《宋诗纪事》卷一载，王禹稱虽出身在平民之家，他九岁能文，当朝大员毕士安到钜野县巡事，闻说少年王禹偁的诗名并得知他家以磨麦面为生，毕士安和少年王禹偁面晤后，因以《磨》为题令他赋诗一首，他不假思索地咏道：

但存心里正，无愁眼下迟。
若人轻着力，便是转身时。

毕士安听罢大为惊奇，于是留在弟子中授学，毕士安从此成为王禹偁的转身人。有一天，毕士安赴知府宴，知府在席上出诗句：“鹦鹉能言争似凤。”

在座的食客皆不能对，毕士安写在纸条上叫侍者问屏后的禹偁，禹偁在纸条上回道：“蜘蛛虽巧不如蚕。”

毕士安看后惊叹道：“经纶之才也。”宋诗重哲思，或当始于禹偁公，其意义还在开时代新风，为宋代诗坛带来新气象。因此，今天读来，也还不失为心灵的鸡汤。

知府对禹偁出诗句：“莺惊晨里梦，怪妾还懒床。”

禹偁回道：“佳人方素面，对镜理新妆。”

知府赞道：“天授也。”

知府这话道出一个作文常识，大凡佳构，要功底更需天分。我们从这短短的二十个字里，不仅看到娇娘晨态和睡美人心态活跃于纸，还看到今天的美人晨妆和千年前的美人晨妆并无二致，有道“永恒即在一瞬”。而这永恒的一瞬，没有华丽的字眼，“素面”“懒床”，无非也就女性在这千年里的日常梳妆语。这就是为什么胡适先生把入诗俗语称为“活的文学”。然而，要得口语融诗而意趣横生，需要情感的真切倾注，更需要功底和天分同一。

宋太宗褒赞：“王禹偁文章，当今天下独步。”应是很中肯的评价，须知当时的文人造句追逐险怪不可读，不像王禹偁的诗文易懂有深意。因此，《中国文学批评史》说：“宋初文论，开欧苏先声者也不是没人。王禹偁的文论就是主张平易的。”

刚直不阿

一

太平兴国八年，王禹偁进士及第。从政后做好本职工作的同时，他关注的是国家大事，经常在奏折里献策，直言不阿。始为知制诰，翰林学士，丁谓、孙何皆游其门下。做大理寺判官，遇庐州妖尼道安诬告徐铉，论律当判刑坐牢，太宗下诏免罪，王禹偁有违圣旨，上疏为徐铉昭雪，太宗不许，将王禹偁贬到商州去当团练副使，这固然是不公之待。但是，要在汉武帝时代犯上这样的事，也是要和司马迁一样遭宫刑的。

王禹偁谪黜四年后，从解州召还京都任左正言，但他依然刚正不阿，孝章皇后迁棺，有违制之嫌，王禹偁私语宾友："皇后既是母仪天下者，即令是迁棺，也应当按制度办。"

这话罪及讪谤皇室，贬为滁州知府。

据《玉堂清话》卷四记，王禹偁去滁州时，太宗召至御榻前面诫："卿聪明，文章在有唐不下韩、柳之例，但刚烈不容物，人多沮（指责）卿，使朕难庇。"

王禹偁泣拜，把这话写在带子上以示谢恩。

王禹偁在滁州，勤政为民，民众安居乐业，到任谢表有曰："诸县丰登，苦无公事；一家饱暖，全荷君恩。"以致离任有遗爱，州人为他建祠画像以示怀念。

他去世多年后，欧阳修任滁州知府，谒祠见到他的像时，无限敬佩地咏道：

想公风系犹如在，顾我文章不足论。
名姓已光青史上，壁间容貌任尘昏。

二

《涑水记闻》卷三记，王禹偁在知滁州期间，闽人郑褒徒步来拜访他，王禹偁爱其儒雅有才华，就买了一匹马来送给郑褒骑回去。事后，他就对同僚说，他买这匹马时，在价钱上是吃了亏的。这事传到太宗耳朵里，太宗突然想起王禹偁当初为翰林学士，曾为李继迁作制曰《状》，李继迁送五十匹良马给王禹偁作润笔费，被王禹偁毅然却之。太宗因此在朝廷上说：“当年，李继迁送五十匹马给王禹偁，王禹偁‘以《状》不如式’没有接受李继迁的馈赠。他如今买马送人，又觉得买价上吃亏了。何也？”

王禹偁买马觉得吃了亏，是出于经济盘算，拒绝五十匹良马的贿赂，是基于人生价值盘算。所以，太宗在朝廷上对百官说这事，自是表彰王禹偁的清廉，王禹偁由是知扬州，算是太宗的追忆褒奖。

首议政治改革

真宗一即位，时任扬州知府的王禹偁基于立志图新，根据国家财政赤字，面对弊政向朝廷上书五条政治改革方案。

一、“谨边防，通盟好，使辇运之民有所休息。”

二、“减冗兵、并冗吏”，轻税薄徭。他在这条里特别指出，在太祖朝虽说财赋不丰，但兵威国强，原因是：“由所蓄之兵精锐而不众，所用之将专业而不疑。”在太宗朝虽说国土扩大，财赋有增，则国用不是，病根还在冗兵、冗吏日益增多。

三、严格科举，使入官不滥。方法是从制度上严控官吏来源，政府各部门的官吏必须按编制配额。

四、淘汰僧尼，控制庙观土建，降低民众迷信耗费。

五、“亲大臣远小人（宦官）”，朝廷重宰相不疑，宰相择诸司问责。

王禹偁这五条政改方案归纳起来，其治国建树就十二个字：精兵简政，开源节流，问责不懈。王禹偁这篇奏折的全文在《宋名臣言行录》前集卷九暨《宋史·王禹偁传》皆有载。《新编中国政治史》在论述“北宋中期的社会危机和变法运动”时，高度评价这五条政改方案，认定王禹偁是北宋政治改革派先驱。这样的历史评价，总算给王禹偁的从政生涯一个中肯的评价，因此凸显了这个杰出政论家的历史地位。

然而，当时的真宗皇帝和朝廷一干人都无图新之念，再英明的政论也就不过是纸上谈兵。北宋王朝因之也错过了改革的最佳机遇。不过，王禹偁本人因这上疏受真宗重视，恢复了他的知制诰、翰林学士。他从扬州调到朝廷不久，修《太祖实录》与宰相看法不同，又以谤责贬职，知黄州。

屡贬志逾坚

王禹偁贬谪黄州，作《三黜赋》励志，文曰：

屈于身不屈于道兮，虽百谪其何亏；
吾当守正直而佩仁义兮，唯终身而行之。

他离京去黄州这一天，有内翰苏易简上奏：“禹偁禁林宿儒，累为迁客，漂泊可念，臣令榜下诸生罢期集，缀马送郊外。”皇上准奏，苏于是率孙何等进士三百五十三人城郊相送。由此可见他在当朝士子心目中的地位。

《梦溪续笔谈》卷九记，王禹偁到黄州不久，遇到种种不祥之兆：一是忽有二虎斗于郡境，一死被食半。二是群鸡夜鸣不止。三是冬雷雨雹。

朝廷派内臣去慰劳，司天有奏：“守土者当其咎。”

朝廷命王禹偁设禳祭祀鬼神祈求消灾免祸。王禹偁禳祭后上表略曰：“宣室鬼神之问（朝廷拿鬼神事问责），不望生还；茂陵封禅之交（汉武封禅不断），止期身后。”

真宗看后，伤心问道：“噫，禹偁其亡乎？”

不久，王禹偁去世。享年四十八岁，自是英年早逝了。

对他的早逝，他的门生问天："这难道是命中注定，还是不遇时？"

他生前曾说："吾若生（唐）元和时，从事于李绛、崔群间，斯无愧矣。"（《宋史·王禹偁传》）

读这段文字，笔者就想起武则天的宰相李昭德来，这李昭德也就是性格耿直、刚烈，眼睛里容不得半点沙子遭诬陷被杀，比较之下，王禹偁幸运的是在言路开放的宋初为官，才没有像李昭德那样不幸。

所以，谏议大夫戚纶在王禹偁的致悼中说："事上不回邪，居下不谄佞。见善若己有，疾恶过仇雠，所遇之时然也。"（《渑水燕谈录》卷一）

世人以为这是狷介之士对知己者说的话。那么，其治国建树既以忧国忧民为己任，时之遇与不遇，都可以无愧了。

文苑流芳

杨雄辈不理解志者的诗囚情结，所以才有"诗为小道，壮夫不为"之说。这里，诗章伴同王禹偁励志洁志的，是他的《点绛唇·感兴》：

> 雨恨云愁，江南依旧称佳丽。水村渔市，一缕孤烟细。　天际征鸿，遥认行如缀。平生事，此时凝睇，谁会凭栏意？

这是王禹偁唯一传世的一首词，词人面对"秉笔多艳冶"的时风，革弊图新的主张，隐约在词义里。诗余不多余，其忧国忧民者的胸襟可见一斑。

真宗一朝

真宗诟病

宋真宗赵恒（968—1022），宋太宗的第三子，在位 25 年，干了两件事：议和，崇道。

真宗神化

《宋史·真宗本纪》说："乾德五年，五星从镇星聚奎。明年正月，后梦以裾承日有娠，十二月二日生于开封府第，赤光照室，左足指有文成'天'字。"这是说，在太宗乾德五年（967 年），五星从镇星聚奎。第二年正月，元德皇后李氏梦见自己拿衣服的前襟来托太阳，继而怀孕，在这年的十二月二日生下赵恒。这赵恒问世的时候，有红光照耀一屋，其左脚趾上有一个形同"天"字的纹理。

赵恒自幼聪明，相貌奇异。和诸皇子玩打仗游戏时，总是自称元帅。宋太宗非常喜欢他。他有一次登万岁殿并坐到皇帝的座位上，太宗大为惊奇，摸着他的头问："天子好作不？"

少年赵恒回答说："听天命罢了。"

等到赵恒上学后，他学习群经，看一遍就能背诵如流。

尽管赵恒有这样一些做国君的先天优势，但是，《东轩笔录》卷一记，宋太宗在确定太子前，慎重起见，还是找华山方士陈希夷到京城来给诸王子面相算命。陈到寿王赵恒的府上去了一趟，回来对太宗说：“臣到寿王府上，见二人坐于王府的大门，问其姓氏，则曰张旻、杨崇勋，皆寿王左右的使命者。然而，臣观二人，他日皆至将相，即知其主寿王他日乃天下主也。”

太宗听后大喜，心中对立太子的事也就有个底了。真宗即位，张旻官至侍中，杨崇勋使相，也算是被方士言中的命。

丧胆议和

一

宋真宗即位，尽管辽国不时侵犯边境，但有边关悍将杨延昭奋力抵抗，边境无大事，真宗因之也常在朝廷上扬言，说如果辽国胆敢大举来犯，他当御驾亲征。

到了景德元年，也就是真宗帝做皇帝的第七个年头，辽国承天太后以恢复关南失地为名，向北宋发起了规模战争，边关告急，朝野震惊。真宗帝听说这个北方第一悍妇大肆举兵来犯，顿时失去了迎战的胆子，和王钦若等怯战重臣商量着离京逃避战乱，这时，负责国防的寇准力陈利害，一定要真宗亲征，真宗拗不过寇准，只好亲征。但是，真宗还没离开京城，就派心腹曹利用去和辽将王继忠议和。御驾到了黄河边不想过黄河，还想和王钦若南逃金陵，这时，寇准力排众议，对真宗说：“群臣怯懦无知，不异于乡老妇人之言，今敌骑迫近，四方危心，陛下唯可进尺，不可退寸，河北将士旦夕望陛下至，气势百倍。今若陛下回辇数步，则四方瓦解，虏乘其势，金陵可得至邪？”（《涑水纪闻》卷七）

真宗听罢，只好过黄河至澶州。

当辽军把澶州城合围并在城下叫战时，寇准督促真宗上城楼鼓舞士气，宋军受皇上登城墙鼓舞，奋力抵抗，将辽军主将萧挞览一箭射死。

战局发生逆转的，是定州的宋军在这时威胁辽军后方，宋军的百万大军又临近澶州。辽军看到自己全军覆灭的预告，于是提出议和。寇准意在一举消灭辽军，对真宗说："如陛下用臣的计策，可数百年无事。不然，四五十年后，臣恐戎心又生战事矣。"

不料真宗回道："朕不忍生灵受困，不如且听其和，四五十年后，安知无捍塞之士乎？"

摊上这样的主，曹利用也就带着真宗的心意登上议和的谈判桌，议和的结果是宋朝每年给辽朝绢二十万匹，银十万两，时曰岁币，之后又说成是"友邦交好"。澶州郡名澶渊，史上有名的"澶渊之盟"由是成立。（《宋名臣言行录》前集卷四）

这也告诉我们，真宗是一个欠缺担当的皇帝。一个人，不管是高官还是平民，只要欠缺做人的担当，他必然要作出许多荒谬事来掩盖他做人的不是。

二

"澶渊之盟"后，寇准当上了宰相，被真宗眷宠有加，不久，又被真宗冷落罢相。这是朝野都视"澶渊之盟"为奇耻大辱，寇准背上"卖国"黑锅。据《涑水纪闻》卷六记，真宗有一天目送寇准退朝，王钦若在旁说："澶渊之盟，准以陛下为孤注，与虏博耳。苟非胜虏，则为虏所胜，非为陛下万全计也。且城下之盟，春秋耻之。"这话是说，在澶渊和辽国订立的这个盟约，他寇准不过是拿皇上您作为赌注去和辽国赌博罢了。从盟约的条款看，我们没胜辽国，辽国反而胜出，这还真不是皇上的什么上好之策。自古有道，敌人逼临城下时被迫订立的和约，无非是史上的千古奇耻。

朝中重臣，镇守西蜀的张咏也曾说："使寇公治蜀，未必如咏，至于澶渊一掷，咏亦不敢为也。"

寇准和张咏是多年好友，“澶渊之盟”后，寇准向张咏请教领导艺术，张咏还用《霍光传》来暗示寇准不学无术。寇准没有为自己的政见被埋没作辩护，想必是出于“臣为君隐”。

的确，“澶渊之盟”说白了，就是拿钱买和平。今天，有研究家算了一下，说宋朝每年给辽国的岁币，不过宋朝岁入的百分之一。就是这百分之一的付出，赢得了华北地区长期安宁，为北方经济的恢复创造了基本条件，北方经济恢复后所带来的经济效益，也就远不止百分之一了。从经济上讲，这确实不失为划算的交易。

但是，国与国之间的盟约不单涉及经济上的划算与否，这其中还包含政治、文化于一国尊严与否的解读，而国家尊严的解读又时常与单纯的经济数字的解读相悖。换句话说，解读经济数字无非是计较数字的多与少，就像商人那样，数字上有盈余就是赢家，而政治和文化去解读这样的盟约却重在尊与卑，亦即平等与否。显然，“澶渊之盟”的不对等即说明这是一个不平等的条约。史上之所有“陋宋”说，也就基于后者去解读宋朝。

现在，真宗不想承担这个责任，可见他不单在澶渊战役中害了丧胆病，事后还因丧胆而推御责任，任用王钦若等人混淆是非，以摆脱这个责任。

崇道更疯狂

一

真宗干的另一件事是封禅。这是帝王祭祀天地的大典，在泰山上筑坛祭天叫封，在泰山南梁辟场祭地叫禅。闹这玩艺绝非百姓去泰山旅游这么简单，这是一场劳民伤财的皇家闹剧，真宗为之不厌其烦地演了十五年。

这场闹剧的始作俑者是王钦若。景德三年，寇准罢相，王钦若就任参知政事。揣摩上意，向皇上示意：“封禅可镇抚四海，夸示外国。”（《宋史纪事本末》）

在封建社会，帝王封禅，主要是通过祭祀天地彰显自己杰出的政绩。但是，这就需要有杰出的政绩去感动上天，上天认可并作出回应，这上天的回应叫天降祥瑞。在真宗之前，有秦始皇、汉武帝、唐高宗及武则天到泰山封禅，宣扬自己威加四海，国泰民安。目的无非是夸大自己的政绩，在自我表扬下作出自我肯定，以资流芳史册。

所以，王钦若一提封禅事，马上就得到真宗的认可，因为封禅不单可以除去“澶渊之盟”的非议，而且还可以将自己有模有样地夸示一番。据《宋史·王钦若传》记，由于要天降祥瑞，皇帝才可以着手封禅的事。君臣二人于是秘密制作天降祥瑞。真宗一说梦见神人言“赐天书于泰山”，就有木匠董祚在泰山醴泉亭北见一块黄绢从天上飘落到草上，有字不能识。王钦若闻讯去取，真宗奉迎，“出所上天书再降祥瑞图示百僚”。亦即将天书悬挂在京城的承天门上，证明确属上天感应所示。于是，改年号为大中祥符元年，大赦天下，着手封禅事。

二

天降天书于泰山，骗不了朝廷上的明眼人，如宰相王旦，他对这事就有异议，但真宗也有办法让他口服心服。《宋史·王旦传》说，真宗见王旦对封禅事很不配合，就召他入宫，赐了王旦一壶酒，叫王旦拿回去和家人共饮，王旦拿回家来一看，原是一壶珠宝。王旦顿时明白该怎样做了。这件事，史称皇帝向大臣行贿。以后，王旦不单对封禅事违心称是，还五次率文武百官等两万四千余人上表请求真宗封禅。但《容斋随笔》卷四记，大中祥符以后，王旦作为宰相，对天书礼文、宫观典册、祭祀巡幸、祥瑞颂声之事，无一项没有参与，心知不该做，但迷恋相位，不得不违心地参与。临终时，悔恨不已，只想削发为僧进入棺材，以补做宰相的过失。

其他大臣也就没有王旦这种悔过之心了。例如丁谓，时为掌管国家财政的三司使，他不失时机地迎合真宗，说国库充盈，这个“烧钱”的大典于是拉开序幕，在以后十五年里，丁谓也都是这场闹剧的经济推手，在丁谓篇可见他有怨无悔。

三

大中祥符元年（1008年）十月，皇帝率领数万人浩浩荡荡到泰山举封禅礼，十一月拜谒孔庙，赐钱三百万。封禅耗费国库八百三十余万贯。是全国财政的百分之六，而财政赤字达百分之十。

从此以后，天下争说符瑞，颂圣竞献，狂欢近痴。

大中祥符四年，真宗西祀，这一干人祭地神用了六十八天，但数万人为此行忙了一年。耗费国库一百二十万贯。

大中祥符五年，真宗又说梦奉玉皇大帝之命“令先祖赵玄朗授天书”。于是在京城的玉清宫，塑像、追封，做大道场又是一年。耗费国库百万贯。

大中祥符六年，亳州官吏百姓三千进京，请求真宗谒拜亳州老子像，真宗准行，一干人去去来来又一年。耗费国库百万贯。

天禧元年正月初一，真宋到玉清宫向玉皇大帝上宝册、龙袍，全国各地分设罗天大醮。所谓罗天大醮，就是皇家宴请天下的鬼神吃饭。全国军民在这一年为之烧香奉拜不断。耗费国库一百五十万贯。

直到天禧五年（1021年），真宗去世，天书随葬，这场疯狂的崇道运动总算结束。但是，真宗的崇道运动导向北宋政治腐败和国库空竭，财政赤字12%，由是造成仁宗朝的财政危机。

结语

《宋史·真宗本纪》说："澶渊既盟，封禅事作""一国君臣如病狂然。"但是，史说真宗崇道"几败国家"，只能算儒家的政治评价，在道教那里是不成立的。就道教的政治观而言，真宗求仙祀神的崇道运动正是政治作为的一部分。用真宗的话来说，叫："释道二门，有补世教。"换言之，迷信是政治的继续。

寇准得失

寇准（961—1023），字平仲，华州下邽（今陕西渭南）人。太平兴国五年进士，两度入相，复爵莱国公，仁宗亲篆其首曰“旌忠”。故后人多称寇忠愍或寇莱公。北宋著名政治家、诗人。与白居易、张仁愿并称渭南“三贤”。

宦海沉浮

一

寇准十九岁这年举进士，是最年轻的进士，然而宋太宗录取进士喜欢年纪大一点的青年，鉴于寇准考试成绩杰出，宋太宗要他把年纪改大点。寇准却说：“吾初进取，可欺君耶？”太宗只好让他不欺君又录用了他。（《古事比》卷十六）

这时，有个面相先生却对寇准说：“君相真贵，但及第太早，恐难善终。”因此，告诫他，功成名就，当急流勇退，方免祸凶。原因是他的头骨和卢多逊十分相似。（《渑水燕谈录》卷六）

不管寇准的头骨和卢多逊的相似不相似，就封建朝廷的明哲保身论，面相先生的急流勇退主张是对的。

然而，王勃在《滕王阁序》中说：“冯唐易老，李广难封。”好像又在说年纪不是问题，关键还在看你逢不逢时运。

二

寇准做地方官凭政绩升为言事官，以“极陈利害”受宋太宗器重，宋太宗曾在朝廷上说：“朕得寇准，犹唐文皇之得魏征也。”（《涑水纪闻》卷二）。到太宗晚年，太宗把他从青州任上召回京城。这时寇准才三十刚出头。据《国老谈苑》卷二记，寇准得知太宗想重用他，又觉得他嫩了一点。他马上就去弄些头发转白的中药来吃，白发老相顿时就出来了，因而备受太宗重用。

寇准没有辜负太宗的重望，太宗枪伤复发，寇准见过太宗的伤势后，知太宗不久于人世，于是言及立太子事，太宗问他：“你看我的儿子中谁可立为太子（朕诸子孰可以付神器者）？”

寇准回道：“圣上为国家择定未来的国君，不必和身边的妻妾、宦官商议，不必和身边的大臣商议，圣上只管选择能担当天下者（陛下为天下择君，谋及妇人、中官、不可也，谋及近臣，不可也，唯陛下择所以副天下望者）。”

太宗屏退左右，问：“襄王赵恒可以吗（襄王可乎）?”

寇准说：“最了解儿子的莫过于父亲，圣上认为可以，就应该立即定下来（知子莫如父，圣虑既以为可，愿即决定）。”

太宗由是确立襄王（即真宗）为太子。而寇准这句话，被史家赞为“万世之龟鉴”。寇准本人由此进入帝国决策层。（《宋史·寇准传》）

三

真宗即位，寇准一路升迁，真宗想拜寇准为相，“患其刚直难独任”。只好任寇准为集贤殿大学士，地位虽仅次于宰相毕士安，但实际上行使宰相之权。与契丹的战事发生后，真宗将军事全权委以寇准，寇准在澶州战役功勋卓越而拜相，但不久就被罢相，原因有三：

一、居功自傲，让皇帝很不舒服。

二、“澶渊之盟”的耻辱责任得有人承担。

但是，真宗把这两点藏在心里，拿得上桌面的理由是：“多许人官，以为己恩。”（《宋史·寇准传》）这是说，寇准在相位上提拔了许多官，为自己捞取私恩。

三、王钦若等重臣出于权力之争，盯着相位，也就不断谗言寇准。

由此可见，《后山谈丛》卷四记，张咏说寇准不学无术，想必是从明哲保身上讲寇准对权术的运用不够老辣。但是，《宋史·寇准传》和张咏都把岁币一事归咎寇准，失实，在《宋史·曹利用传》说得很清楚，“澶渊之盟”的真宗底线就是仿照“汉以玉帛赐单于”“百万以下皆可许也”。

四

寇准贬为地方官后，最初还要一点傲上的脾气，例如，封禅期间各地输捐，人家京师捐百万，他在河北只捐五万，真宗大不高兴，对宰相王旦说：“准刚忿如昔。”于是贬为河南通判。

到了天禧元年，寇准迁官长安，《湘山野录》卷中记，这时的寇准“怀一腔依恋朝廷大权的欲望，恨无上爬的阶梯”。

也就在这时，天书突降乾祐县，寇准明知这是骗人的把戏，却不失时机地迎合上意，不顾讥笑和非议，损却节操，遂成其事。寇准这回让皇上高兴了，不久，再度入相。寇准离开长安赴任时，他有一个门生不知就里，私下对他说：“我愚昧，但有三策来轻慢宰相这职务。”

寇准说：“不妨讲来听听。”

门生说：“第一，莫如一到河阳就称病免于朝见。第二，朝见天子时，就将乾祐天书伪诈之事奏之，至少可以挽救你平生公直的声名。第三，不过就是入中书省当宰相而已。”

寇准听后很不高兴地和门生揖别。接着，又有诗人魏野以诗送行，其中有“好去上天辞将相，归来平地作神仙”之句。诗意无非说，辞掉高位，即可过上神仙日子。但这时的寇准，已是权欲熏熏，恰如醉汉正在举杯尽兴之时，劝其少喝，自是多余。

门生良策听不进，诗人的话就更不可能当真了。所以，《闻见近录》说，寇准“竟不悟，至有海南之贬”。

五

寇准再次当上宰相后，无非侍奉昏君，和一群奸诈同僚厮混，用我们老百姓的话来说，恰是“浑浑水养浑浑鱼”，自然谈不上什么历史作为。然而，他在这一丘里，却创造了一个中国引用频率最多的一个词：溜须。

《自警编》卷四载，寇准和参知政事（副相）丁谓在中书省共进工作餐，有残食沾在寇准的胡须上，丁谓上前将寇准胡须上的残食拂去，不料寇准当着众同僚对丁谓说：“君作为参预大臣，难道就是为上司溜须的吗？”

丁谓在广庭大众之下受到如是羞辱，从此与寇准势不两立，与刘后结成一党。

丁谓虽是寇准的门生，但与寇准多有不和。从政治姿态上看，丁谓溜须应是政治和解的示意，寇准作为政府一把手，应该向和解示意者报以相应姿态，才不致有损自己的领导魅力以便进一步巩固自己的领导地位。所谓“官声政绩”，就是把治下统治好。这就需要排除一意孤行，和治下达成共同意愿，而共同意愿是基于各方妥协而成立，妥协而导向意图共勉，政绩自在其中。所以，这里再次指出的是，就是政治和解的姿态表示，也只能是政治意图共勉的前提条件之一。

按从政品质漫评，寇准羞辱溜须者，也不过是五十步笑百步，你寇准保奏乾祐天书不就是溜真宗的“须”吗？如是这般，应该看到在溜须国，溜须不过是迎上术花样百出之一。

若按人格贵贱论，寇准从政以来以清正廉洁著称，丁谓却是贪腐有闻者。寇准借溜须羞辱丁谓的目的，想必还在激浊扬清，以正自身。所以抛弃政治和解的姿态，这在政治境界上，就不仅仅是姿态的高迈了。当然，寇准也因此付出惨重的代价。

六

寇准之所以最终被丁谓击败，还在寇准热心“宫廷斗争”却又疏于防范。

天禧末年，真宗病倒在床，章献明肃刘皇后参预政事，寇准打算废刘皇后，诛丁谓、曹利用等对手，立仁宗，尊真宗为太上皇。然而他酒后泄密，反遭丁谓下手。刘皇后以矫诏（假造圣旨）罪罢寇准相，一贬再贬，贬为雷州司户参军，实际上就是流放海南岛，以致死在那里。

尔后，仁宗给他平反，并在他的碑上亲书“旌忠”二字，这虽是对逝者的政治回报和告慰表演，却是死灵魂为活政治服务。从来策勋，如此而已。

这也告诉我们：高层行走，如履薄冰，稍有不慎，即是失足。

爱与被爱

一

寇准少时不喜读书，颇爱飞鹰走狗。他的母亲对他只有严加管教，他有一次贪玩逃学，气得他母亲抓起秤锤子就向他投去，秤锤击到他的脚上流血不止，治愈后虽留下伤疤，他却从此专心读书，成为“优则仕”

的一员。他为官时，母亲已去世，因之每摸着脚上伤疤想到母亲痛爱与严教，对母亲追思不已。（《昨非庵日纂》二集卷十六）

二

《宋史》本传说寇准生性豪侈，出入宰相三十年不营私第。《能改斋漫录》卷十八说寇准特别喜欢饮酒，而且有海量，从未遇到过豪饮的对手。他的朋友及身边官吏，成为他家酒宴的常客，但最是让人难受的是劝酒不休，使这些陪客醉酒致病。

一天，竟有一个道人找上寇府要和他饮酒比海量，寇准非常高兴与这道士同饮起来，寇准的酒量比不过道人，道人也学他强人饮酒那样要他强饮，寇准笑起来回道："量不可加，遂止。"

道人于是对寇准说："那，公今后也莫要劝人强饮。"

寇准从此不再劝人强饮，为此悟及友爱。

三

《竹庄诗话》卷二十二有记，寇准还是平民时，由汴回梁，在酒肆以银百钱买得一个叫倩桃的女子作妾，这女子不仅人长得美，更以文才和寇准筑起共同旨趣，因而深得寇准爱幸。

有一回，寇准镇北门，有善歌者至庭下，寇准金盅慢酌，令歌数阕之后，赠一束彩绸为酬，歌者不满意而寇准不知其故，倩桃在室内窥之，见夫不知行情，忙赋诗两首呈寇准：

其一

一曲情歌一束绫，美人犹自意嫌轻。

不知织女萤窗下，几度抛梭织得成。

其二

夜冷衣单手屡呵，幽窗轧轧度寒梭。

腊天日短不盈尺，何似妖姬一曲歌？

诗中“一曲情歌一束绫”是暗示歌唱家演唱费：一首歌的演唱费就是一束绫。也形象地指出歌手的出场费不可能和纺织工一个价，可见演出费之高昂在宋代已成为市井常态。读倩桃诗，窃以为倩桃的见地和西方经济学的鼻祖亚当·斯密可有一比。亚当·斯密指出：“舞台明星，歌唱家等等所得高昂的报酬就是基于这两个原则：才能的稀缺和美妙。”（《国富论》第 137 页）

我们从这两首诗里，看到宋代经济发达还在社会经济观念先进，导向人们观念先进的关键，还在文化高度发展。西洋史家所以把唐宋视为人类文明生活的典范，其先进的社会观念就是文明生活的典范之一。

寇准的即兴回咏，就宋代士大夫的生存态度可见一斑：

将相功名终若何，不堪急景似奔梭。

人间万事君休问，且向尊前听艳歌。

古代贤达之所以可爱、可敬，就在他们做人真切不假，为善不伪，七情六欲一点不差，放浪处更见真性情。今之贤达可敬而不可爱，就因“端”或“摆”出的面孔在七情六欲上总有一个缺失：不真。

四

寇准和倩桃在情真意切中浮沉与共，《说郛》卷十七引《爱日斋丛钞》记说寇莱公在海南去世后灵迁故里时，倩桃泣曰：“妾前世师事仙人为侠，今将别去，公当为地下主者阎浮提王也。”不久，倩桃也去世。

得至爱之人如是祝祷继终，真恩爱矣！

王钦若之邪

王钦若（962—1025），字定国，临江军新喻（今江西新余市）人。官至宰相，《册府元龟》主编。真宗朝“五鬼”之首。

从政曾为民

王钦若虽然在真宗朝被称为“五鬼”之首，但他并非生来就邪，年轻时心怀一股正人君子的意气。《独醒杂志》卷一记，王钦若有一次去观看祭祀土地神求祭肉，人家问他：“你是谁？”

王回道：“我是秀才。”

又问：“有何才能？”

“能咏诗。”王钦若回答后，捡起木炭就在脱毛后的猪皮上写道，“龙带晚烟归洞府，雁拖秋色入衡阳”。

《西清诗话》卷中说，时人读了这句诗后，就认定王钦若有宰相气象。

王钦若举进士后，任亳州防御推官，监庐州税，继之任太常丞、判三司理欠凭由司，时度支判官毋宾古对他说：“自五代至今，平民负重不堪，拖欠税赋成为常态，我建议把五代以来拖欠的税赋免除掉。”

王钦若同意了毋的建议，并令人马上核实上报。真宗得知后，惊异地问王钦若：“先帝顾不知邪？”

王钦若却镇定地回道："先帝是知道的，不过是留与陛下收买人心矣。"

真宗于是免除拖欠的税赋一千余万，释放欠税囚居者三千余人，可谓救生灵于水火。这事最先记载在《国老谈苑》卷二，后载入《宋史·王钦若传》。在这件事上可见是王钦若正面引导真宗。

迎上争宠

王钦若受真宗器重，任命为右正言、知制诰、翰林学士。但是，王钦若与寇准同朝，从不协同。从不协同的原因，是彼此都属争取皇上宠信的人，彼此都唯恐失宠，彼此因而不得不从不同角度去争宠，就像后宫争宠的女人不择手段，受宠为上。

真宗篇述王钦若和真宗在澶渊一役中总是商量着逃避战争，因而被后世称为议和派代表。就从政作为而言，应看到主战与主和都是争宠作为的表现，是战是和，彼此都得乖乖地听主子的。只是，二人在争宠中，都以才华显，例如在澶渊之役，王钦若被派上战场后，同样表现出一个战场主将的智略和勇敢。

"澶渊之盟"后，王钦若在主子面前言寇准的不是，在后人看来是行谲，在王钦若却是尽右正言之责，在真宗是"甚合朕意"；首倡封禅，争制天书，被史家视为无病找病，今人看成闹剧搞恶，于真宗乃是"甚合朕意"，在王钦若便是迎合了圣意又了却了自家心愿。

王钦若这样做，更与他迷信命运有关，《新编分门古今类事》卷三记，他去西蜀，在褒城路上有道人告诉他，他以后位极宰相。由因仙人如是指路，他身贵后，也就日益醉心于崇道事。在封泰山、祀汾阴等一系列的崇道运动中，他作为主持者，不单身体力行，还著书立说。《卤簿记》《彤管懿范》《天书仪制》《圣祖事迹》《翊圣真君传》《五岳广闻记》《列宿万灵朝图》《罗天大醮仪》计六百来卷，王钦若“自以为深达道教”。

笔者之所把这些书名列出来，看书名即知这些道教著述压根不是说“出世”的事，无非是伙同皇帝借仙道来蛊惑众心，从而巩固各自的地位。今天的史家说王钦若“敢于假托荒诞不经的迷信，以蛊惑人主”（《宋史解读》第 187 页）有失公允，“上有所好，下必从之”可谓专制王朝的铁定法则。真宗年间的天书假托，都是真宗示意王钦若等人假托。所以，《宋史・王钦若传》说他“智术过人，每朝有所兴造，委曲迁就，以中帝意”。

贪者终是贫

王钦若陪皇帝求仙祀神，一刻也没有忘记将手中权力多变换金钱，据《涑水纪闻》卷七记，王钦若妻借科考受举人贿，事发后御使中丞赵昌言要将王钦若的部下去对质，（皇）上虽知其情，终不许抓王的下属去对质，说：“朕待钦若至厚，钦若想要银子，应当向朕求之，又何苦受举人的赂贿呢？更不要说钦若才登两府，哪能够抓他的部下去对证呢？”

御使中丞于是只好让行赂者独自承担罪责。万千不要以为只有儿女恋爱才可能是情人眼内出西施，政治恋爱尤其如此。

王钦若趁着受宠，叫妻大肆受贿时，还揭发他人贪财。

《东都事略》卷四十九记，王旦和王钦若同居相位，翰林学士李宗谔有名望，王旦很看重李宗谔，打算推荐李为参知政事，于是把这打算告诉了王钦若，王钦若说：“很好，我没意见。”

之前，李宗谔家贫，嫁女儿办嫁妆向王旦借了一笔钱，王钦若知其原委。如果皇帝令李宗谔做参知政事，惯例上将获得三千缗赏赐，因此，王钦若得知王旦这个打算就马上向真宗密奏：“李宗谔借了王旦一笔钱还不起，王旦想推荐李做参知政事，是想让陛下的赏赐来将借给李宗谔的款收回，这哪是为国择贤呢？”

真宗听后，待到王旦在朝廷推荐李宗谔时，真宗板着脸不许。史家所以说王钦若“其权谲皆此类”。

尽管王钦若自家敛财不惜阻碍他人财路，最终还是因大肆卖官而罢相，贬谪儋州，死在海南。《乐善录》卷九特别指出：“钦若方用事时，四方馈遗，不可胜纪。其家金帛、图书、奇玩，富于丁谓。为天火所焚，一朝殆尽。”

这话无非是告诉后人，贪官弄权敛财，不仅仅是掉价充当守财奴，东窗事发，人被流放，财遭天火，名声更遗臭。

古今论

仁宗说：“钦若久在政府，观其所为，真奸邪也。”

王曾对道：“钦若与丁谓、林特、陈彭年、刘承珪，时称‘五鬼’，奸邪险伪，诚如圣上所说。”（《宋史·王钦若传》）

在朝廷上，被称为鬼者，大抵是狡诈的人。《论衡·齐世》：“上教用敬，君子敬，其失也，小人也鬼。”这话大意是说，皇上敬事躬行，君子也就敬事躬行，皇上举政有失，朝廷上的小人也就得势狡诈起来。可见，古人早就认识到狡诈在政治生态中有合理存在的一面。“存在即合理”也绝非黑格尔发明。

《尧山堂外记》卷四十五记，王钦若的身材短小，项上长了一颗很大的肉瘤，时人称为“瘿相”。但是，王钦若是个模范丈夫，没有纳过妾。没纳妾的原因不是他不想，更不是他人长得不美纳不到，实在是畏于家妻凶悍，不敢纳。笔者惋惜的不是他死后没有爱妾替他掉泪，试想这位曾经救生灵于水火的干才，要是讨了个贤妻，又遇到一个英明的君主，他的后半生一定不至于这样鬼。

丁谓之能 岂止溜须

丁谓（966—1023），字谓之，苏州长洲（今江苏苏州）人。淳化三年登进士甲科，官至宰相，真宗朝“五鬼”之一。

弄权无悔

一

丁谓拂须的事，在寇准篇已讲。这里要讲的是，宋真宗和大臣们商议封禅事，最先难以定下来是因这件事要偌大一笔钱。丁谓其时主管国家财政，也就问他的财政支付如何，尽管当时的财政毫不轻松，但丁谓想讨皇上欢心，就说财政富裕。封禅事也就在全国轰轰烈烈地铺开。以后，真宗年年搞崇道运动都要钱，年年都得把钱“烧”在崇道运动的花样百出上，国家财政因之陷入困境。所以，《宋朝事实类苑》卷七十一说，丁谓“及稍进用，即启导真宗以神仙之事，又作玉清昭应宫，耗费国币，不可胜数”。

朝野于是认为，要不是你丁谓说财政有钱，就不致把国家的钱浪费在崇道恶作上，国力也就不会日益衰败了。这就是史家为什么说：“党恶丑正，几败国家，（丁）谓其尤哉。”

史家这话，就比溜须时受到的羞辱更重，好在这“几败国家”，只史家评说，真宗不这样看，真宗认为泰山封禅、汾阴后土、朝谒太清宫、天书九鼎都是“育民广福”“国祚延永”的大事（《宋史·礼七》）。丁谓本人，为真宗崇道运动所需经费操劳了十多年，也咽了一肚皮的苦水，以致后来受贬，在去海南岛的潭州路上怨道：“补仲山之衮，虽曲尽于巧心；和傅说之羹，实难调于众口。”（《斋僧疏》）

“补仲山之衮”，典出《诗·烝民》：“衮职有阙，惟仲山甫补之。”是说殷商武丁的重臣傅说有补天之能，也就不难看出《斋僧疏》此记分明是说，我丁谓从政，为补救国家的失策费尽心思，虽有傅说制羹之才，实在是众人的口味太刁了。

在历史的审判台上，倾听被告的申诉，不管有理没理，我们如果站在被告曾经的角色去考量，不难发现，被告无非是个不敢在皇帝面前说不的附和者、受指使人，压根不是主事人。

二

就丁谓在真宗朝平步青云来看，丁谓在真宗和刘太后心目中就是傅说那样的贤能之臣，所以，当他扳倒寇准后，立即登上宰相位。

弄巧成拙的是，他为了把权术玩得更开心，竟然和宦官雷允恭狼狈为奸，事发，因矫诏（假造圣旨）而罢相，紧接着又是过去的贪污等等糗事败露。行贪受贿一辈子的金银珍奇，一下子就被抄归国库。当他回过神来：自己原来是充当了一回费力不讨好的国库保管员，本人也因此被贬到海南崖州。说你丁谓，不用心关注刘太后的眼色，却去和一个阉货勾搭，在阴沟里弄翻了船。这还真应了《左传》里的一句咒语：多行不义必自毙。

但是，丁谓不认为这样下台是“必自毙”，《西塘集耆旧续闻》卷六记丁谓在饶州做通判时，吕洞宾来见，对他说：“君状貌颇似唐朝宰相李德裕，他日富贵皆如之，然，止于阉。”吕洞宾这话，丁谓听后，把吕洞宾口中的阉听成云烟的烟，和宦官雷允恭勾结的事败露后，才明白吕洞宾说的是阉割的阉。既是如此，只好认命了。

逸趣供茶余

一

早先，还在王禹偁主持文坛的时候，王禹偁见了丁谓与孙何的文章，就把丁谓与孙何视为韩愈、柳宗元后二百年才有的人才，时人因之将他与孙何并称“孙丁”。如是比肩之士赴考场，孙何中头甲，丁谓得第四名。一直齐名，如今耻居其下，丁谓颇不服气。

这事传到宋太宗耳里，宋太宗就在朝廷上对丁谓说：“丁谓呀，就按甲乙丙丁的序列，你也合居第四，还有什么意见呀？”

圣裁如斯，丁谓不服气也不行。《东都事略》卷四十九如是记，大可想见宋人幽默。

二

丁谓用尽心机迎上颂圣，至大中祥符中期，官拜参知政事，官序上可是从丁到乙，应算当朝老二了。于是荣归故里，回苏州老家即登门拜会自己的蒙师。师生见面，丁谓首先将蒙师奉入堂中就座，便向蒙师叩拜，蒙师惶惧之下大声呼道：“拜杀老夫矣。”

师生接下来叙旧，丁谓说：“幼时蒙昧，调皮捣乱，承得先生严教，痛加榎楚（鞭笞）。我如今成才，皆先生之赐也。”

只说这蒙师受朝廷重臣叩拜，之后愈不自安，不过数月便去世了。丁谓派专人厚葬蒙师。《中吴纪闻》说：“吴人至今以为美谈。”

《中吴纪闻》是南宋龚明著，距丁谓去世已是近百年。在朝廷上，丁谓早已遗臭，可在故乡，仍是传唱之人。这，就是天下宝之的乡情所在。

三

丁谓对宋帝国的流放专属地海南崖州，也有与众不同的看法。据《五杂组》卷十六记，他有一次和客人畅饮，有一个客人论及天下地理，问四座：“海内州郡何处最为雄盛？”

他人莫能答，丁谓回道：“唯崖州地望最重。”客问其故，他答曰：“朝廷宰相只作彼州司户参军，它州何可及也。”

斯言不假，四座皆服。也因他有这一高见，他本人被贬到崖州做司户参军时，却是把心思放在文艺创作上。此际，《归田录》卷一说丁谓的诗笔尤精，在海南篇咏尤其多。其“草解忘忧忧底事，花名含笑笑何人”句，为时人所传诵。丁谓也就实实在在的做起名诗人来。

四

丁谓除诗文之外，绘画、棋艺、博戏、音乐方面也是玩精了的，此外，在茶艺上也有过人之处。论说，也算得上一个全才了，但史说他唯独欠缺忠诚。对此，据《王文正公笔录》记，丁谓是这样回答的：“古今所谓忠臣孝子，皆不足信，乃史笔缘饰，欲为后代美谈者也。”

以为自己身上没有的，这世间就肯定没有，尤其是美德。这样看人世的人，倒不止丁谓一个人。只是，不知丁谓们拿什么来教育自己的孩子？

李沆的政治智慧

李沆（947—1004），字太初，洺州肥乡（今属河北）人。太平兴国五年进士第，北宋名相。著名政治家、诗人。谥号文靖。

直面现实

一

李沆从政后以政绩赢得宋太宗的赏识，是在皇家的一次宴会上，太宗对李沆注目良久，说他风度端凝，一派高贵气质。

真宗即位，拜李沆为宰相。澶渊亲征，李沆留守京城，把朝中政务治理得井井有条。真宗回朝问他治理国家关键，他回答说："不用浮薄新进喜事之人，此最为先。"意思是说，用人之道首要的一条，凡是办事轻薄浮躁的人，喜欢生事邀功的人，都不能重用。

真宗又对他说："奸邪难辨尔。"

李沆回道："佞言似忠，奸言似信。"这是说，能言善辩又善于阿谀奉承的人，说出的话都像在表示忠心，这恰是邪恶者通常用可信的表象来包藏行诈的手段。

李沆这些话对任何一个当家人说来，都是辨人敬事的良言。《龙川别志》卷上把这些话记录下来，百多年后《宋史》采之，其用意也无非为后人提供一剂开智之方。《龙川别志》卷上还说自真宗之世，至仁宗初年，多得重厚之士，皆由李沆力荐。

二

《吕氏杂记》卷下记，有一天夜里，真宗派使者持手诏告诉李沆，意在立刘娥为贵妃。李沆看后，当着使者的面就把手诏烧了，并告诉使者："你去回皇上，李沆以为这事断然不可行。"

事后，真宗也就打消了这个念头。《吕氏杂记》谈这事时还说："《（尚）书》曰：'（周）成王畏相（周公旦）。'也不过就是这样。"

但是，《宋史·李沆传》却说李沆办事历来正大光明，"其焚封妃之诏以格人主之私"，不愧宰相一职的责任。

三

《归田录》卷一记，有一次，真宗问李沆："朝臣皆有密奏（小报告），卿独无，何也？"

李沆回道："臣是个得罪人的宰相，公事则公言之，何用密奏？夫人臣有密起者，非谗即佞，臣常恶之，岂可效尤？"

李沆施政，通常循于朝廷法制行事，有大臣认为有些不合时宜，于是上书直言，指出他的过失，要求罢免他的相位。真宗读后，就对李沆说："此辈皆非良善，防止此辈得寸进尺，当谴责警告之。"

李沆回道："朝廷广开言路，说得对的，当表彰嘉奖，不切实际的，应免之不究。况我等办事也不是十全十美，倘蒙见黜，乃是言事之臣有补朝廷。"

真宗听后，说："卿真长者矣。"

李沆循于朝廷法制施政，他认为："当国者或不思事体，或收恩取誉，而用度无节，财用匮乏，公私困弊。"欧阳修所以赞道："至此始知公言简而得其要，由是服其识虑之精。”

的确，李沆也常说，他的施政原则，无非也就是《论语》中的一句话：“节用而爱人，使民以时。”（《言行龟鉴》卷一）

“节用而爱人，使民以时。”作为封建王朝的执政者，又有几人做到呢？

理性预见

一

李沆去政后，真宗反其道而行之。这一点，在李沆也是早有预见的。

据《孔氏谈苑》卷二和《宋史·李沆传》载，李沆为相，王旦为参知政事，西北边境上战事一起，王旦就叹道：“我辈何时才能等到天下太平，享受悠游的快乐呢？”

李沆却回答说：“国家稍为有忧患，足以引起我们警戒。他日四方平静了，朝廷未必无事。”

稍后契丹议和，王旦征求李沆的看法，李沆说：“议和这事，说起来倒是件好事，只是边境上的战事一息下来，恐怕皇上又渐渐地生出奢侈的心思来。”

王旦不以为然，李沆却把歌功颂圣的奏章全部扣下来“灭之”，大凡四方来报天灾人祸的就尽快呈报给皇帝，王旦认为李沆不应拿这些小事去烦劳皇上，并说：“相公何苦背离形势，老是报忧不报喜？”

李沆却正颜告诫王旦：“皇上年少，应该多知四方艰难。不然，在他血气方刚的年纪，若不是在声色犬马方面荒淫无度，一定会在土木、甲兵、祷祠上干出许多荒谬事来自我败坏。我老了，已看不到这结局了，但是，这是你正应该时刻担忧的。”

王旦当时犹不以为然，后来看到真宗重用王钦若、丁谓求仙祀神日盛一日，自己欲止不能，只好把李沆的像挂在家中，每当被国事郁闷时，便在李沆的像前，喊着李沆的谥号说：“文靖、文靖，我佩服你的先识。”（《何氏语林》卷十五）

从古至今，有远见的执政者，不但时怀忧患，更会在消除现实忧患中对忧患保持警戒。尤其是李沆道出：“国家稍为有忧患，足以引起我们警戒。他日四方平静了，朝廷未必无事。”更是政治智慧的亮点。

二

李沆除对真宗神算外，还对寇准也作过神算。

寇准当初和丁谓很友善，做参知政事的寇准曾多次向宰相李沆举荐丁谓，希望李沆提拔丁谓，可是每次都被李沆拒绝。寇准问李沆：“某屡言丁谓的才能，而相公始终不重用，是丁谓的才能不堪重用，还是我的建言不中用呢？”

李沆回道：“丁谓这人，现在已在政府的重要位置上，稍进，就进入国家决策层了，论才能，他是有的，但看他的品格，哪是参与决策的人呢？”

李沆在这里指出一个重要的用人标准，亦即参与决策的人，必须是德才兼备者，有才无德难守其正。寇准不以为然地说：“像丁谓这样的能人，相公能永久压在下面吗？”

李沆笑起来回道：“你在他日后悔时，一定要审思我今天说的话。”

宋人魏泰在《东轩笔录》卷二记了上述后，接着说：“寇准后来与丁谓权宠相轧，交至倾夺，竟有海康之祸，始服文靖之识。”

《宋史》记这两事后，说：“世称沆为‘圣相’，其言虽过，诚有先知者乎！”

正确对待穷与富

一

《随园随笔》卷二十七记，李沆家穷，欠人三十万钱，为官后，是靠皇帝的奖赏来还的债。宋人有诗云：“新祠民祭祀，旧债帝偿还。”就是指的这事。

二

李沆就是当了宰相，虽然富裕了（宋朝宰相的年薪可买百亩良田），李沆也不事营第。《自警编》卷三记，他家庭前的花栏坏了，他的妻子告诫下人暂不要修缮，试看李沆的态度。谁知一月过去，李沆视若无睹，没有一句话来言及此事。妻把这事对他说，他却笑起来对胞弟李维说：“岂可动我一念？”

家人劝他治居第建房，他不作答，李维和他说起这事，他说：“我拿着高工资，时常还有皇上的赏赐，造座新府第的钱，兜里倒是有的，但是，想这世界从来缺而不全，哪能够不知足地求其圆满如意呢？造新宅必然要经年累月，人生朝暮不可保，又岂能久居？巢林一枝，聊自足耳，安事丰屋哉？”

李沆这一生活态度，还得用他的从政态度来作释。据《后村诗话》（前集卷二）记，李沆退位后，题《六和塔》云：

经从塔下几春秋，每恨无因到上头。
今日始知高处险，不如归卧旧林丘。

从这诗里，足可看到李沆的思想里，多少带着一点“出世”观念来慰藉自己的耿介和廉洁，因而才有“巢林一枝，聊自足耳”的生活态度。

也正因为心目中怀有“旧林丘”的情结，才化解了“高处险”。

结语

李沆执政有“圣相”的美誉，《宋史·李沆传》赞他“器度宏远”。皆因他具有胜任宰相的政治智慧，在相位上始终以天下为己任。这就是为什么在真宗朝，寇准、丁谓、王钦若在相位和流放间走马灯似的去去来来，李沆没有为伍。

文豪杨亿

杨亿（974—1020），字大年，建州浦城（今属福建浦城县）人。北宋著名史学家、文学家，“西昆”诗人的代表。

神奇少年

杨亿是个神童，他的神童故事有两个版本：

《尧山堂外记》卷四十四说，杨亿数岁不能言，一日，其父抱至后园，无可奈何地对他说：“后园梨落篱，神童知不知。”

杨亿突然发声回应道：“不是风摇树，便是鹊惊枝。”

诗是不错的，错在得自闭症的孩子突然发声能咏诗作对有违常识，故不可信。

据《宋诗纪事》卷六和《古事比》卷二记，说杨亿快要出生时，他父亲梦见一个叫怀玉山的仙道来访，示意府上将有奇人出生。果然，杨亿问世，紫毛护体，经月方脱。会说话后，母亲口授，随即成诵。七岁就能写文章，并且能像成年人那样与客对论，少年老成，声名在外。

这事被《宋史》本传采用后，还说，杨亿十一岁这年，宋太宗听到他的神奇故事后，召到京城，一连三日，试对诗赋，杨亿都是下笔即成。太宗又叫宰相试对，宰相试对后也惊其俊异。皇帝于是任命杨亿为秘书省正字。太宗在其诏书里说："汝方髫龀（你黄发垂短，刚才换牙），不由师训，精爽神助，文字生知，越景绝尘，一日千里，予有望于汝也。"

这则故事是可信的，若不是天生聪明，杨亿十一岁就不可能被任命为秘书省正字。从这事上，也可看到太宗对人才的重视。

青年有为

中国的神童，一般到成年就不再神奇，所以有"小时了了，大未必佳"之说。杨亿成年后没有辜负太宗的希望，二十岁任光禄丞，赐及第。后参与《册府元龟》的编修，实际上是《册府元龟》副主编。《宋朝事实类苑》卷三十四和《渑水燕谈录》卷七皆记："修《册府元龟》，王相钦若总其事，词臣二十八人，分撰篇序。下诏，须经杨亿删定，方许用之。"

这是一项工程浩大的文史活，编修期，从太宗到真宗，两朝皇帝都十分重视。据《何氏语林》卷九记，杨亿奉诏修《册府元龟》，每有数卷成册，都要呈送给皇帝看。真宗看后，都有数十张签贴附于卷中，这些签贴都很精确地指出其中的错处。杨亿虽佩服皇上的精鉴，自愧之下，认为皇上日理万机，难得有时间来作校正，于是私下打听，才知是文臣陈彭年在为皇帝校对《册府元龟》的谬误处。杨亿于是奏请皇上，荐陈彭年同修，之后，《册府元龟》的签贴才没有了。

由此可见，王钦若这个《册府元龟》的主编，挂名而已。《宋史·杨亿传》说王钦若领衔修《册府元龟》，"屡抉其失，陈彭年方以文史售进（抛售谗言），忌亿名出其右，相与毁訾（抵毁挑剔）。（皇）上素重（杨）亿，皆不惑其说"。因此，《册府元龟》成书后，杨亿作《君可思赋》，"以抒忠愤"。

杨亿编修《册府元龟》后，又和钱若水等人编修了《太宗实录》，该书八十卷，有五十六卷是杨亿执笔，所以，宋史家说他"天性颖悟，自幼及终，文格雄建，不离翰墨”。

《归田录》卷一记，杨亿每欲作文，则与门人宾客饮博、投壶、弈棋、语笑喧哗而不妨构思。以小方纸细书，挥翰如飞，文不加点，写满一纸则命门人传录，门人疲于应命，顷刻之际，成文数千言。

欧阳修因之赞曰：“真一代之文豪也。”

《宋史·杨亿传》所以说“宋统一”后，杨亿“首以词章擅天下，为时所宗”。

但是，郑振铎先生说杨亿等“除了作诗以外不知有别的事”（《插图本中国文学史》第461页），似不实，咏诗作对不过是他们的余事之一。

文豪的悲哀

杨亿作为宋初名震一时的文豪，为什么在后来默默无闻呢？窃以为：

一是《册府元龟》《太宗实录》非研究家不读。

二是他的诗词流传不广，并且颇受后人非议。

据《中山诗话》和《古今诗话》说，杨亿好诗却不喜欢杜诗，称杜甫为“村夫子”。有一次，乡人逼他读杜诗，他拿“江汉思归客”句续对，乡人却答：“乾坤一腐儒。”杨亿默然屈之。

杨亿不喜杜诗，是他认为杜甫遣词造句多用俗语，因而他常告诫门人，作诗要力避俗语，自是看不到诗的活力多藏在俗语里。如欧阳修的诗词之所以有“生之力”，就在他的诗语多从民歌中吸取活力。此外，也从一个侧面反映杜甫在宋代还未获得诗圣地位。

杨亿崇拜李商隐，把李商隐的像挂在家焚香顶礼，其诗也因此深受影响，更把自家诗捧为昆山之玉。郑振铎先生批评杨亿诗“迷离闪艳”“不可深究”，是这位宋初文坛领袖崇拜李商隐过度，误读义山诗，把“爱”误以为“淫”，有道是真理过一步就是荒谬。“西昆体”由是立派并主导是时文坛，艳诗从而风靡天下。其同派十七人的得意之作皆编入《西昆酬唱集》。

朱东润先生在评论这一时期的文学时所以特别指出："杨亿代兴，天下靡然成风。"（《中国文学批评史大纲》第108页）这话，后人也有不同看法，认为在西昆诗人的诗中，"艳诗"只是为数很少的一部分，所以，"责备西昆体'淫靡'，那是不符合事实的。"（《中国文学史·第三卷》第24页）对此，我们应该看到西昆诗人的诗当时在社会上影响最大的，就是《西昆酬唱集》，他们的其他诗几乎没有什么影响。文学作品在社会的影响不在数量多少，所以，朱东润先生的批评是对的。

《西昆酬唱集》成书不到一年，因集子中的《宣曲》一诗生出影射后宫之嫌，被真宗责为"浮艳"而禁，"西昆"虽然由此而衰，但是，应看到其靡然之风直到欧阳修兴起古文运动前还残留于社会。

其实，就是真宗不禁，"西昆体"也难以永生下去，原因之一，恰如郑振铎的批评："他们惯以靡艳之意，著为靡艳之词，老是追逐在浓妆淡抹的藻饰之后。"（《插图本中国文学史》第461页）所以，"西昆"诗无生命力，还不在"艳"与"不艳"，而在笔下"叹离惜别，伤春悲秋"，"专取其艳丽、雕镂、骈丽的技巧的一面，忽略其内容和精神"。（《中国文学发展史·中》第143页）只为酬唱寻章摘句，不是有感而发，感情故然不真。就常识而言，文学作品的最大魅力是"以情动人"，也是文学的价值所在，感情不真也就谈不上价值之有。这一点，白居易在《与元九书》中一语道出诗的真谛："诗这个东西，情感是其根本，语言不过是枝叶，音律恰似花朵，诗义才是果实（诗者：根情，苗言，华声，实义）。""西昆"诗人忽略了诗的这一真谛，无怪郑先生说他们是无事而忙，也颇为繁词缛意所累。

进而究之，"西昆"诗人没在文学史上产生正面影响的原因，就在他们没有广义审思文学怎样与时代相向而行，亦即没有广泛深入社会生活进而摄取社会图景。诗人的日子里没有了生活的鲜活记录，定然导向创作泉源日益枯竭，笔下的生命力不再，胎死腹中的酬唱也就不过是朽肉陈腐的挽歌。作品既无生命力，自是徒然企盼广泛流传。不言而喻，“西昆”诗早在诗人身谢前就已死去。用郑振铎先生的话来说：杨亿的“天才都不甚高，徒知以粉泽华饰号召于人”。（《插图本中国文学史》第462页）

基于笔墨当随时代，就杨亿不“艳”的诗词里，如代表作《少年游》，虽是难得的典雅之作，但比寇准的诗词来，显然欠缺时代新意，兹录以鉴：

江南节物，水昏云淡，飞雪满前村。
千寻翠岭，一枝芳艳，迢递寄归人。
寿阳妆罢，冰姿玉态，的的写天真。
等闲风雨又纷纷。更忍向、笛中闻。

尽管作者在这里用典（千寻……寿阳妆罢、笛中闻）不着痕迹，但在创作态度及手法上，作者是依于古人着墨，没有面对时代，更没有面对未来开拓自己的神界，这应是杨亿创作的致命伤。

前面说过，郑振铎先生认为杨亿们“除了作诗以外不知有别的事”。（《插图本中国文学史》第461页）这话好像不实，咏诗作对不过是“西昆”诸公的余事之一，编修《册府元龟》《太宗实录》才是杨亿们的正业，而且也都是文字活，更不要说杨亿还做过多年的地方官。这些，郑振铎应是尽知的，那么，明知杨亿作诗是余事，为什么还要说“除了作诗以外不知有别的事”呢？笔者以为，振铎先生这话还涉及文学家的使命，这就是创作和神界拓展。这不外乎在说，“西昆”诸公只知按格律酬唱，忽略了活的文学源于生活而高于生活。真挚地展示时代苦乐及愿景，才是文学家的使命所在。

刘后传奇

献明肃皇后刘氏（968—1033），北宋著名的女政治家。宋真宗赵恒的皇后，宋朝第一位摄政的太后，在古代常与汉之吕后、唐之武则天并称，说她“有吕武之才，无吕武之恶”。

今人对她的评价不高：“刘太后大权独揽，专权十二年，政治上无任何建树，她所宠信的大臣吕夷简、晏殊等都因循守旧，投其所好，唯其命是尊。”（《新编中国政治史·北宋中期的社会危机和变法运动》第73页）

谁是谁非，这里从头说起。

家世考

《宋史·后妃·章献明肃刘皇后传》载：“章献明肃刘皇后，其先家太原，后徙益州，为华阳人。……父通，虎捷都指挥使，从征太原，道卒。后，通第二女也。

初，母庞梦月入怀，已而有娠，遂生后。后在襁褓而孤，鞠于处氏。善播鼗。蜀人龚美者，以锻银为业，携之入京师。后年十五入襄邸，王乳母秦国夫人性严整，因为太宗言之，令王斥去。王不得已，置之王宫指挥张耆家。太宗崩，真宗即位，入为美人。以其无宗族，乃更以美为兄弟，改姓刘。大中祥符中，为修仪，进德妃。”

这意思是：章献明肃刘皇后的祖籍是太原，后迁到四川华阳。刘后本是嘉州刺史刘通的次女。

刘后的生母庞氏因梦见月亮入怀而孕她，不幸的是刘后襁褓而孤，由外婆家养育（亦说过继于外姓），擅打拨浪鼓。四川银匠龚美携入汴京，十五岁入襄王府。襄王的乳母秦国夫人性格严整，因太宗发话，将这个擅打拨浪鼓的姑娘撵出王府，襄王不得已，将这个擅打拨浪鼓的姑娘安置在王宫指使张耆家。太宗崩，襄王即位成了真宗皇帝，这个擅打拨浪鼓的姑娘才进宫成为美人。因这个擅打拨浪鼓的姑娘没有宗族，便以（龚）美为兄弟，改姓刘。大中祥符年间升为修仪，再晋升德妃。

这样的身世记载存在以下几个问题：

一、刘氏虽是外婆家养育，仍当随父姓，为何无姓名？

二、擅打拨浪鼓是童婴爱好，还是以此为业？

三、既认龚美为兄弟，为什么不姓龚而改姓刘？

四、娘家既是官府人家，认祖归宗在封建社会本是皆大欢喜的事，为什么“以其无宗室”？

带着这些疑问来看刘氏身世的第二个版本，据《涌幢小品》卷二十八和《邵氏闻见录》卷一记，宋章献明肃后本成都之华阳人，家以播鼗为业，随父龚美游汴（京），过荆门，住玉宗寺，慕容禅师善面相，见到龚美说：“君，贵人也。”见其女，则更是惊奇地对龚美说：“君之贵以此女也。”

禅师因此赠金饯行。司马光在《涑水纪闻》卷五接着说，章献刘后本蜀人，擅播鼗（拨浪鼓）。蜀人宫美携之入京，美以锻银为业，时真宗为皇太子，尹开封，美因锻银得见，太子对宫美说：“蜀妇人多材慧，汝为我求一蜀姬。”

宫美因之将刘娥献于太子，太子一见刘娥，赏心悦目之下，宠幸专房。但是，太子的乳母很厌恶刘娥，太宗也不赏识刘娥，于是问太子的乳母："太子近日容貌瓘瘠（消瘦疲乏），左右有何人？"

乳母把太子纳刘娥的事谈后，太宗命刘娥去之。太子不得已，将刘娥安置于殿侍张耆之家。……太子即帝位，复召入宫。

第二个版本至少让我们明白，刘后本姓龚，是个打着拨浪鼓卖唱的小姑娘，因人长得十分美丽，在同乡宫银匠的媒介下成为太子的情人，继而成了宠妃。因为贫贱变身高贵，便把卖唱为生改为打鼓玩耍，把亲生父亲说成养父，为了表明自己出身高贵，因而杜撰一个高官世家殁于战乱什么的，弃本姓而姓刘，想必是抹掉卖唱生涯的痕迹。

在讲究身世的社会里，穷人翻身要获得翻身后的体面和尊重，这所有的更改说来没有不应该。按后宫制度，嫔妃候选人一般是五品以上的官家闺秀，刘娥作为平民子女，是没资格候选的。她如是编造刺史血缘的档案，也就够格了。至于真与假，认定权在真宗手里，因此，这个档案的起草，是不是真宗的腹稿都难说。那么，我们就不难发现，这不应是史家的手笔，正是当事人基于利己而编。这位以播鼗为业的灰姑娘如是更改履历，不啻是为了赢得华丽转身后的体面和尊重，更是她在真宗朝平步青云的基点。这是一个政治家必须整形、夯实的基点，没有这个基点，她这个"另宅妇"就不可能进入嫔妃列获美人称谓，也更不可能在大中祥符中期晋升为修仪、进德妃，从而步入摘取皇后桂冠的台阶。

大智奴使小惠

一个女人，能有磁铁那样的吸引力吸引一个男人，那就不再是姿色了，这一定是她的才华和智慧在生发魅力。

刘娥正是这样的女人，《宋史·后妃·章献明肃刘皇后传》说，刘娥性格警悟，爱好阅读，晓知书史，每闻朝中大事，都能将事情的本末强记在心。真宗退朝后，批阅天下的封奏时常到半夜，刘娥陪在真宗身边不仅预先闻到这些政务，“还为宫闱事有问，辄转引故实以对”。这，分明干的是皇帝的秘书活啦。

但是，刘娥也有个致命的弱点，这就是她没有生育能力，她要坐上皇后的位置，几乎是天方夜谭。为了将这不可能的事变成可能，她令自己的侍女李氏去勾引真宗。《挥麈后录》卷一记，有一天，李氏用双手捧着洗脸盆让真宗洗手，真宗见李氏肤色像羊脂玉那样洁白，像羊脂玉那样光耀，赏心悦目之下一交言，李氏就说：“我昨天晚上梦见一个羽衣之士赤着脚从空而下，投入我的怀中，说：‘我来当你的儿子。’”

真宗正愁没儿子，一听这话，十分高兴地说：“那我今晚就成全你（当为汝成之）。”

李氏这天晚上与真宗一同床就怀孕，来年生下一男孩，取名受益，亦即后来的仁宗帝。这小男孩不喜欢穿鞋袜，时常赤着脚在宫中跑来跑去，宫人因之将这小男孩管叫“赤脚仙人”。可见李氏没有骗皇上。但是，李氏只被封为级别不高的宸妃的前提条件是，受益成为刘娥的儿子，李宸妃还得守口如瓶。这是李妃必须接受的条件，因为只有刘娥才能为她提供与真宗的平台。不然，侍女的美梦不过一场虚幻。

《宋稗类钞》卷三记，这李妃跟刘后一样，也是穷苦人出身，是同一阶级的姊妹，也正是这个原因，李妃成为刘后的侍女。

李氏进宫时才十余岁，唯有一个七岁的弟弟，姐弟俩离别时，姐将手结的一个“丝鞶囊”给弟后，哭起来拍着弟的背告诫道：“你哪怕就再沦落颠沛，也不可丢弃此囊，以后我们姐弟一有消息，就以这‘丝鞶囊’作为相认的凭证。”

以后，李妃弟流落街头，被一个凿纸钱卖的人家收养，当他听说自己的姐姐被赐封为宸妃后，即拿着这“丝鞶囊”去报官求其相认，姐弟

相认后，弟被真宗封官右班殿直，人也有姓有名起来，即李用和也。（《宋史·后妃传·李宸妃》）

这个姐弟离合以及睡真宗的故事里可见，李宸妃不仅肤色玉耀，心眼也不是一般，但是，她为什么生个太子没有母因子贵，为什么至死都还是个级别低下的宸妃呢？这个中原因固然有刘娥的压制，但长期受压制而起不来，一是李宸妃华丽转身时没有在个人档案里塞进高贵的血缘资料；再是只有拿姿色勾皇上，欠缺真宗高看的才慧。

尽责遭遇戏说

刘娥因有了这个儿子受益，才顺理成章地做上了章献皇后。之后，刘后也视受益为己子来抚养，《挥麈后录》卷一说，章献素来多谋，分命儒臣冯章靖元、孙宣公奭、宋宣献绶等采摭历代君臣事迹为《观文览古》，祖宗故事为《三朝宝训》十卷，纂郊祀仪仗为《卤簿图》三十卷，诏翰林待诏高克明将这些书编制成左文右图的儿童读物供受益阅读，督姆辈侍读还不时眷顾。

司马光在《涑水纪闻》卷八也说："上（仁宗）幼冲即位，章献性严，动以礼法禁约之，未尝不假以颜色。"可见章献太后养育仁宗是完全尽到了一个母亲的责任的。比起慈禧对亲生子同治帝的娇惯来，章献就伟大得多了。所以，就是仁宗知道自己的生母是李宸妃后，仍以母仪尊章献刘太后。

上述，于真宗、仁宗、刘皇后和李宸妃说来都是皆大欢喜的事。但这些皆大欢喜的事让刘后想之不到的是，戏剧保留节目《狸猫换太子》的素材由此生出，《狸猫换太子》的作者比刘后更有想象力，更改事情的本来，将史实尽情戏说，令人信戏说为史实。

巾帼不让须眉

真宗病卧在床，刘皇后参政，许多大事都由她决定，因此，前述时任宰相寇准打算废她，想不到反而被她罢相。真宗崩，仁宗即位时才十来岁，她以章献太后身份垂帘听政，将大权揽在手上，“军国重事，权取处分”。丁谓勾结阉宦玩弄权柄，被她罢相，流放海南岛。

所以，《宋史·后妃·章献明肃刘皇后传》说：“太后称制，虽政出宫闱，而号令严明，恩威天下。左右近习亦少有假借，宫掖间未尝妄改作。”

刘太后垂帘听政后，有小臣方仲弓上书，请以武则天为例，立刘太后为帝。接着是溜须之臣程琳献《唐武氏七庙图》，要她当女皇帝，不料她一怒之下将图掷地，说：“我决不作有负祖宗的事。”

可见刘后主政不仅展示了杰出的政治智慧，更凸显了一个女政治家的优秀品质。笔者因此想起豫剧《花木兰》中的一句著名台词：谁说女子不如男。

从容纳谏

《龙川别志》卷上记，明道元年，李宸妃病故，章献太后打算以宫人葬礼治丧，丞相吕夷简奏请厚葬，章献为此独召吕夷简问：“一个宫人死，你奏请厚葬，是何意呀？”

丞相回道：“臣是个得罪人的宰相，事无内外，无不有所预防。”

刘太后大怒道：“相公想离间我母子吗？”

丞相说：“太后不以刘氏为念，臣不敢言，尚念刘氏，则丧礼宜从厚。”

刘太后马上醒悟，才以商量的口气难为情地问吕夷简：“李宸妃不过一宫人也，你说怎样来从厚呢？”

吕夷简说葬礼按一品礼，殡放洪福院。太后许之，吕夷简又对入内都知祟勋说："宸妃按皇后的级别入殓，用水银实棺（以保逝者不腐）。他日不要说我没有这样安排你。"

刘太后去世以后，燕王就对仁宗说："陛下乃李宸妃所生，妃死以非命。"

仁宗得知这事，罢朝到洪福院祭告，易梓宫视之，见妃玉色如生，冠服如皇太后，泣告说："自今大娘娘（仁宗对刘太后的日常尊称）平生分明矣。"

史载刘氏身后及宗族因而在仁宗朝得到应有的尊重。

由此可见，一把手善于纳谏，不仅宜事，更加利己。换句话说，趋利避害贵在善用他人智慧。

纵观刘后一生，历史亮点还在垂帘听政十二年，吕夷简篇可证刘后的政绩表现在终止真宗的崇道运动，令国家机器的运行从妖魔化的边缘回到人间正道，从而维护了社会的稳定和正常发展。如果说国家稳定发展就是执政愿景的最佳体现的话，这也就是刘后的政治建树。

吕夷简的才略

吕夷简（978—1044），字坦夫，寿州（治今安徽凤台）人，咸平三年登进士第，两度拜相，加右仆射，封申国公，徙封许国公。谥文靖。配食仁宗庙廷。

你说我也说

吕夷简是仁宗初年的宰相，论政家的朱熹说：“吕夷简最是个无能底人。……其所引援皆是半间不界无状之人，弄得天下之事日入昏乱。及一旦不奈元昊何，遂尽换与范文正公，若非范文正公，则西方之事决是弄得郎当，无如之何矣。”（《朱子语类》卷一二九）这是说：吕夷简是个最无能的人，他所推荐的人和攀缘他的人都是昏庸无道和糊涂妄为者，所以，国家大事一旦在他们手里办砸了，就让范仲淹去揩屁股。若无范仲淹这个人呀，西北边境上那些破败混乱不堪的事，还真是无可奈何地烂下去。

按《朱子语类·论知行》释：“今既要理会，也须理会取透，莫要半青半黄，下梢都不济事。”这“半青半黄，下梢都不济事”者，大概也就是朱熹说的“半间不界无状之人”。

不仅是朱熹与《宋史·吕夷简传》大相径庭的，今天的史家也说：“刘太后大权独揽，专权十二年，政治上无任何建树，她所宠信的大臣

吕夷简、晏殊等都因循守旧，投其所好，唯其命是尊。”（《新编中国政治史·北宋中期的社会危机和变法运动》第 73 页）

但是，《宋史·吕夷简传》说：“太后临朝十余年，天下晏然，夷简之力为多。”其史实告诉我们，吕夷简的执政能力，有两点是应该肯定的：

一、和刘太后纠正真宗狂热崇道的弊政，不再以求仙祀神的迷信运动来折腾社会，将施政措施导向社会安定。就是一大建树。

二、“天下晏然”也就是天下安定。察仁宗即位后十来年的社会形势，社会平定，人民安居乐业。作为执政者，维持社会稳定，安然无事，就是政绩，也就是执政有为的展示。就政治的目的而论，就是根本建树。不要忘了，政治的最佳愿景叫“政通人和”。

从政之初

《宋史·吕夷简传》记，吕夷简虽出身在官宦世家，却是通过科场步入仕途。真宗咸平年间进士及第而任绛州军事推官，以后在地方官任上多年。任滨州知府时，奏“农器有算，非所以劝力本也”。真宗准奏，天下的农具交易不再课税，如是减轻农民负担，可谓能者在职。

《宋名臣言行录》前集卷一引《闻见录》有记，吕蒙正向真宗推荐吕夷简，是真宗临汾祭祀，路过洛阳，时居洛阳的退休宰相吕蒙正躬迎圣驾后，真宗在回途中又去看望吕蒙正，君臣叙谈时，真宗问吕蒙正：“卿的诸子中有可以大用的吗？”

吕蒙正回道：“臣的几个犬子都是庸才，不堪大用。只有侄子夷简，现任颍州的推官，有宰相之才。”

吕夷简若在地方官的任上没干出点样子来，吕蒙正也不会推荐他。真宗听取了吕蒙正的推荐，但没有马上重用吕夷简。只将他调任尚书祠部员外郎，用现在的官场行话来说，只能算平调。时遇京城大建宫观，伐木于南方。按有司规定，木材没有如数按时运到者，死罪，逃跑者，囚拘妻与子。吕夷简到任得知这一情况，立即上疏请放宽差役，理由是：“隆冬枯水，航行不畅，伐木运输极其艰苦，须差役轮流运送（盛冬挽运艰苦，须河流渐通，以卒番送）。”真宗准奏并说：“观卿奏，有为国爱民之心矣。”

所谓勤政爱民者，也就是施政举措酌情于民。陈胜之所以说“秦苦民久矣”，就在秦王朝的政策从来不顾及民情。秦始皇要是遇吕夷简上奏放宽差役并准其奏，还有大泽乡的蝴蝶效应吗？所以，能臣的政绩，并非都是咤叱风云，取向统治成本最小化，防微杜渐往往胜于大动干戈。

稳建执政

一

仁宗即位，吕夷简在开封府的任上协助刘太后扳倒宰相丁谓，这才做上了宰相。前述吕夷简当上宰相后劝刘太后按一品葬礼安置李宸妃，不仅表现了一个政治家的人情练达，更展示了一个政治家的成熟老辣有远见，这为政权更替减去了可能的波动。当然，这也生出依附之嫌。

《渑水燕谈录》卷一和《宋朝事实类苑》卷十六记，祭祀真宗时，刘太后想在宫中供一些真宗生前的穿用和器玩，设银罩牌位。吕夷简却不失时机地进言：“这虽是至孝之道，但不足以报答先帝，现在政出两宫，希望太后远离奸邪小人，奖励忠诚正直者，爱惜民财，重用俊贤之才，使边境宁靖，人物富安，皇帝德业日茂，太后寿乐无忧。这才是报答先帝大节的最佳方式。”

这是政权运行正需的指针，因为真宗重用王钦若、丁谓等佞人误国已非一日，极须拨乱反正。以刘太后之后的政治作为来看，刘太后接受了吕夷简的这一进言。吕夷简运用逝者的灵魂为现成政治服务，不啻是臣节秉忠，更是政治智慧的极致运用。

《东轩笔录》卷四记，祭祀真宗后，按照惯例，辅佐大臣都应提升，但是吕夷简等人谢绝接受进爵，为后人树立了一个不贪的范例。这也从一个侧面看到吕夷简以守职为重，荣誉次之。

二

契丹遣使来朝，要求借兵去伐高丽，刘太后不知这是契丹借宋朝的兵实际上就是削弱宋朝的国防，也就同意了借兵，可是吕夷简陈说利害，坚决反对借兵，刘太后说：“刚才我已经向来使表态同意借兵，现在反悔，就怕契丹国生怨伤了和气。”

吕夷简回道：“太后不妨就对契丹使说，宰相不肯借兵，看他如何。”

刘太后再会契丹使，说：“我虽同意借兵给你，只是丞相吕夷简拒绝借兵，我也奈何不了他。”

契丹使听了这番话后，马上明白宋朝自有定见，也就无话可说地回去了。（《东山谈苑》卷四）

三

《宋史·吕夷简传》特别指出，吕夷简把握着国家大政的同时，力促太后与仁宗和睦执政，所以，在刘太后垂帘听政的十来年，天下安宁，仁宗也得到很好的历练。

仁宗开始主持朝政，吕夷简就上疏提出：“罢力役，节冗费。”这是真宗执政二十五年的老毛病了。冗费得到一定的节制，边防因而有所加强。

仁宗亲政，地方政府总的重大疑难案件一批批上报中央，仁宗以为是地方办案不力，吕夷简告诉他：“这是对地方司法慎重办案的要求，案情不着实，中央更应命人重审。”

因此，在仁宗朝，每年都要重审一大批疑难案件，每年都有上千桩冤案得到昭雪。吏部考核地方官，如果有误判人死罪，一辈子都不能升迁。这都是吕夷简掌朝政时立下的规定。恰是慎用刑罚仁政举。

不啻善变

《韩魏公别录》记，刘太后去世，不等服丧期结束，吕夷简就劝仁宗娶曹氏为皇后，这时，引来谏官范仲淹非议："又教陛下做了一仲不好事。"

事后，吕夷简对范仲淹说："局外人不知，皇帝青春正盛，郭后、尚美人皆以失宠废，进献美女的不可胜数，不马上将皇后确立下来，献美乱宫的事就不能制止。"

范仲淹这才赞叹道："吕公每办一事自有深意义。"

《韩魏公别录》在这里谈的"郭后、尚美人皆以失宠废"，也起因于吕夷简。《中国通史》有载，仁宗亲政，吕夷简上疏陈奏正朝纲等八事，议罢太后任用的枢密使张耆及参知政事晏殊等多人。仁宗回宫即告知郭后。郭后说："吕夷简就是附和太后么！只是机巧善变而已。"

不久，仁宗罢免了吕夷简的相位，四个月后，吕夷简复相遂谋报复，又是四个月后，仁宗废郭后、尚美人。

由此可见，吕夷简在权力斗争上有能力更有耐力。能力和耐力，是政治家缺一不可的才智，没有耐力的政治家正是不成熟的表现。

知人论事　不避亲与仇

一

《厚德录》卷三记，景祐三年，范仲淹言吕夷简的执政过失，落职外放，知饶州，迁越州。六年后，也就是康定元年，仁宗想恢复范仲淹的旧职（天章阁待制、知永兴军），改任陕西都转运使，吕夷简说："范仲淹有贤能，是国家栋梁，仅恢复旧职还不够。"

因此，仁宗提拔范仲淹为龙图阁直学士，陕西经略安抚副使。朝臣们这才看到吕夷简不念旧恶。范仲淹向吕夷简面谢，说："过去我们因政见相左，犯颜相公，想不到相公今天还受奖拨。"

吕夷简回道："夷简岂敢复以旧事为念耶？"

据《东轩笔录》卷四记，范仲淹为参知政事搞改革受阻，挂着参知政事的官名外任陕西安抚使，顺路去见早已退休的吕夷简，吕问范："何事外放出任也？"

范回答说："暂往经抚两路，事毕即还。"

吕笑起来说："参政此行，正蹈危机，岂复再入？"

不难看出，吕夷简的笑带有嘲笑改革已告失败。范仲淹听到这话，当时还不以为然。不久，就接到资政殿学士、知邠州的任命。《邵氏闻见录》卷八说范仲淹"始有悔意"。

二

吕晦叔和吕宝臣是吕夷简的儿子，吕夷简对自己这两个儿子也是很看好。王仲仪是已故宰相的儿子，三十来岁就当上待制，王待制来见吕夷简时，吕夷简的两个儿子都躲在屏风后面偷看王仲仪，过后羡慕不已。吕夷简却问他的两个儿子："你俩羡慕他哪一点呢？"

儿子回道："他这样年轻就荣达于朝廷。"

他却对他的两个儿子说："你们今后比他还要闻达得多。"

确实，他这两个儿子，晦叔他日官至宰相，宝臣做到枢密使，而且在历史上都留下了很好的官声。

《珍席放谈》卷下所以说："吕夷简长于知人，世能道其事者。"

细节决定成败　关键在适度

《邵氏闻见录》卷八记，吕夷简妻去后宫玩，皇后对她说："皇上最喜欢吃糟淮白鱼，但按宫廷规定，不得取食于四方，宫里常无。你家是寿州人，家里应该不少吧？"

吕妻应诺送些入宫，回家后本已拿出十奁送皇后，吕夷简见之问妻后，只准妻送两奁去，妻说："皇上玉食，我们又何必吝啬？"

吕夷简告诫妻："玉食所无之物，人臣之家又哪来十奁？"

对此，《孔氏谈苑》卷三记，吕夷简教门人马子山："事不要做到十分好。"

马子山最初对这话不以为然，多年后，因做十分好事吃了些亏，才赞许说："一生只要用好这一句话就行了。"

五百年后，西方政治学的奠基人马基雅维里在《君主论》中告诫执政者："好事做到头就是坏事。"

马基雅维里这话，权作对吕公语的解释吧。

正因为吕夷简掌国事躬行于恰如其分，仁宗闻吕夷简去世，哭问左右："吕夷简死，谁复能办大事者！"

综上所述，《宋史·吕夷简传》以天下安定来评定吕夷简的宰相之才，是靠谱的：他尊刘太后的意图，维持了社会的稳定发展既是政治的最佳图景，也就是政治建树。说他因循守旧的一面，应看到他的几个主子都不是改革图新者，因循的弊政责任就不应由他来负。

仁宗一朝

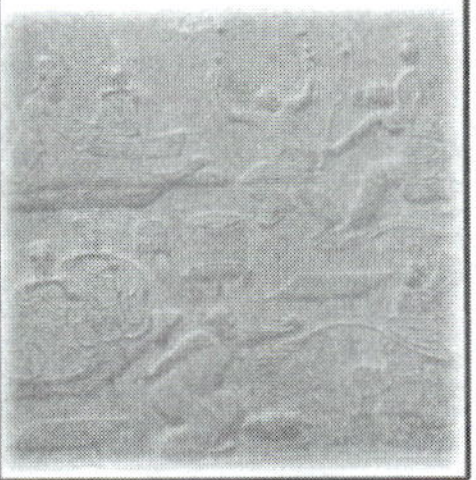

荣毁宋仁宗

宋仁宗赵祯（1010—1063），初名受益，真宗的第六子。在位四十二年，是宋朝在位最长的一个皇帝。他的执政特色是“恭俭仁恕”，《宋史·仁宗本纪》说：“为人君，止于仁。帝诚无愧焉！”所以在历史上有盛世之君的美誉。

当代史家则说：“宋仁宗不是一位雄才大略、奋发有为的皇帝，而是一个昏庸、懦弱、荒淫的君主。”（《新编中国政治史·北宋中期的社会危机和变法运动》第73页）

对此，我们来看看宋仁宗的执政记载及生活记录。

是仁恕还是昏庸

一

从仁宗朝的宽平性上讲，仁宗能容忍各种批评意见，对上书言事者哪怕就是对现实不满者，也没有报复打击过。《识小录》记，四川有一个举子献诗益州知府：“把断剑门烧栈道，西川别是一乾坤。”

这显然是一首反诗，益州知府把这举人抓入狱并上报朝廷，仁宗得知后，却说：“这是老秀才急于想做官才写的，不足以冶罪，可以放他到边远小郡，授他个不理事务的司户参军。”

仁宗对言论的宽容，《温公续诗话》记有一事也可洞见。按先朝惯例，阳春三月，皇帝都要召大臣到后苑赏花赋诗。西陲用兵而废，仁宗在嘉祐六年三月恢复这一娱乐，是日微寒，宰相韩琦咏道：

轻阴阁雨迎天步，寒色留春送寿杯。

二十年前曾侍宴，台司今日喜重陪。

不料这诗一出，内臣守忠就说："韩琦这诗是在讥讽皇上。"

仁宗惊谔地问："这诗哪一点是在讥讽朕呀？"

"他在讥讽陛下游宴太频繁。"守忠说。

仁宗听后，一笑了之。这是仁宗本人"犹恶深文"（厌恶从政治上去深究言论的属性）。据《邵氏见闻后录》卷十七记，这一天的大臣赋诗中还有欧阳修、曾公亮、张昇等人，然而仁宗欣赏的，就只有韩琦的："轻阴阁雨迎天步，寒色留春送寿杯。"

在明朝，大臣林伯瑾的奏章内有"垂子孙而作则"一句，朱元璋从政治上去深究其言，认为里面的"则"是"贼"，是林在暗喻他"垂子孙而作贼"，林伯瑾因之被杀。在清朝，学者吕留良就因诗中有"清风虽细难吹我"一句，雍正从政治上深究诗文的属性，认为诗中的"清"是影射大清朝，吕留良一家因之被满门抄斩。这两事，在《明史》《清史稿》本传有载。

二

仁宗的仁恕还表现在谨用刑。这事，在吕夷简篇虽也提过，但我们还应看到仁宗的可贵之处，还在他执政四十二年对谨用刑持一贯态度。每年的重大案件需由中央政府重审，每年都有上千人从冤案中昭雪平反；误判死罪的官员永不升迁。他常对辅臣们说："朕从未过分责人，更何况是滥用死刑？”

这，就是对生命的起码尊重，对人的基本关爱。在“朕即法律”的专制王朝，其可贵之处就在人的生存权得到落实。

三

《二程外书》卷十二引《和靖先生语录》记宫中有一次进膳，饭中有砂石，仁宗吃到砂石后，只稍稍告诫嫔御：“切勿对他人说，按宫中规定，朕的饭中有砂石，这煮饭人就是死罪。”

仁宗这一容忍，也是对生命的起码尊重。对失误者而言，看到上苍有好生之德，感受人间有人味。许多皇帝就因在生活上对失误者零容忍，多少下人因一点失误而成刀下鬼。

俭以养德 苟正其身

一

据宋施德操《北窗炙輠录》卷下所记：仁宗一日坐朝，面无喜色，有大臣问：“陛下今天一脸的不高兴，是何故呀？”

仁宗回道：“偶有不快。”

大臣进而再问：“是不是昨晚床第之欢太过哟？陛下你可要龙体保重呀！”

仁宗大笑道：“哪是这话，半夜是有点饿，想吃烧羊肉，但按宵夜惯例，这又不在供食之列，因此饿了半夜。”

“何不叫御厨搞特供呀？”大臣惊问。

皇上说：“朕所虑及的是，祖宗法中既无夜供烧羊肉，此端一开，后世子孙就接踵为之，也就不知夜杀多少只羊了。”

《宋史·仁宗本纪》通过这事说仁宗性俭，今之研究者以为仁宗在秀俭德。但是，欧阳修在《归田录》卷一说仁宗性恭俭，是说至和二年春，仁宗身体欠安，大臣们进宫问安，看到仁宗用的素漆痰盂盆，素瓷药碗，床上的衾褥皆黄粗绸。这是欧阳修的所见所记，应该是仁宗生性恭俭的纪实。

《曲洧旧闻》卷一也载：仁宗俭德，殆本于天性，还朝后喜欢穿旧衣服，由此风化六宫，凡命妇入见，皆以盛饰为耻，崇俭之诏常挂墙壁而戒侈。

二

那么，今人断言仁宗昏庸、荒淫的凭据何在？《新编中国政治史》只断言没证明，只《中国通史》（第五册第131页）引据了苏辙的话，亦即渑池县主簿苏辙在仁宗策问时答卷说："听说近年以来，宫中贵姬几千人。陛下上朝不听议论，便殿不问政事。不要说好色于内不害外事啊！现在海内穷困，生民怨苦，可是宫中赏赐没有限制，要什么给什么。"

严格说，这故事只引用了一半。这则故事来自《渑水燕谈录》卷八：嘉祐中，苏辙举贤良对策，极言阙（宫中过）失，其略云："闻之道路，陛下宫中贵姬千数，歌舞饮酒，欢乐失节。坐朝不闻咨谟（询问谋议），便殿无所顾问。"

考官以（皇）上初无此事，辙妄言，欲黜之（罢官），仁宗曰："朕设制举（贤良），本待敢言之士。辙小官如此直言，特与科名。"仍令史官编录。

据此，笔者以为：

一、就苏辙在对策中的"闻之道路"以及"考官以（皇）上初无此事"，都表明苏辙说的事来自听说，不是亲身目睹。既非实事求是，就不应按史实来议论。

二、仁宗亲自在制举考场问卷，足见仁宗晚年执政完全不是一无可否。

三、褒奖言臣时，还叫史臣把这事记下来引以为戒，不要引蛇出洞的花招治罪直臣，既是一个执政者自信和宽容的体现，也是“政者正”的表现。

四、仁宗的后宫是千数还是几千都无深究的意义，因为妻妾成群是封建统治阶层普遍现象。在这种社会现象下，一个执政者能把握一个度，做到纳谏勤政就算不错了。

三

《曲洧旧闻》卷一记，仁宗一日退朝回寝殿，不待卸袍就去头巾，因头皮恶痒急唤掌梳头，梳头不久，内夫人至，见皇帝怀中有奏拆而问：“官家（宋内宫称皇帝日常用语），是何文字？”

帝曰：“是台谏的上疏。”

夫人问：“所言何事？”

帝曰：“怕朕霖淫久，恐遭阴盛之罚，嫔御太多，宜少裁减。”

掌梳头插嘴道：“两府、两制，家中各有歌舞，官职稍如意，往往增置不已。官家根庇剩有一两人，则言阴盛须待减去，只教渠（他）辈取快活。”帝不语，久之，又问：“所言必行乎？”

帝曰：“台谏之言，岂敢不行？”

“若（是）果（然要）行，请以奴奴为首。”掌梳头说这话，自恃皇上宠爱。

不日，仁宗降旨，自某人以下三十人尽放出宫，事毕，皇后才问仁宗：“掌梳头者，是官家常所嬖爱，奈何作第一名遣之？”

帝回道：“此人劝我拒谏，岂敢置左右？”

皇后后来便以掌梳头者之遣告诫其他嫔侍以后不要妄议朝政。

笔者笔摘这个故事后，又想起孔子曰：“苟正其身矣，于从政乎何有？不能正其身，如正人何？”夫子这话虽然有点“绕”，但在原理上不单讲了上梁不正下梁歪，还讲了上行下效。

四

《东轩笔录》卷十三有一则故事，也可洞见仁宗在人事任用上对朝臣生活作风的戒备。

宰相刘沆想举刁约为三司判官，台首陈恭公先不同意，后被刘说服。上朝还未说，仁宗就问：“益州重地，谁可守者？”见二相未应，又说，“知定州宋祁，其人也。”

陈恭公回道：“益州有奢侈之风，宋祁又喜欢游乐，恐怕不是个合适的人。”

仁宗说：“至如刁约荒淫无度，宋祁这个在馆学士又有何不可知益州？”

宰相惘然惊惧，不敢再举荐刁约，宋祁于是去成都做了益州知府。

仁宗稳坐江山四十二年，不能说与知人善任无关。将“昏庸”二字用在一个知人善任的执政者身上，昏庸的恐怕就不是这执政者了。

是出尔反尔还是知难而退

一

在古史料中，是找不到仁宗懦弱的记载的。今人说他懦弱，是他在庆历新政夭折后就不再谈政治改革。

庆历政改起因于内外交困，亦即内有财政拮据外有西夏战事。宋祁任三司度支粮官，于宝元二年上疏指出财政赤字的根本原因是“冗兵”“冗吏”“冗费”。

——宋太祖时，开国之初全国兵力禁军（正规军）加厢军（杂役军）

不过22万，开宝年间达37.8万，就这37.8万兵力征战四方，完成了宋帝国的统一。到仁宗即位，全国兵力达120万（对西夏作战时达140万），其中，厢军占56万。这120万兵力虽耗费全国财政收入的5/6，却是一支战斗力不强的军队。可见军队支出成为国家财政的沉重负担。

——宋太祖时，全国官吏不过6千人，到仁宗即位，在职官吏17300余人，闲职官吏15000余人。这些官吏每月都在领高薪。

——全国僧尼、道士到仁宗即位时没受戒的就有50多万，之所以说财政豢养这些人，是财政每年都要付出道场斋醮、百司供费等等求仙祀神费用无数。僧尼、道士因之过着富裕日子。再是皇室后宫消费和政行开支也在翻倍递增。

鉴于这些支出已是太宗末年的五倍之多，宋祁主张裁减官兵，压缩各项支出以解决国家财政捉襟见肘。

因此，庆历三年三月，吕夷简一去相，仁宗就起用欧阳修、余靖等言官，开了几个月的改革务虚会，八月任命范仲淹为参知政事，富弼为枢密副使并叫他俩马上拿出改革方案。

九月，范仲淹上《十事疏》，可谓改革的一揽子方案。十事是：

（一）“明黜陟”。严肃官吏资格考核、任期问责、政绩决定升迁，消除“冗吏”（不作为的官员）。

（二）“抑侥幸”。从严限制没有通过科考而当官的“恩荫”人员（皇亲国戚、高官世袭），阻塞“冗吏”来源。

（三）“精贡举”。科考轻诗赋重策论和经学。

（四）“择官长”。着重考核和选拔政府各个一把手。

（五）“均公田”。官员的“职田”按制度给予，“责其廉节”。

（六）“厚农桑”。从政策上推动农业大发展。

（七）“修武备”。加强军队建设，去除“冗兵”。

（八）“减徭役”。减少平民对政府的义务劳动。

（九）“覃恩信”。中央下达的政令，各地必须不折不扣地执行。

（十）“重命令”。政令统一，防止政出多门。

这十条改革方案，从内容上看，范仲淹是看准了帝国的弊政所在，也得到皇上和改革派的认同，改革因而很快就在全国展开，时称“新政”，史称“庆历新政”。新政实行不过一年多一点，尽管各方面的改革成效初见，但是，改革使皇室王公大臣的利益受到损害，因而遭到王公大臣的竭力反对，新政戛然而止。改革派几乎被贬职外放，仁宗因之留下懦弱的口实。

二

“庆历新政”失败的原因，窃以为有以下几点。

（一）忽略改革机遇和阻力。王禹偁的“五事”改革方案和范仲淹的“十事”一样针对“三冗”提出的，笔者在前面之所说真宗朝错过了改革良机，是真宗即位时的“三冗”弊况还在初始阶段，防微杜渐不仅是改革成本最小化，也就是改革阻力最小的时候。遗憾的是真宗病狂于求仙祀神运动而忽略了改革。四十年过去，“三冗”已成宋体制的一大痼疾，改革阻力必然倍增。

进而言之，范仲淹的十条方案有八条都是针对官吏和皇亲国戚的既得利益和预期利益，这些人反对改革也就不择手段。这一点，应是仁宗和庆历改革派都估计不足的。

（二）改革策略不当。范仲淹抛出一揽子改革方案并全面实行之，就是施政不讲策略的说明，笔者之前说政策和策略是政治的生命，政改策略犹是命中之命。如果改革方案分阶段出台，“三冗”以“兵冗”为先，其他稍后，这对一个“以文制武”的朝政而言，改革阻力定然就少得多，而“节用”的初期成效更凸显。从这一点看，朱熹说：“范文正虽有欲为之志，然也粗，失管照处多。”这话应该放在仁宗身上，因仁宗才是改革进程的掌舵人。

当代中国改革开放成功地走向市场化，就在顶层设计和政改实施都十分讲究策略，以循序渐进为要。

（三）得不偿失，自我拆台。欧阳修的《朋党论》是范仲淹贬饶州后所作，其“用君子之真朋，则天下治矣”，有道是“释仁宗之疑”。欧阳修因而得到仁宗的赏识升为五品官，但到“庆历新政”，反对改革的人由“伪朋”结成“真朋”，就拿这篇文章来指责范仲淹等人改革是假，结党营私是真，从而增加了仁宗的疑虑。这是欧阳修看不到赵宋皇帝都有一个遗传，也就是用人有疑而猜忌不断，从而忽略了仁宗藏而不露的皇权底线：管你“伪朋”“真朋”，朝廷朋者皆有结党营私之嫌。因此，这篇文章的发酵而起到自我拆台的作用。

所以，我们说政论文强调的是政治效果，压根不是《古文观止》中讲的作文技巧：“反复曲畅，婉切近人。”

（四）对仁宗过度信任。范仲淹、韩琦、富弼等改革派奋身政改，可谓仁人志士敬事尽忠，但也有致忠之弊如致仁近愚之嫌。纵观仁宗执政要旨，大不过就是维持稳定防止动乱，确实不是雄材大略的君主，改革意志因此无所谓坚定，改革派迷于国家变革也就不觉得摊上一个动摇不定的主。

上述，或谓事后诸葛亮，笔者在谈论诸公篇中，可看到现实的宫廷斗争更为复杂、更为残酷的一面。这里，应看到范仲淹、韩琦、富弼等人奋身庆历改革遭贬谪，外放一方，却因此在历史上流芳起来。仁宗虽没负起新政失败的责任，仍做养尊处优的皇帝，可是在历史上却留下懦弱之名。这，也就是历史公正。

新政失败后，有包拯、司马光、王安石等上疏言政改，均被仁宗搁之不言，这说明仁宗对新政失败的内疚。

守制不武断

怎样看待仁宗的“恭俭仁恕”呢？《三朝名臣言行录》载有仁宗的一段自白：“常常有人说我执政少独断。不是我不想独断，只缘祖宗制定的国家制度摆在朝廷上，不能不遵，若不遵守成法，我在制定政策或处理国家大事上专横独断，不合成法，造成过失就不易更改了。国事经执政大臣廷议实施，若有不当处，自有御史台的谏官指出，我再来纠正，容易改正。（屡有人言朕少断。非不欲处分，盖缘国家动有祖宗故事，苟或出令，未合宪度，便成过失。以此须经大臣论议而行。台谏官见有未便，但言来，不惮追改也。）”由此可见，皇帝、执政大臣与台谏官都在国家法度与运作惯例的轨道上开动国家机器，从而避免了皇帝失策、将错就错、视错为对的不堪结果。

因此，南宋陈亮《中兴论》也指出：“臣闻之故老言，仁宗朝，有劝仁宗以收揽权柄，凡事皆从中出，勿令人臣弄威福。仁宗曰：‘卿言固善，然措置天下事，正不欲专从朕出。若自朕出，皆是则可，有一不然，难以遽改。不若付之公议，令宰相行之。行之而天下不以为便，则台谏公言其失，改之为易。’”

可见宋仁宗不愿独断朝纲，懂得治国之要在君主权衡利弊之后对制度的尊重与自觉遵守。宋史家说他“守法度，事无大小，悉付外廷议”；时人评他“知为治之要：任宰辅，用台谏，畏天爱民，守祖宗法度”。由此可证，今天有学者把仁宗的仁恕理解为懦弱，有失公允。

守成硕果

如果说仁宗的“恭俭仁恕”就是守成执政的最大成就的话，仁宗的“恭俭仁恕”至少给华夏文化带来前所未有的伟大发展。

——书法史上的“宋四家”有两家出在仁宗朝。

——这一时期的晏殊、范仲淹、宋祁、张先、柳永是中国词坛绕不开的伟大词人。

——“唐宋散文八大家”有六家出在仁宗朝，欧阳修、苏轼所以成为中国文学史上的标杆性人物。

——最杰出的历史学家司马光、哲学家二程、科学家沈括、曾公亮也都出在这一朝。

这些史上杰出的人物所创造的文化硕果，可以说都是仁宗朝的言论自由而获得文化大发展的证明，因此，就说仁宗朝是华夏史册上的文化盛世也不为过。

与此同时，仁宗朝还是中国古代发明创造空前绝后的高发期。

——火药、指南针、活字版也都是在这一时期发明的。正是这三大发明连同纸的发明，才使人类的文明进程产生了质的飞跃。

——“交子”在仁宗朝出现，也就是中国纸币的发明，这在历史上产生的深远影响是给经济的动态性注入新活力和发展经济的新视野。

中国在这一时期的文化繁荣暨科技发明高发，正是中国人最富有创造力的诠释。

中国也就在这仁宗朝，人口首次超过一亿。若按卢梭的人口理论来考量，这是一个人民安居乐业的好政府。

晏殊清贵共清词

晏殊（991—1055），字同叔，抚州临川人。十四岁以神童入试，赐进士出身，官至宰相，封临淄公，谥号元献，世称晏元献。北宋著名文学家、政治家。

聪明人是诚实人

一

晏殊出生在一个低级狱吏之家，但他自幼好学并有一手好文章，滁州知府李虚己很看好小晏殊的未来，于是以女儿许之，这一年晏殊十三岁。在当下，可谓艳遇，但在古代，叫遇贵，因李太守眼下许的是婚约不是女儿。李太守这样做，恰是奇货可期。当然，这也有风险，亦即期货一旦看走眼：毁婚，势必成为官家小姐嫌弃穷秀才这一类剧本的现成素材。晏殊和李氏没成为毁婚剧本的原型人物，是张知白安抚江南，把小晏殊作神童推荐给朝廷，晏殊在千人举进士中成绩优秀，真宗赐进士出身。

《宋名臣言行录》卷六记，晏殊登进士第，其时的宰相寇准对真宗说：“晏殊是江外（江西）人。”

“难道张九龄不是江外人？”真宗这样反问寇准，足见小晏殊受皇上看好。

晏殊更让真宗格外看重的是，复试，晏殊一见试题，就对考官说："臣十日前已作过此赋，草稿尚在，请另出试题。"真宗爱其不欺，另题后更见文采愈美，授以他秘书省正字，就读于龙图阁，师从翰林学士陈彭年。（《梦溪笔谈》卷九）

以上几事，皆被史家录入《宋史·晏殊传》，可证品质正是才华展露的基石。

二

晏殊从政期，馆阁官吏喜欢游乐宴饮，京城有名的酒楼茶肆以至青楼勾栏，也就成为后备官吏游息娱悦的好去处。晏殊由于贫穷，只好在家里与昆弟讲习。这时，吏部在这批后备官吏中选东宫官，把晏殊选去，大家不知晏殊被选原因，次日朝廷请奏，皇上才说："近闻馆阁臣僚，无不喜游宴赏，弥日继夕，唯晏殊呆在家里与兄弟读书，如此谨厚，正可为东宫官。"

晏殊受命后，在朝廷上面答受命之意，说："臣不是不想出门游乐，实在是家贫无可为。臣若有钱，也会也酒楼茶肆娱乐。"（《古事比》卷十六）

《江隣几杂志》说，真宗愈嘉奖晏殊的诚实，晏殊愈是知事君体。君臣眷注日深，真宗每遇头痛事，都要写一张小条子征求晏殊的意见。

可见晏殊能成为国家栋梁，一代文英，与他的诚实密不可分。诚实所以是大本领者必须具备的德行，就因诚实原是本领的催化剂。

三

晏殊为奉礼郎时，一日在岳父李虚己家的客厅上与谏议曾致尧相见，曾谏议以刚介著称，很少赞许人，但对晏殊凝视后说："晏奉礼他日贵

甚，但老夫耄矣，看不到贵公子为相了。”（《云斋广录》卷一）

曾谏议这话，对照晏殊日后腾达，拿今天的话来说，可谓理性预见。这样的预见，说明晏殊德才出众受朝廷重望。

宫闱难直笔

据《龙川别志》卷上记，曾致尧去世，时刘太后垂帘听政，晏殊迁右谏议兼侍读学士，天圣五年，“忤太后旨（抵触刘太后的懿旨）”，又用笏板将随从的牙齿打落，贬官知宣州，数月后又改任应天府，到任后大力兴办学校，还请时在丁忧的范仲淹当教授。

《宋史·晏殊传》说：“自五代以来，天下学校废，兴学自晏殊始。”

晏殊知应天府不久，召回朝廷，任御使中丞至参知政事等要职，章懿（李宸妃）逝，令晏殊撰墓志，晏殊在墓志中只言李宸妃生有一女，早夭，无子。仁宗亲政，得知李宸妃乃生母，深恨晏殊撰文不实。有一天与宰相吕夷简见面，就拿出晏殊的撰文问道：“先母章懿太后诞育朕躬，晏殊作为侍从，哪有不知道的呀？却说生一公主，又不育，此何意也？”

吕夷简解释道：“晏殊固然有罪，但宫中事一向绝秘，就说我备位宰相，也不过略闻风声而不得其详，晏殊不审，也是情理之中的事。还有，其时是章献临朝，若明言先太后实生圣躬，此事哪能安然料理下去？”

仁宗沉默良久，贬晏殊知金陵，第二天，仁宗又觉得外放远了点，改作知南都（如依《宋史·晏殊传》记则是知亳州）。

苏辙为此在《龙川别志》中赞道：吕公如是保全大臣，真宰相也！

叶嘉莹教授在赏析晏词《山亭柳·赠歌者》一文中说：“仁宗命宰相晏殊为李妃撰墓志，由于刘皇后尚健在，晏殊没敢把仁宗是李妃所出这件史实记在李妃的墓志中。”（《唐宋词鉴赏辞典》第 272 页）叶先生此说在称谓上有两点错误。

一、按《宋史·晏殊传》和《宋史·后妃传》载，李宸妃和刘太后皆在明道初年去世，李宸妃先逝。而在刘太后垂帘听政的十来年间，晏殊的最高职务是参知政事（副相），没有任过宰相。刘太后崩，晏殊因撰李妃墓志在礼部尚书任上外放，知亳州。

二、刘氏从天圣到明道这十来年间皆是太后，亦即仁宗的母亲，这时再称刘皇后，乱辈分，令人理解为仁宗的妻了。

相位得失话知人

一

因陕西用兵，时任三司使的晏殊调度有功，康定初年，晏殊拜相并兼任枢密使。任期内，他不失时期利用重臣的文坛名士的身份广揽人才，极力将俊秀推荐到朝廷，正如欧阳修在《归田录》（卷一）中说："一时名士，多出其门。"其中，范仲淹、富弼、孔道辅、欧阳修、韩琦……皆因晏殊大力提携、大胆重用而登上新政的舞台，成为历史上影响深远的贤相、名臣、文宗。

由于"庆历新政"的重要人物皆因他一手提拔，改革力量的形成和新政的制定都与晏殊参与密不可分，他本人因也遭到反变革者的忌恨，指责他"胶固乱党""布满要路"。

《宋名臣言行录》前集卷八记，八王痛恨晏殊把一批有变革思想的能臣安插在要害部门，就去问仁宗："叔久不见官家，不知今谁做相？"

皇上说："晏殊也。"

八王说："他这种人按《图谶》上说，哪是可重用的人？"

《图谶》，符命占验之书，它自汉代起，就成为皇家识人占验读本。所以，仁宗听八王说后回书房翻《图谶》，见《图谶》上对晏殊这类人的断言是“成败”二字。不久，仁宗就借口晏殊动用军队修建府邸，责晏殊“广营产以殖赀，多役兵而规利”，罢了他的相。仁宗叫大学士宋祁写罢相草诏时，宋祁不知仁宗心里着了《图谶》的魔，还在仁宗面前替晏殊争辩，说大臣用军队搞营建是常见事，不足以罪之，气得仁宗将宋祁也贬谪外放。

二

《能改斋漫录》卷十八记，晏殊罢相知颍州，徙陈州，一日在宴会上，有歌伎唱“千里伤行客”一词，他怒斥道：“我平生守官，未尝去王畿五百里，是何千里伤行客也？”

晏殊的这一片言，展示了宠辱不惊，不随流俗的性格。《宋史·晏殊传》所以说他“性刚简”。但是，《宋史·晏殊传》说他“善知人”的注脚，应该是范仲淹的晏殊挽词：“生平欲报国，所得是知人。”

据此，王安石故然不是晏殊的知人了。《清波杂志》卷四记，王荆公于杨寘榜下第四人及第。是时，晏元献为枢密使，（皇）上令（及第的前）十人往谢。晏公俟众人退，独留荆公，说：“我们是同乡人，久闻德行乡评之美。我备位执政，你这个老乡又以贤才高中，实在是家乡的荣誉。为表乡谊，我想改日请你吃顿饭。”

荆公应诺。在来日的宴席上，晏殊对王老乡殷情备至，饭后摆谈，对王老乡说：“乡人他日名位如殊坐处，而且还有余矣。”接着一番赞许后才说，“然有一言欲奉告，不知乡人意下如何？”

荆公请告，晏公迟疑片刻才说：“能容于物，物亦容矣。”

这对晏殊说来，是知人识才的表示，也是基于乡谊的忠告。可王安石听后，当时勉强认可，回到馆舍叹道：“晏公为大臣，而教人者以此，何其卑也！”

荆公对晏公的忠告心有不平，然又常念常不以为然，是否然之，后话在荆公篇。这里，用老话半句，子曰："不患人不知"，因此，晏殊的热脸贴了王安石的冷屁股，并不影响晏殊在历史上"能容物也为物容"的美誉。

情语贵情真

一

《西清诗话》卷下记晏殊初罢政事，守皇室的祭祀地，每叹士风日下。营伎刘苏哥和他有约：终身不让盟友寒心。然而就在贬后的阳春三月，两人在一个天气暖和，景物明媚的日子时策马郊游，登高远望。归来不久，刘苏哥竟为晏殊遭贬悲伤而逝，晏殊以诗吊之：

苏哥风味逼天真，恐是文君同上人。
何日九原芳草绿，大家携酒哭青春。

之后，晏殊常说："士大夫受人眄睐（左右顾盼），随燥湿变节如反掌手，曾狂女子不若。"

二

《宾退录》卷一载，晏殊的小儿子晏小山见蒲传正说："先公平日小词虽多，未尝作妇人语也。"

传正听后，不以为然地拿晏殊句回道："'绿杨芳草长亭路，年少抛人容易去。'岂非妇人语乎？"

小山辩道："公谓年少为何语？"

传正释道："岂不谓其所欢乎？"

小山辩道："因公之言，遂晓乐天诗两句云：'欲留年少待富贵，富贵不来年少去。’”

传正笑而不语。

晏小山虽把蒲传正敷衍过去了，在宋人笔记里也留下自许高雅的好评。但是，八百年后，郑振铎在《插图本中国文学史》中录用晏小山这话时，特地从晏殊词中选出若干带妇人语的词句来证明晏小山这话不对。

所谓妇人语，也就是情语。对此，撂开晏小山的“子为父隐”及其虚伪，读晏殊的《珠玉词》许多动人语，就因情真意切的爱意凸显其间。所以，我们说“诗可以兴，可以观，可以群，可以怨”，唯独不可以虚情假意于巧言令色，从古至今多少文学骗子，不就是笔下许虚情以巧言令色么？

千年名篇深致在

一

今人认为：“晏殊很早就进入仕途，过着‘花团锦簇’的贵人生活，词作内容大都是吟风弄月、离愁别恨，没有什么现实意义。”（《唐宋词选注》第 132 页）但是，晏殊作为词坛“倚声初祖”，他的词章就真的没有什么现实意义吗？

历史文人不是说毁就能毁的，历史文人的历史分量，自古是凭其文章来掂量。这里，不妨择晏殊的代表作及相关故事浅议晏词在词坛的分量。

浣溪沙

一曲新词酒一杯，去年天气旧亭台。夕阳西下几时回。　无可奈何花落去，似曾相识燕归来。小园香径独徘徊。

晏殊这首词，是古今唐宋词集都入编的一首词。这其中，“无可奈何花落去，似曾相识燕归来”，不仅是作者最得意的两句，更是千年名句。明代杨慎在《词品》也说这两句“天然奇偶”。清人王世祯谈诗，认为“虚处难工”，而这两句前四字却是虚语显工巧。这些，谈的是技法高妙。好货通俗眼，我以为这两句词的绝妙处，还在意境深遂，令读者思量不尽。钟陵先生说这两句“精警工整”，进而析意境，依于字面释人生盛哀浮沉之叹，诚然不错，但这两句词在这一千多年里之所能广泛流传，成为抚今怀旧的绝句，还在词义有“言外之意，弦外之响”。这，才是难得的。

王国维在《人间词话·四二》中说：“古今词人格调之高，无如（姜）白石，惜不于意境上用力，故觉无言外之意，弦外之响。终不能与于第一流之作者也。”王国维说得不错，文艺就生产意境，这世界上也就只有文艺才能产出意境。而意境，只有意境才是形象地展示和拓展神界的一大法宝。晏殊之为大词人，就在晏殊词感情真挚，词义深重，其《珠玉词》有不少词句的意境令读者跃上新境界。“无可奈何花落去，似曾相识燕归来”即是一例。

二

“无可奈何花落去，似曾相识燕归来。”已成最长的成语，这句成语在晏殊当年更是来之不易。《诗人玉屑》卷十引《遗珠》道其来历：晏殊去杭州路过扬州憩大明寺，瞑目而坐，叫侍吏诵墙壁上诗，并告诫侍吏诵其诗不说出诗人的姓名。因此，许多诗句没诵上两句，晏殊就叫停而诵下一首诗，诵另一壁时，有一首诗诵完后又叫诵二遍：

水调隋宫曲，当年亦九成。
哀音已亡国，废池尚留名。

仪凤终陈迹，鸣蛙只沸羹。
凄凉不可问，落日下芜城。

晏殊听后，问是何人所作，侍吏说是江都尉王琪，晏殊即令召来同吃饭，饭后同游池上。时值晚春，已有落花在池，晏公说：“我每得佳句就书在墙壁上，常常是年把未得对句，且如‘无可奈何花落去’，至今未能对之。”

王琪听后，应声回道：“似曾相识燕归来。”

晏公听后欣喜万分，自此将王琪辟置，之后举荐到馆阁，跻身侍从。

王琪没争著作权，笔者也就不别费舌。从这故事里，我们看到诗人“嘉会寄诗以亲，离群托诗以怨”的图景时，更看到晏殊作诗填词是面对生活有感而发，不是把自己关在书房里闹无病呻吟。

《魏公谭训》卷六载，曾祖为三司判官，夏相为使，一岁一开宴，女乐侍姬，管弦器皿，穷极奢华。后晏公代使，每休沐，约同僚置酒，案上不过数器。久之，案上的下酒菜又多了起来，更兼歌舞，使晏公很厌倦，于是说：“此辈伎俩已尽，吾辈亦可呈事艺。”于是设砚墨纸札，待似各赋诗述怀以为乐。因此，我们对词人晏殊的花团锦簇生活应该抱一个客观分析。应该看到，沉迷于花团锦簇的生活是创不出奇文的。

晏殊视赋诗为人生一大快事，诗词创作也就成了他生活的一部分。《宋史·晏殊传》说他“奉养清俭”“文章赡丽，应用不穷，尤工诗，闲雅有情思，晚岁笃学不倦”。这，当是文如其人之论了。我们由此也应看到词人晏殊在“花团锦簇”的环境里，从政之余，洁身自好于诗的王国。

三

那么，我们应该抱什么样的态度来看待晏殊的词作呢，晏词究竟还有没有现实意义呢？

一、笔者在前面之所说晏殊是北宋词坛绕不开的词人，就在他的词作如晁无咎在《词综》中所言：“元献不蹈袭人语”，风调闲雅有自家面目。在《人间词话》里，“昨夜西风凋碧树。独上高楼，望尽天涯路。”成为王国维特别欣赏的词句：“此等语非大词人不可道。”进而作治学三境界用语，皆是风人深致的注脚。其忧生启迪，是这一时期的其他词人所不及的。

二、晏殊的《破阵子·燕子来时新社》作为今天的少儿读物，仍是抚育心灵美的难得佳作。这在唐宋词里，是不多的。

三、翻《珠玉词》，吟风弄月、离愁别恨的词作确实不少。对此，若迂于字面去读，也就只能读到伤春悲秋而迷离怅惘。尚若看到词人轻外物而驭使风月，重外物与花鸟同忧乐，即可看到风与月的神态，花和鸟的意趣。皆是心声流露及心性解剖在微妙地奏效弦外之响。这些拥有言外意的绝句，诵起来如果不是拓神界而开智，定是致空灵而美心。

“红杏尚书”宋祁

宋祁（998—1061），字子京，安州安陆（今湖北省安陆）人，天圣进士。官至翰林学士、工部尚书。著名文学家、史学家。

评诗喻人知多少

宋祁和兄宋庠在学生时就以文章凸显，兄弟俩天圣初同科举进士，礼部上奏的是宋祁第一，宋庠第三名。但章献太后不想弟先兄后，就把宋庠提为第一名，将宋祁排在第十名。史上“二宋”由此而名，于是有了“大宋”“小宋”之称。

《鸡肋编》卷中记，赶考前，兄弟俩曾拜访过时下的文坛领袖杨亿，坐中赋《落花诗》，宋庠云：“金谷路尘埋国艳，武陵溪水泛天香。”

宋祁云：“将飘更作回风舞，已落犹成半面妆。”

杨亿评宋庠诗为胜，说宋祁诗小巧，遣词不该用“落”字，他日富贵自不及兄。就诗的“生之力”而论，窃以为小宋胜大宋。

杨亿预测有一点不错，兄弟二人虽说官运亨通，但也遭来嫉妒。宋庠做副相时，政见与宰相吕夷简多有不同，多有举荐该被指为朋党，一日与仁宗对话，谈到做翰林学士的宋祁好游乐，仁宗板着脸对他说：“岂有为人兄而不能告诫其弟的吗？”

宋庠马上意识到有人在背地谗言陷害，于是回道："臣弟兄才能浅薄非处，冒荣过分，乞请陛下外放。"

仁宗表态："甚好，将取文字来（打自请外放的报告来）。"

兄弟二人由是外放，宋庠知扬州，宋祁知寿春。

修史娱乐两不误

宋祁知寿春，迁陈州，然后调回京城任知制诰、龙图阁学士，和欧阳修主修《新唐书》，宋祁主修传记，之后复为翰林学士。《西塘集耆旧续闻》卷六记，时遇加封张贵妃，宋祁制诰，擅制简便程序，未按规定行册。妃宠方盛，难行册命之礼，将诰书怒掷于地，不肯受。宋祁因之落职外放知许州。

多年后，苏东坡任京官，有一次和张方平谈起内翰文字，张说宋祁某文某文甚佳，忘其篇目，只记得有一道是《张贵妃制》。苏东坡听后就去宋家借阅《张贵妃制》，宋祁的后人没有让苏东坡阅览，认为东坡喜欢说笑话，唯恐东坡摘数句作诨话，天下传为口实。从这故事可见宋祁听旨修史，因其文笔就在士大夫阶层也是居人之上，为人所仰。

宋祁知许州乃至知益州，行政之余该致力于《新唐书》的撰写。据《何氏语林》卷三十记，宋祁知益州府，晚饭后，盥漱毕，打开寝门，放下门帘，点燃两支如椽巨烛，媵婢夹侍，和墨伸纸，远近观者，皆知尚书修《唐书》，望之如神仙焉。这不啻是望之者的崇拜，更可想见写文章是宋祁心目中的圣事。

《尧山堂外纪》卷四十五记，宋祁好客，会宾于广厦，中外设重幕，内列宝炬，百味俱备，歌舞俳优相继，欢者忘疲。但觉更漏差长，席罢已二宿矣，名曰"不晓天"。由因宋祁在成都如是喜好吃喝玩乐，包拯参奏他过度奢侈，仁宗于是调宋祁郑州任知府。蜀人不以然，认为包拯诬陷宋祁，是益州自来有奢靡之风。因此，史家只说宋祁“清约庄严不及（宋）庠”。

宋祁知郑州，在郑州去世。平生撰《新唐书》列传百五十卷，参预修订《籍田记》《集韵》。撰《大乐图》二卷，文集百卷。著作等身，是他不因宦海沉浮而搁笔，尤其是修《新唐书》十多个寒来暑去，书稿总是随着他辗转各地，不离不弃，可谓敬文于心了。

闻过则改大家风范

宋祁精通音训，爱用奇字涩词，修《新唐书》因之受过欧阳修的批评。《事类备要》前集卷四十四记，宋祁好以艰深之词于浅易之说，欧阳修有意讽之。这是欧阳修有一天登门造访不遇，就在宋家大门上写道：“宵寐匪贞，札闼洪休。”

宋祁见后，就对欧阳修说：“你这莫非就是‘夜梦不祥，题门大吉’之意，何必又用这样一些怪不理解的字眼呢？”

欧阳修回道：“《李靖传》云‘震雷无暇掩聪’，也就不是如此吗？”

宋祁惭愧而退，以后伏案力求言简意赅。

到书成，欧阳修取《新唐书》列传，卧听子读，至《藩镇传叙》，赞道：“若皆如此传，其笔力亦不可及也。”

今天，有论家认为《新唐书》的弊病还在史料取舍来自主观好恶，偏于美政善谋。但是，也有人认为深得《史记》笔法。

宋祁说他自己的“文章仅及中人，不足垂后”，有自谦之意更有自省的成分，《宋景文笔记》卷上记：“年过五十，被诏作《唐书》，精思十余年，尽见前世诸著，乃悟文章之难。”“余于为文似蘧瑗，瑗年五十始知四十九年非；余年六十，始知五十九年非，其庶几才至于道乎？”

这是一个品行高尚的学者才可能生发的自我批评。

词名流芳

今存宋祁词作虽不过六首，而《玉楼春·春景》竟使他名扬千古。

东城渐觉春光好。縠皱波纹迎客棹。绿杨烟外晓寒轻，红杏枝头春意闹。　　浮生长恨欢娱少。肯爱千金轻一笑。为君持酒劝斜阳，且向花间留晚照。

这首词之所以成为一首脍炙人口的千年名篇，字面上清心快适，流走如珠，令人陶醉在春天的节日里，而在创意上，他把握了人性喜乐，图景亲和。《中国文学发展史》赞道：“言情虽缠绵而不轻薄，措辞虽华美而不淫艳。”

在当时，经歌手传唱而流行开来，宋祁便有了“红杏枝头春意闹”尚书的美誉。《尧山堂外纪》卷四十六记，郎中张先以乐章擅名一时，尚书宋祁敬其才华，特去造访，叫使者去报：“宋尚书欲见‘云破月来花弄影’郎中。”

张先屏后呼道：“得非‘红杏枝头春意闹’尚书邪？”

二人皆以警策互见，遂成千古佳话。古谓警策，即简练而含义深刻的佳句，在王国维那里叫名句。王先生在《人间词话》里开宗明义地指出：“词以境界为最上。有境界则自成高格，自有名句。五代北宋之词所以独绝者在此。”于是进而指出：“红杏枝头春意闹。着一‘闹’字，而境界全出。”

诗人要想得到一句流传千古的警策，创意还需灵感奏合。所谓佳构天成，天分自是极为重要，但若躺在天分上顾学究而轻生活，创作旨趣不能与时风相向而行，佳构断难天成。这一点，我们从宋祁的另一首词作，即看到作者对生活着墨所导出的时风，这就是宋祁调回京城的词作：

鹧鸪天

画毂雕鞍狭路逢。一声肠断绣帘中。身无彩凤双飞翼，
心有灵犀一点通。　　金作屋，玉为笼。车如流水马
如龙。刘郎已恨蓬山远，更隔蓬山几万重。

《词林纪事》卷十一说这首词在都下传唱，即达宫中，为宫女们时唱。一天，宋祁过繁台街，遇到宫里的车队过，车队中有宫人撩起帘子说："那不是小宋吗！"

仁宗知道后，召宫人问道："哪个车子内的人在呼小宋？"

宫人自告："妾臣不久前侍御宴，见宣宋学士，听左右大臣说'小宋也'，这回在车上又见，所以喊了一声。"

仁宗召宋祁谈这事，宋祁惶惧得无地自容，仁宗却笑起来意味深长地说："蓬山不远呐。"说罢将这宫人赐给了宋祁。

我们从宋祁《鹧鸪天》所引出的这个故事里，就北宋时风可见一斑。文学是时代的产物，什么样的时代产生什么样的文学。仁宗时代是一个追求人生快乐，讲究个人享乐的时代，士阶层在宽平的政治环境里，一个面向生活的作家必然在笔下描出自家和时代同行的生活面貌，奇思感天，警策自在其中。同样，在五代时也仅限江浙一带，在西北，所以没有冯延巳第二。

在康乾之世，虽朱彝尊、纳兰性德等诗人作了一大堆诗词出来，却没有一首在民间广泛流传。乾隆也天天作诗，有四万多首，也没有一句广泛流传，徒有诗名，成了后世的笑柄。根本原因，还在全民族的思想在其时被禁锢如死水一潭，其诗其词无非是言过其实地"歌咏太平"或哀怨于"羁栖良苦"，刻意忽略盛世背后的两极分化及腐败社会化，自不知笔墨当随时代的价值在为时代发声，以致始终没弄出时代诗风来。当然，若将"如是我闻"等同"广泛流传"，那又另当别论了。

宋祁幸运的是，生存在言论相对自由的仁宗年间，宽松的政治环境使他的创作天赋得到充分展示的是他基于社会态度发声，所以中了笔墨当随时代的彩头。

死也认真

史说宋祁为官明峻，做人不随流俗。因而在《治戒》中嘱后人："我死后三天之内入殓，三月之内归葬。不要为流俗所忌。棺材用杂木，只漆四周，三次即可，使其在几十年内容纳我的尸骨而已。不要用金铜杂物随葬。且吾学不名家，文章仅及中人，不足垂后。也不要去请求谥号及赠典。冢上栽五棵柏树，坟高三尺，更不要石翁仲他兽。"

他的儿子遵嘱，没有请谥，后谥曰景文，还是学士张方平承旨。他对自己的丧事做如此详细的安排，足见做人自有格，在生不随流俗，视死不随便，是谓人生尊严。

范仲淹的“修齐治平”

范仲淹（989—1052），字希文，举进士后官至参知政事。北宋著名的思想家、政治家、军事家、文学家。谥号文正，世称范文正公。

大丈夫的志操

一

范仲淹快三岁时，父亲去世，母贫无依，从母适朱氏。范仲淹就读淄州长白山僧舍，因贫穷，每日里只能吃粟米做的粥，与虀菜常伴，故作《虀赋》自诫：

陶家瓮内，腌成碧绿青黄；
措大口中，嚼出宫商角徵。

山寺的一个傍晚，他追赶白鼠至鼠洞，掘洞捉鼠，鼠未捉得却掘出一坛白银，他一子未取，掩土将银原封不动地埋藏。他做官后，才对山寺里说出这银的埋藏处，叫山僧把这银掘出来修庙宇。

在南都学舍读书五年，昼夜苦读，时常是和衣就寝，河水洗脸，食不充饥，一天吃一顿饭，同学请吃，愧于难还，皆拒之不受。其时，南都朱某与他很友好，这朱某病危对他说：“有异人传我变水银为白金的技术，我的儿子年幼不可传，现传给你。”

朱某于是把一本有封识的小本子给了范仲淹，范仲淹接过小本子从未启封，二十年后还给朱某的儿子，封识依旧。

《尧山堂外纪》卷四十七和《厚德录》卷二记这两事，有道志操本是志者德行的践行注。一个人受穷时在不义之财面前还能安分守己，正是个人品质优秀的表述。这，亦即孔夫子赞许的“君子固穷”。

二

《能改斋漫录》卷十三所记，他在南都就学时曾到灵祠祷告祈求，问：“他日能登相位乎？”谶无回应。再问：“既不能作相，愿作良医。”谶仍无回应。于是立志认定：“夫不能利泽生民，非大丈夫平生之志。”

过后，友人问他：“大丈夫有志于相，是理所当然的事，这做医生，算什么大丈夫？”

范仲淹回道：“古人说，常善救人，故无弃人；常善救物，故无弃物。夫能泽生民者，莫如良相；救贫民之危，莫如良医。”

少年范仲淹在贫穷中所想的不是自家如何脱贫，更许下经邦济世的宏愿。以《吕氏春秋·别类篇》来论，这是大智慧和小聪明的本质区别，亦即大智慧者以是经邦济世为己任，小聪明人总想着自身利害。

宦海沉浮人不浮

一

范仲淹与朱氏兄弟俱举学究。共同去客见谏议大夫姜遵，姜遵以刚严著称，不喜欢款待应酬客人，众学究退，独留范仲淹，引入中堂对夫人说：“朱学究虽年少，可是当今奇士，他日不啻是为官显著，当立盛名于世。”

姜遵没看错，范仲淹不久举进士，为广德军司理参军，任集床军节度推官时，始还祖改姓名。司马光在《涑水纪闻》卷十记叙这事后，对姜遵的预测感叹道：“人莫测其何以知之也。”是的，无论是理性预测还是神性预测，都有说不清道不明的奥妙令人不可知，常言慧眼识人，当是洞察力过人。反之，也因被洞察者有过人之处才被人高看。

二

范仲淹监西溪仓，看到通、泰、海州的海边田土受海水早晚潮浸泡而不能种庄稼，于是上疏朝廷，提出建海堤的措施，朝廷准奏，并且任命他为兴化令，专办这事，在泰州知府的协助下，由通、泰、楚、海四州的民众共筑海堤，既成，四州民众因而享其利。

范仲淹协助晏殊兴学，是范仲淹因母逝居家守孝期，由于他兴学育人有绩效，守孝期满，受晏殊推荐，到中央任秘阁校理。因泛通六经折服群儒，史说：“一时士大夫矫厉尚风节，自仲淹倡之。”官场矫厉，无非是摆谱、端模样、说套话、打官腔，因范仲淹的倡导，士大夫们去掉这些官场故作，崇尚起平易近人的工作作风来。(《宋史·范仲淹传》)

三

《昨非庵日篡》二集卷十三记，范仲淹任校理期，遇章献太后祝寿，礼官定议要皇帝帅百官献寿于朝堂，范仲淹上奏以为违制不可行，章献将他贬为河中通判。僚友饯行于都门，说：“此行极光彩。”

之后，范仲淹调回中央任司谏，天大旱，江、淮、京东等地的蝗灾十分严重，范仲淹多次奏请朝廷赈灾，仁宗才任命他安抚江、淮，他一到灾区就开仓赈救灾民，减免灾区税收，还列出除弊兴利的十件措施上报朝廷。范仲淹回京遇吕夷简谋害郭皇后，于是率谏官反对仁宗废郭皇后，仁宗将他贬睦州，僚友又饯行于长亭，说：“此行愈是光彩。”

两年后，调回京师为天章阁，知开封府，撰《百官图》进呈，言宰相吕夷简结党营私，惹怒了吕夷简，吕夷简向仁宗以辞宰相职相胁，结果是范仲淹落职贬饶州，僚友再饯行于郊，说：“此行尤其光彩。”

范仲淹这回笑起来回道：“仲淹前后三光矣，此后诸君更送，只乞上牢房也。”

僚友大笑而散。（《昨非庵日纂》二集卷十三）

范仲淹到任后，在给仁宗的谢表中说：“此而为郡，陈优优布政之方；必也立朝，增蹇蹇匪躬之节。”这句是说，臣这回任饶州知府，当以宽和的方略布政于州郡；既然立身朝廷，当敬事致忠而奋不顾身，以增人臣贞节。《宋朝事实类苑》卷二认为，由此可见范仲淹做人至诚，许国始终不渝，不因进退而易其节操。

四

庆历三年，仁宗决意去除弊政，将弊政数问范仲淹，范仲淹才说：“（皇）上用我至矣，事有先后，久安之弊，非朝夕可革也。”（《宋史·范仲淹传》）

可见，新政前夕，范仲淹在仁宗的多次督促下上《十事疏》时，对改革成效及阻力都是有充分考量的，压根不是朱熹所说的“然也粗，不精细，失照管处多”。（《朱子语类·自国初至熙宁人物》）政改策略掌在仁宗手里，范仲淹自不负改革程序不得其要的责任。

《龙川别志》卷上载，“新政”夭折，范仲淹以参知政事安抚陕西，途经吕夷简老家，路上与退休宰相吕夷简相逢。由于范仲淹这时已身历中书省，感受到中书省施政之难，和吕摆谈间有过悔之语，二人释前嫌，欣然相语终日。

此时的范仲淹有多大的过悔，倒也未必，但对仁宗的性格有了更深的认识，和吕夷简谈点自省的话应是有的。若说对庆历新政的夭折有什么“过悔”，就不可信了，须知范仲淹在《灵鸟赋》中喊出“宁鸣而死，不默而生”，当时往往专指谏诤自由，我们现在叫做言论自由。这是中国争自由史上的一段佳话。（《自由中国》）

五

范仲淹受贬外放，戍边威镇边关。《东轩笔录》卷七记，元昊叛，召范仲淹为天章阁待制，知永兴军平叛，他加强与羌族亲和，在羌族的帮助下很快平息了叛乱。接着是西夏来犯，延州多处失守。他又请求去镇守延州，到任即调整军队的御敌方略，扭转败势，使西夏军不敢再犯。

因此，《孔氏谈苑》卷三说范仲淹与韩琦共谋，收复了灵夏横山之地，边境谣曰：“军中有一韩，西贼闻之心骨寒。军中有一范，西贼闻之惊破胆。”

范仲淹平定边境后，接着扩大种世衡的屯田制和加大边境贸易，减轻了边防开支同时也让边境带来相应的和平。一言蔽之，范仲淹戍边，以卓越的军事才能和政治建树威镇边关，成为史上著名军事家。

六

皇祐二年，吴中大饥荒，路陈饿死骨，范仲淹领浙西，除开仓发粮募民存饷之外，还鼓励下属各衙门、寺院及有钱人家大兴土木。因此，监司奏劾他不恤荒政，大兴土木耗民力。范仲淹答曰：“皆以有余之财，以惠贫者，贸易饮食工技服力之人，仰食于公私者，每日不少于数万人。荒政之施，莫此为大。”（《梦溪笔谈》卷十一）

这一举措在今天说来，就是“以工代赈”。进而言之，范仲淹开创中国“以工代赈”的先河。他在“以工代赈”的同时，将粮价由百二十钱一斗提高到百八十钱一斗，一待各地粮商争先恐后运粮至浙西，他又将粮价压回到百二十钱一斗。由于这两大举措，浙西的饥荒才得到有效缓解。

这些从政建树，不啻是范仲淹的少志所酬，更是一个能臣的良知表述，大丈夫的节操诠释。在儒家那里正是“治国，平天下”了。

乐善好施保晚节

一

《清夜录》载，范仲淹告老还乡，首先是主动拜访乡中父老，有人对他说，应该是乡里人去拜问他，他回答说：“‘维桑与梓，必恭敬止’敢不尽礼乎？”

再是将带回乡的三千匹绢赠送给亲友、同乡及家族，说：“宗族乡党是看着我生长，童年读书乃至壮年举仕，都为我助喜，我无以报答。”

又把多年下来的结余拿出来置良田千亩作宗族义田，用以周济族中穷人。

《贤弈编》卷四说他在苏州城南买了一块宅基地，请风水先生来测字向，风水先生却对他说：“这确实是一宗风水宝地，今后当出卿相。”

范仲淹回道：“既然如此，又岂敢私我一家。”

于是就把这块地捐出来建立了苏州府学。这是我国第一所府学，该校亦即今天的全国名校苏州高级中学。

二

范仲淹不仅是书法批评史上有名的书法方家，在生前更是名重一时的书法大家，给人作墓志铭，按贯例，都有金帛重谢，但他从未接受过他人的馈赠。他给范忠献作铭文，范忠献的儿子先送金帛，范仲淹谢拒后，范忠献的儿子又将家中的典藏书画送上，范仲淹只收留了《道德经》一书，其他悉而不收，说："这是先君所藏，世之所宝，你拿回去好好收藏，不要轻易示人。"（《范文正公言行拾遗录》卷一）

他留下《道德经》，无非是说，人品才是他范仲淹最为看重的宝贝。这里，我们应看到范仲淹对他人的慷慨大方是建立在自家的俭朴之上。

三

范仲淹一家的生活是淡泊为常，没有宾客来就不吃肉。他任吏部员外郎时家用人三个，以后数十年未增一人。这在当时的士大夫府第，用人最少。

他的二儿子娶妻回家，他听说床帐是用罗绮（华丽精美的丝绸）做的，很不高兴地对儿子说："哪能用这样奢华的料子来做床帐呢？我家素来清俭，这不是乱了家法么？你要把这样的床帐带回家，我就当庭把这床帐烧了。"

这故事出自《自警编》卷二，可见范仲淹告老还乡，乐善好施更重晚节。以做人而论，人世间大概分两类：小人是对人苛严待己宽，君子则严于律己宽于待人。范仲淹正是这样的君子。

文苑流芳

范仲淹之为历史上的著名文学家，其诗、词、散文都具有大家面目。这里浅议一二。

——《渔家傲》（塞下秋来风景异）诸词记叙了宋代的边塞情景，有"词史"之称，开宋词豪放派之先河，拓展了词的审美新境界。而在《苏幕遮》（碧云天）这首词中，又以低回婉转的手法托出苦旅者的相思轸念，丽语款款的柔情却蕴着清刚之气，微妙地刻画了征人的剑胆琴心。“酒入愁肠，化作相思泪”，是广泛传诵的名句。从元人王实甫创作《西厢记》的借用语和哀婉情节的构思来看，这首词对《西厢记》的创作影响，绝不仅仅是“碧云天，黄叶地”的借用。

——李清照在《词论》中将北宋大词人都批评了一通，尤其对豪放派看不上眼，但对豪放派开山人范仲淹却不置一词，不是范仲淹词名不重，是她巧用了范仲淹的词句，《一剪梅》“此情无计可消除，才下眉头，却上心头”即脱胎于《御街行·秋日怀旧》：“都来此事，眉间心上，无计相回避。”有道胜于蓝，但毕竟出于蓝，原创岂能不尊？

——《岳阳楼记》之所以成为脍炙人口的千年名篇，不仅是结构上精巧慎密，藻饰华美更见清雅，行笔流畅顺带诗韵，还因它在思想上以山河仁智赋以人杰担当，写照了圣贤的伟大人格。以至这篇奇文问世以来，作为一代代学子的必读文章，培育了一代代学子的远大抱负和高尚情操。

“不以物喜，不以己悲”“先天下之忧而忧，后天下之乐而乐”等警句广泛流传，成为仁人志士的自勉格言。可见该文不仅道出了志士正气，更在培育志士正气。这，正是贤达的魅力所在。

当下，多少官人把“先天下之忧而忧，后天下之乐而乐”挂在嘴上，以示先忧后乐之志。但是范仲淹的一生在告诉我们，一个人只有做到“不以物喜，不以己悲”，才可能以天下为己任而先忧后乐，反之，人生悲哀莫不过于为物欲狂喜不已。

结语

范仲淹为官为民，皆彰显了一个人杰的德才，因而成为历史上躬行“修身，齐家，治国，平天下”的范式人物。

三朝元老韩琦

韩琦（1007—1075），字稚圭，相州南阳（今属河南）人。韩琦风骨秀异，二十岁举进士，名列第二。执政于仁宗、英宗、神宗，历经并参与三朝的重大事件，“名重一时”，有贤相的美誉。封魏国公。北宋著名政治家、军事家。

贤能过人是知人

一

《锦绣万花谷》卷十一记，韩琦任右司谏三年，敢于直言，共上疏七十多次，其中，宰相王随、陈尧佐，参知政事韩亿、石中立，在中书省的严重过失被韩琦接连上疏，四人同日罢官。王曾为相，说他的谏言恳切不迂腐。所以，三年谏稿本欲敛而焚之，以效古人谨密之义，但是一想到从这些谏稿中可见皇上有纳谏于施之美，也就将这些谏稿成集三卷，题名《谏垣稿》，自作序，大意是“谏主于理胜，而以至诚将之”。

《谏垣稿》不仅有当局政痕，同样具有历史价值，我们说宋朝的言论相对自由，该集就是物证之一。

二

益、利两地闹饥荒，韩琦任体量安抚使前往救灾，调拨救灾物资的同时，驱除贪官污吏，淘汰政府冗员数百人，一百九十万饥民得救。

庆历八年，河北发生水灾，韩琦及时开仓放粮宸救灾民七百万并使这灾民恢复本业。仁宗赞韩琦："盖是卿用心拯救，朕甚嘉之。"（《宋朝事实类苑》卷八）

三

《自警编》卷一载，治平年间，西夏国派来使者，将以十事试探英宗的态度，而宋朝却不知这十事是哪十事。当时，接待西夏来者使的太常祝谘就此先找了枢密府，再去丞相府见韩公，韩公问祝太常："枢密是怎样说的？"

太常回道："枢密说：'若西夏使言及十事，就说我是个只负责接待外国来使的人，不敢专权擅断边防及外事。'"

韩公说："你是外事主事者，哪能这样说呢？"韩公接下来从容不迫地对祝谘说了西夏来便可能问及的十事，并就怎样回答作了一一交代。

祝谘宴见西夏来使及会谈，西夏来使所言十事十之八九皆如韩琦所料，祝谘按韩琦所示对答，西夏使折服而去，祝谘这才惊叹："韩相之能，非他人可比。"

四

《何氏语林》卷三《贤弈编》卷二皆记，宋代殿试一般在八月中旬，韩公按惯例主考时，二苏就试，黄门忽报苏辙卧病，韩公马上向仁宗上奏："今年的制科之士，唯苏轼、苏辙最有声望，今闻辙偶病不试。这兄弟中一人不能就试，甚非众望，须展限以待之。"

仁宗准奏，按常例延期了二十日，之后的殿试也就在九月。

《香祖笔记》卷十载，苏舜钦有逸才，词气俊伟，飘然有超世之格：然而，庆历中，苏舜钦违制用公款宴宾客，因得罪朝中大臣，被言事人弹劾而入狱，左右无一个敢救解的人。苏之所以得到从轻处理，是因为韩琦爱苏有才，因而对仁宗说："舜钦一顿醉饱过失，止可薄治，何至于下狱。"

仁宗因此没有治苏舜钦的罪，贬为庶民。苏舜钦在苏州才悠闲于"明月清风本无价"。

就韩琦重才爱才可见一斑，绝非什么朝廷和事佬。

五

《邵氏闻见录》卷九载，韩琦侍上，在仁宗朝，韩琦官至丞相，其行正如他在《谏垣稿》序中所言："以至诚将之。"仁宗崩，灵驾按葬期至永昭陵途中，却传来永昭陵的皇堂（皇陵庙堂）栋损，有司惊骇，不知所措，诸使去见韩公，都说装着不知，将这事掩下去。韩公却正颜回道："不可！速察，堂栋有损坏的当速换之。若违葬期，增加费用，也是无可奈何的事。如果苟且掩之，今后皇堂倾覆倒塌，做臣子的何以当责？"

有司派人一查，皇堂栋并无损，葬礼如期。但是，当事人无不服韩公处事不苟，识事虑远。

仁宗在韩琦的劝说下选英宗继位，一有门客把英宗即位归功韩琦，韩琦就会板着正颜回道："此仁宗圣德神断，为天下着想的大计，皇太后内助之力，我什么时候参与这事？"

英宗即位不久即病，太后垂帘听政，宦官离间两宫造成皇帝和太后隔阂，韩琦和欧阳修居中调和，打击阉宦，两宫和解，政局未乱。英宗因而封韩琦魏国公。欧阳修所以赞韩琦："临大事，决大议，不动声色，

措天下于泰山之安，可谓社稷之臣。”（《邵氏闻见录》卷九）

这时，由于英宗的身体极其糟糕，韩琦求稳怕乱，思想上不得不偏于保守，所以，三司使蔡襄这时提出的改革方案被否定。英宗崩，神宗即位，《邵氏闻见录》卷三记，中丞王陶上疏韩琦上朝不签押为跋扈，神宗遣侍者以疏示韩公，韩公奏曰：“臣非跋扈者，陛下遣一小黄门至，则可缚臣以去矣。”

六

韩琦感到神宗对他已不信任，于是奏请辞去相位。《宋史·韩琦传》载，韩琦复请相州以归，出任相州通判。陛辞，神宗问：“卿去，谁可属国（任相），王安石如何？”

这时，王安石因英宗三诏不就而有盛名，群臣以为王安石是堪大任的宰相之才，独韩琦不以为然，所以直言回神宗：“安石为翰林学士则有余，处辅弼之地（辅政大臣）则不可。”

神宗没把韩琦的话听进去。王安石随之拜相，实行新政，韩琦面对王安石新政劣绩累累，据实上疏：“故散青苗钱，使民出利；为免役之法，次第取钱；迨置市易务，而小商细民，无所措手。新制日下，更改无常，官吏茫然，不能详记，监司督责，以刻为明。令农怨于畎亩，商叹于道路，长吏不安其职，陛下不尽知也。”

这是说，青苗法和募役法都是盘剥平民之策，令农民已经无法种地；市易务不过是掠夺商贩的利益，使商贩不知何以生存。中央的新政策朝令夕改，地方政府也不知所措。令农民怨于田边土角，商贩叹于商道闭塞，地方长官不安于职守，这些弊政，陛下是不尽知啊。

神宗看到韩琦的上疏后，将韩琦所奏责问王安石，王安石回道：“苟从其欲，虽坊郭何害？”王安石是说，只要新法能增加财政收入，商铺田头的怨言又有什么值得害怕？

让王安石大为恼火的是，韩琦的再次上疏后，就没让新法在相州再施行下去，相州成为公然抗行新法的州郡，史家认为韩公做了一个社会良知应做的事。

七

韩公晚年在重阳节宴同仁于后园赋联：

不羞老圃秋容淡，且看寒花晚节香。

由是看来，不禁要问：韩琦对内对外，对上对下皆能共商国事，为什么独于王荆公不对劲呢？回答只有一个：道不同不相谋。所以才有“寒花晚节香”。

韩琦去世，王安石致他的这个老上级的挽词曰：“木稼曾闻达官怕，山颓果见哲人萎。”（《宾退录》卷三）

能得持不同政见者如是赞赏，韩公无愧贤相之谓。

有容乃大

一

韩公镇守真定，门客彭知方为酒使，夜里翻围墙外出嫖娼，门吏向他报告后，他没有按规定深究，赋彭小诗《种竹》半首：“殷情洗濯加倍拥，莫道狂枝乱出墙。”

彭见诗惭愧十分，和诗曰：“主人若也怜高节，莫为狂枝赠一柯。”

韩公为此叫门下花钱百缗买一女奴赠彭作妾。

这事见载《青琐高议》前集卷五和《坚瓠丁集》卷三，这里抄录，一是见韩公对士人爱惜，行为于己所不欲。再是规劝下属重方式。第三，一个女奴仅值百缗，下面的史料有记书生赝书却值三千缗，足见《金瓶梅》中的女性描写正是古代一般妇女非人的注脚。

《瑞桂堂暇录》记，有个书生仿韩琦的笔迹赝作韩琦书信去见蔡襄，蔡襄虽有一点怀疑，但持信人却对答自如，蔡襄以就按书信所示拿了三千缗给这个书生，回信韩琦并派了四个兵将书生送回韩琦处。被押送的书生见到韩琦，才说：“我因家贫，所以赝公书去见蔡大人，现在钱和信都在这里，我只有死罪了。”

韩琦却宽容地对书生说：“蔡大人送你这些钱，看来也不能解决你的困难，夏太尉在长安，你可去投他。”于是写了封推荐函给书生。

韩琦的子弟很不理解地说：“这书生作赝信，你原谅了他就是善莫大焉，推荐他投夏太尉，实在是大可不必。”

韩琦却说：“他能仿我的书信，又能打动蔡襄，足见这人才气不凡。”

这书生带着韩琦的推荐函去长安，夏太尉竟拿个官给他，果然有才。

二

《北窗炙輠录》卷上记，韩琦年刚三十，以学士身份戍边，与范仲淹一道平叛抗敌，和范仲淹一样表现出卓越的军事才能，“以和好为权宜，战守为实务”的主张作为西北边防的指针。有一次，韩琦与范仲淹议事不合，范公拂衣欲去，韩公却把住范公的手，亲切地喊着范公的字说：“希文，这事就不容商量吗？”

面对韩公一脸和气，范公与之达成和解，史家说韩公消融同异，只此把手间。

韩琦拜相，曾巩副之，赵阅道，欧阳修为参政。凡事制度化，属政令的，分曾巩管，则曰“问集贤”。属制度法令的，分赵阅道管，则曰“问东厅”。属文教的，分欧阳修管，则曰“问西厅”。自己只决定原则大事，但凡奏章中有攻击人生隐恶的事，自个当即封存，不再见人。

欧阳修平素是个很不服人的官员，但和韩琦却处得很好，欧阳修自己也常因事发叹："百累欧阳修，不足望韩公！"

韩琦得知欧阳修对自己如此敬重，回道："永叔相知无他，琦以诚而已。"

欧阳修与曾巩同在两府，欧阳修性素褊（性格偏执），曾巩则龌龊（气量狭隘），每议事，二人都厉声相攻击，令人难解，韩公待二人都气定不争了，才以一言问可否，欧曾二公皆服，是韩公有旷士胸襟。(《韩魏公遗事》)

好德胜好色

《昨非庵日纂》二集卷三记，韩琦做宰相后，花了三十万钱买了大美人张氏作妾，二人见面，张氏才哭诉道："妾本修职郎郭守义之妻，因部使者挟私，劾以败官，今秋岁寒，实在是迫于一家饿死京城，才委身于人，以活守义儿女。"

韩公恻然怜之，当即叫张氏带着钱回家，说："守义败官若是无辜，可诉于朝廷，真相大白，你再回来归我。"

张氏遵照韩琦的话去办，郭守义得到昭雪，张氏如约回韩府，欲以妾身侍之，韩公却对张氏说："我位极宰相，岂可夺士人之妻作妾，我不过是帮你一把。"韩公于是取金二十星连同张氏卖身契给张氏，说，"助你夫官，善视儿女。"

张氏涕泗感谢，百拜而去。

这则逸事，自是恻隐之心的表述，《论衡·本性》说："恻隐不忍，仁之气也。"进而言之，孔子之所以把修身、齐家、治国连在一起，还在仁心导向仁政。庄子、鲁迅等人都对仁义非议不已，是他们身处乱世，多少恻隐之心不得不化作一腔怨恨。鲁迅说："无情未必真豪杰，怜子如何不丈夫。”足见这位身逢乱世的社会良知的仁心未灭。在“人治”条件下，仁心扭曲不过是人世无道的写照。待到治世，再说仁义“吃人”，也就是瞎说了。所以，我们在这件事上，看到韩公不仅表现出仁者的美德，更展示了一个治世贤相应有的节操。

蔡襄一生多创造

蔡襄（1012—1067），字君谟，兴化仙游人。仁宗天圣八年进士。仁宗天圣八年进士，官至三司使、端明殿学士。北宋著名政治家、茶学家，书法“宋四家”之一。

直臣无畏话功过

一

景祐三年，范仲淹知开封府，忠亮谠直，与宰相吕夷简争执，被黜知饶州。秘书丞余靖上疏请求修改诏命，以朋党坐贬；太子中允尹洙上疏自讼和范仲淹是师友关系，愿一起降官，被贬为监郢州税；馆阁校勘欧阳修责备高若讷身为谏官，对范仲淹被贬之事“沉默畏慎”。蔡襄因之作《四贤一不肖》诗刺高若讷。此诗在东京广为播布，人们争着传写，代笔人在街上售卖此诗，获利颇厚。辽国使者来访，将书诗买来偷偷带回辽国。后来张中庸出使辽国途经幽州，在舍馆看见有人将蔡襄诗书写在墙上。（《渑水燕谈录》卷二）

这事反映了一个现象，一个直臣无畏权贵，不平则鸣，而且产生不平则鸣的社会意义，被当局视为社会的正常反映，这正是仁宗政治环境宽平的说明。

二

仁宗庆历初，急于需用贤臣。朝中声望者王素、欧阳修、余靖和鱼周询。四人同时被命作谏官，朝野相庆，唯鱼周询的声望不及，蔡襄有诗暗示："御笔新除三谏官，士林相贺复相欢。"

鱼闻蔡诗后，叹道："我既不具备士林公论，有何脸面站在谏官之列？"

鱼因此请求辞职，朝廷从之，蔡襄由是代知谏院。（《能改斋漫录》卷十二）

都说为官者要心黑脸皮厚才够格，就事而论，鱼周询可谓脸皮薄，知羞耻，为官够不够格在此不论，但知羞耻却是做人之本。而蔡襄入谏列，应是当仁不让。因敢于直言，令权贵心怀畏惧，放任者多有收敛。

但是，蔡襄也因此颇受排挤，庆历四年知福州，庆历六年改任福建路转运使。这时期，他干了四件事。

一、见福州百姓患病大多不就医而求巫觋，于足撰《圣惠方后序》，刊刻于碑，劝导百姓有病就医的同时，取缔巫觋，戒除陋俗。

二、带领福建官吏，发动百姓，自福州大义至泉州、漳州大道，植行道松七百余里。闽人刻碑颂德，官禁砍伐，这是我国开人工植行道树之先河，难怪时人作歌赞唱："夹道松，夹道松，问谁栽之我蔡公。六月行人不知暑，千古万古摇清风。"（《甫阳比事》卷四）

三、奏减五代以来的丁口税。

四、泉州是古代"海上丝绸之路"的起点，中外商贾云集之地，泉州万安渡成了经济发展的最大障碍。《泊宅编》（卷中）记蔡襄为了消除这一障碍，他主持修建了我国第一座海巷大石桥万安桥。十八年桥成，千百年来，这万安桥的功能恰如《万安桥记》："渡实支海，去舟而徒，易危而安，民莫不利。"

这桥至今仍在，即洛阳桥，它被现代桥梁专家茅以升称作"福建桥梁的状元"。

三

蔡襄任福州知府，也做了件有违民意的事，即《晁氏客语》记，上元日，蔡襄令民间每家点灯七盏。他的少年同窗陈烈做了一盏丈余长的大灯，书云："富家一盏灯，太仓一粒粟。穷家一盏灯，父子相对哭。风流太守知不知，犹恨笙歌无妙曲。"襄见后，立即下令取消上元灯会。

这上元罢灯，若说是知错能改，可谓向公众公开承认错误，这才是难能可贵执政操守。

四

蔡襄知泉州，连年发生旱灾，他积极组织抗旱，兴修水利并加强水源管理，使灾民得以自救。特别是制定《龟湖塘规》，制止用水纠纷，湖水得到合理应用，确保万亩良田用水，其用水成效比往年翻倍。

嘉祐五年，仁宗授襄翰林学士权三司使主管国家财政，这时的宋廷是入不敷出，蔡襄"较天下盈虚出入，量入以制用"，才使国家财政平衡以度。英宗继位，蔡襄正式任三司使，即撰《国论要目》，向英宗提出富国强兵的改革方案，未被采纳，罢三司使，自求外放，拜端明殿学士后知杭州。

襄知杭州第二年，即治平三年，母亲卢氏去世，服丧归故里。

治平四年（1067 年），蔡襄在家中去世。欧阳修撰《端明殿学士蔡公墓志铭》。谥"忠惠"。

宋宁宗庆元年间，泉州人在洛阳桥南街尾建蔡襄祠。在蔡襄墓前立柱题联：

四谏经邦，昔日芳型垂史册；
万安济众，今朝古道肃观瞻。

读联意，窃以为比谥号更见蔡襄的人生价值。但是，下节可见，蔡襄的人品及成就，柱联和谥号并未道尽。

更把学问致农艺

蔡襄在科学文化方面的重大贡献是农艺专著《茶录》和《荔枝谱》。这两部书都是践行而撰，非闭门所造。

福建茶能誉满京华是丁谓给力，而扬名海内外，则益于蔡襄的高度重视和大力宣传。《苕溪渔隐丛话》说福建茶“起于丁谓，而成于蔡襄”。《墨客挥犀》卷八已载：“（福）茶所以名重天下，由（因蔡）公也。”这是蔡襄为福建转运使，他从北苑茶的品质和花色入手，不仅在外形上将大团茶（八饼一斤）改为小团茶（二十饼一斤），更在茶芽的采摘和制作工艺上也作了改进。小龙团因之成为贡品时，其价也在市场倍之。据欧阳修《归田录》卷二记：“庆历中，蔡君谟为福建转运使，始造小片龙茶以进（贡），其品绝精，谓之小团，凡二十饼重一斤，其价值金二两。然金有而茶不可得，每因南郊致斋，中书、枢密院各赐一饼，四人分之。宫人往往缕金花于其上，盖其贵重如此。”

尽管小龙团名扬天下也给福建茶业带来空前的发展，蔡襄的人格却遭到很多非议和鄙视。陈少阳在跋蔡君谟《茶录》云：“余闻之先生长者，君谟初为闽漕（福建转运使）时，出（创）意造密云小团为贡物，富（弼）郑公闻之，叹曰：‘此仆妾爱其主之事，不意君谟亦复为此。’”（《梁溪漫志》卷八）

富弼、欧阳修、苏轼等人持这样的观点，是中国士大夫重官轻商的痼疾所在，也是中国的知识分子在经济体制未市场化前的常见病。他们只看到进贡犹“仆妾爱主”，意识不到纳贡的皇上其实在为该商品打广告，不然，你“小龙团”凭什么卖到二两黄金一斤，还“金有而茶不可得”？

所以，毋看富弼、欧阳修、苏轼这些民族精英从政写文章皆一把好手，但在商品经济面前却表现出浓厚的重官轻商意识。

苏轼在《荔枝叹》中说，“君不见：武夷溪边粟粒芽，前丁（谓）后蔡（襄）相宠加，争新买宠各出意，今年斗品充官茶……”这诗给苏轼带来声誉，让蔡襄戴上“买宠”的帽子，就是士大夫重官轻商的注脚。

蔡襄在重官轻商的年代注重经济发展更为可贵的是，他的农艺名著《茶录》将茶艺饮用上升到理论，既是对中国茶文化的贡献，也是对茶业发展的推动。《茶录》的上篇论述茶的色、香、味、藏茶、炙茶、碾茶、罗茶、候汤、熁盏和点茶。下篇论茶器，述茶焙、茶笼、砧椎、茶钤、茶碾、茶罗、茶盏、茶匙和汤瓶。这些，可见宋代茶艺的美学价值，由于《茶录》对日本茶道的茶艺产生了极大的影响，其艺在今天的日本茶道中仍然可见。

蔡襄的《荔枝谱》，是世界上第一部果树分类学著作，也是介绍荔枝的最早专著。

书法一大家

一

在宋朝的书法四大家中，蔡襄是唯一以楷书见长的书法大家，但引领时代书风的是他的行书。古谓其风格是浑厚端凝，淳淡婉美。今天的识者读他的《自书诗帖》《谢赐御书诗》《陶生帖》《郊燔帖》以及《蒙惠帖》等等传世墨迹，肯定会更生新的审美情趣来助长审美力。

蔡襄的墨迹在生前就受时人推崇备至，极负盛誉，可谓名满天下，墨迹被他人宝之而藏，他本人也十分看重自己的书，不轻易为人书，前述致韩琦特派人亲送，原因也在这里。

《宋史·蔡襄传》说：“襄工书，为当时第一，仁宗尤爱之。”御制《元舅陇西王碑》，命蔡襄书，他书了；仁宗又命他书《温成皇后碑》，他就辞不肯书，说："这是待诏做的事。"

对蔡襄不肯书皇后碑一事，宋代书法评论家朱长文在《续书断》说："儒者之工书，所以自游息焉（悠闲自得之娱）而已，岂若一技夫役役（劳苦不休）哉。古今能自重其书者，惟王献之与君谟耳。"

我国的书法艺术到宋朝已有两千多年的历史，这其间，史上有名的书家数百，在这数百名名家中，也就只有王献之和蔡襄这两个在书艺中悠闲自得之娱，不爱听旨挥毫。可谓艺人尊严的展示。

《续书断》进而论道："君谟真行草皆优入妙品。笃好博学，卓冠一时，少务刚劲，有气势，晚归淳淡婉美。诗云：'抑抑威仪，维德之隅。'可以况书矣。"

苏东坡在《东坡题跋》中论蔡襄书法时说："独蔡君谟天资既高，积学深至，心手相应，变态无穷，遂为本朝第一。然行书最胜，小楷次之，草书又次之。……又尝出意作飞白，自言有翔龙舞凤之势，识者不以为过。"

苏轼和蔡襄相去不远，都是有真知灼见的行家，其评自是在道。蔡襄的草书确实不如行书意趣盎然，仪表万方。

二

沈括在《梦溪笔谈》卷八中说蔡襄的草书"存张旭怀素之古韵，有风云变幻之势，又纵逸而富古意"。这就是外行学行家评说了。

《清河书画舫》记："宋人书例称苏、黄、米、蔡者，谓京也，后世恶其为人，而进君谟书焉。"这是说，宋朝的书法四大家中的蔡者，是指的蔡京，后世因厌恶蔡京的人品，才拿蔡襄来替换蔡京。这虽是张丑的臆说，但以讹传讹，既是对书法大家的中伤也是对奸臣才华的暗示性肯定。

蔡京会书，但算不上书法大家。米芾在《海岳名言》中说，海岳以书学博士召对，（皇）上问本朝以书名世者凡数人，海岳各以其人对，曰：“蔡京不得笔，蔡卞得笔而乏逸韵，蔡襄勒字，沈辽排字，黄庭坚描字，苏轼画字。”

上复问：“卿书如何？”

对曰：“臣书刷字。”

米芾作为当朝书法大家，和徽宗这番对话，正是行家和行家研讨书艺。米芾这些话中的“勒”“排”“描”“画”“刷”都是书写方式及表现手法各异之说，然而唯独“蔡京不得笔”是指笔法不到家。稍微对书学有一点见地的人都知道，大凡笔法不到家或用笔不得法者，是不可能成为时代书法风格的典型代表的。再看中国古代的书法评论，蔡京书是不入评家法眼的。诸宗元先生所以说：“学书之要，在知笔法。”（《中国书画浅说》第 123 页）

蔡襄的书法不仅受时人评赞，就是到了南宋，宋高宗在《翰墨志》中也评赞道：“至熙丰以后，蔡襄、李时雍体制方如格律，欲度骅骝（异才），终以骎骎（逐渐）不为绝赏。”这是说蔡襄真书方得楷法，较之唐楷并无奇异之处，可没有唐楷耐看。这，正是高宗对北宋真书的最高赞赏了，他对其他真书却是一字未提。

然而，北宋书家的聪明处就在不步唐人尚法，按自己的审美情趣走出尚意一路。蔡襄正是尚意书风的佼佼者。

欧阳修在《端明殿学士蔡公墓志铭》中赞曰：“嶷嶷蔡公，其人杰然。”

包拯之谥孝肃

包拯（999—1062），字希仁，庐州合肥（今安徽合肥）人，天圣五年进士。官至龙图阁直学士，卒赠礼部尚书，谥号“孝肃”。

孝心凸显话修为

一

包拯年幼时与李某同窗就读于僧舍，二人每天都要路过一大富人家，二人虽没想过求见这大富，但是他二人有一天路过大富门前，大富却邀他俩到堂上去坐叙。他俩借口他事，未入富人家。之后，大富又约请他俩去吃饭，李某想去，包拯却板着脸对李某说：“我们今天与这富人妄交，他日举仕，为官乡郡，岂不是有累清德。”

二人因此未赴饭局。十年后，二人果然相继典乡郡。

《朱子语类》卷一百二十九则所记可见，包拯在学生时不啻谨于修身有远虑，对自己的前途也充满自信。可谓以愿景而自律，种德重名，孝廉立身。包拯孝闻天下，诚然与他这一修为密不可分。进而言之，自古选举孝廉，孝悌和廉洁两科目虽然各有偏重，但是，这两个科目互相关联，这无异于说，贪婪无厌的“孝子”在社会中是不存在的。

二

包拯举进士后，任大理评事，知建昌县时，因父母皆老而辞职不就，任他为和州监税，父母不想同行，他只好辞官回家侍老赡养，不宦十年，人称其孝。

包拯的谥号里所以带一个孝字，也因包拯轻仕重孝，在历史上也是少见的。显然，宋帝国既然以孝治天下，这也就是仁宗正要树立的孝悌典型。《论语·学而》："其为人也孝悌，而好犯上者鲜矣。"讲的是孝顺父母，尊敬兄长，自然就少做犯上的事。这倒是父兄、长官喜欢的人，但这样的人是否有出息，孝道是不置可否的。因此，就包拯的孝道而言，不仅孝顺父母做到了的，而且在仕途上，直言犯上的时候也不少。

《涑水纪闻》卷十记这事，读来更觉得包拯的父母也有做父母的格外尊严。当然，包拯的这份尊严，在孝悌风行天下的古代，也只能作为孝顺的典型，放在当下，不可能更没有这个必要。但是，孝本社会和睦的元素之一，孝道不能不要，时代在变，人心在变，孝行也应因时而变。今人讲孝悌，能做到一个"敬"字，可以说就是"孝当先"了。

从政肃括

一

包拯尽孝后知天长县，断案如神而名声大振。据《仕学规范》卷七载：宰相吕夷简闻包拯有才，一日在班次中见包拯名，欲见，便传出话去，以为包拯必来求见。几日过去，见包拯未来求见，一问，才知包拯辞朝出任一知县。吕丞相由是更器重包拯，使人将包拯追回，自此提拔重用。

端砚是四大名砚之一，也是端州的上贡之品。《宋名臣言行录》前集卷八记，到端州做知府的，都要借进贡之名，将端砚占为己有的达贡率数十倍之多，然后拿去贿赂朝中大臣。包公知端州，除贡砚按例上贡外，自己离任时也一无所取。

包拯知庐州，即是本乡为官了，他的亲戚故旧因之乘势横行乡里，扰官施政。包公铁面无私，其舅犯法，依然按律处之，乘势不轨的亲戚故旧由是屏息。对乡曲之好，人情交际，包公更是不肯屈从，因此也遭来流俗不少诽谤和非议。所以，《苕溪渔隐丛话》前集卷二十六说，曾被包拯上疏弹骇过的宋景文，得知包公在庐州的政举，也赋联以赞："直干终为栋，直钢不作钩。"

包拯就任枢密知府之日，众吏请讳，包公问："何讳？"

众吏说："公祖先之名，群吏当避之。"

包公怒目回道："吾无所讳，唯讳吏之有赃污者。"

群吏惧而告退。（《墨客挥犀》卷十）

二

包拯为三司户部判官，出任京东转运使，见邢、洺、赵三州民田万迈千顷用来牧马，奏准赋民农耕。解州盐法病民，包公实地调研后，将盐流通便民。

包拯任天章阁待制、知谏院，斥责皇上宠幸之臣是常事，请罢内除曲恩，亦即严禁没有通过科考而官的"恩荫"官员，这在范仲淹的"十事疏"也提出过，包拯又上疏，诚然是再犯龙颜了。"又上言天子当明听纳，辨朋党，惜人才，不主先入说。"这是要皇上在朝堂上凡事多听取朝臣意见、多采纳朝臣的主张，反对结党营私的同时珍惜人才，不要先定调后附议。为此例举七事：旨在"去刻薄（去除朝堂猜忌，君臣不容），抑侥幸（制止巧言利词以掩行奸不轨），正刑明禁（正定刑法、明确禁令），戒兴作（防备挑拨事端，警告兴风作浪者），禁妖妄（明令禁止妖言惑众的妄为）。"这些政见，"朝廷多施行之"。（《宋史·包

拯传》）

三

包拯任知谏院干了两件大事：一是将刁民冒充皇子一案彻底查清。二是硬将国丈张尧佐弹劾贬官。这是仁宗想任老丈人张尧佐（温成皇后的爹）为宣徽使，廷论未谐有不同意见，也就未定。不久，皇后又替她爹向仁宗要这个官，仁宗又应了，一日临朝，皇后送皇上至殿门，还抚着皇上的背说："官家今日不要忘了宣徽使。"

皇上应道："得（好），得（好）。"

仁宗应诺皇后，上朝廷就降旨任张尧佐为宣徽使，谁知包拯就站出来陈说不可，口吐数百言，厉声厉色，唾溅帝面，皇帝就只好作罢。

温成皇后派小黄下探伺，得知包拯犯颜切直，仁宗不得不收回成命，皇后也只有迎拜皇上谢过。这时，皇帝举袖拭面说："中丞向前说话，直唾我面。你就只知要宣徽使，宣徽使、你就不知包拯是御史中丞吗？"

从《曲洧旧闻》卷一这则记载可见包拯是个怎样的直臣，《宋名臣言行录》卷一说包拯"天性峭严"，窃以为还在操守耿介、清刚。

四

包拯知开封府，作为尹京，他强化吏治，强调行政绩效，因而到任不久即将多年的弊政清除。与此同时，他执法如山、平冤狱、抑豪强。这其中，包公干了一件前几任想干而不敢干的事，也就是拆除汴河两岸的"违章建筑"。汴河两岸的建筑，大多是王公贵族的豪宅，这些势族于是将园榭向汴河延侵，从而造成河流不畅。前几任想干而不敢干是惧怕这些权贵，包拯却借京师大水，将侵河园榭强行拆之，势族反倒一提起包拯就惧怕。《宋史·包拯传》所以说包拯："立朝刚毅，贵戚宦官为之敛手，闻者皆惮之。"

进而将他比作“阎罗”，京城中所以传曰：“关节不到，有阎罗包老。”老百姓传颂他的清廉，才有“包拯笑比黄河清”之说。由是可见包拯打击豪强，肃贪反腐深入人心。想必这就是谥中得“肃”故。

《韩非子·难三》有曰：“广廷严居，众人之所肃也。”“肃”在这里是说恭敬；《礼记·玉藻》曰“色容厉肃”之“肃”，当谓庄重。《礼记·礼运》说：“刑肃而俗蔽，则法无常。”其“肃”乃指严峻。这三“肃”，包拯皆有之。

包拯的幸运是孝肃品质在从政中得到公认，使他将才能发挥到极致并深入人心，其官声及崇高形象因此在历史上神奇地传唱不衰。这，正是包拯平素重德重名的价值所在。

传家有遗训

《吹剑四录》记：包孝肃公家训云：“后世子孙仕宦，有犯赃滥者，不得放归本家。亡殁之后，不得葬入大茔之中。不从吾志，非吾子孙。”其下押字又云：“仰珙刊石，竖于堂屋东壁，以诏后世。”珙者，孝肃之子也。

可见包拯不仅生前重名，就是对身后清名也有特别重视。这，更是修身有远虑的展示。

欧阳修：是文宗更是能臣

欧阳修（1007—1072），字永叔，号醉翁、六一居士。庐陵（今江西吉安永丰县）人，天圣八年省元，中进士甲科，北宋著名政治家、文学家、史学家。官至参知政事，太子少师。谥号文忠，世称欧阳文忠公。追赠太师、楚国公。是“千古文章四大家”和“唐宋散文八大家”之一。

儿时掠影

一

欧阳修的母亲梦见神人将一个满身白色毫毛的婴儿给她，继而怀孕生下欧阳修。欧阳修出生时一身都长有白毫毛，以后渐渐退落。（《孔氏谈苑》卷三）

《宋史·欧阳修传》载，欧阳修出身在一个狱吏之家，四岁时，他父亲去世，母亲郑氏守节自誓，哺养他的同时并充当他的启蒙老师，由于家贫无钱买纸笔，就用芦秆做笔在沙盘上写字。母亲兼职家严，常对他讲述其父生前廉洁奉公以及仁慈对待囚犯的故事。这等良好的教育，使欧阳修他日从政秉持怀柔方略，力求常理循常情。

二

《明道杂志》记，欧阳修应举时游京师浴室院，遇到一个和尚老看着他不转眼，修因之问道：“师父这是在相面吗？”

和尚回道：“然，足下贵人也。然有二事：耳白过面，当名满天下；唇不掩齿，一生常遭人谤骂。”

和尚的面相结果如何姑且勿论，就欧阳修的五官可见一斑。

勤政之余逸才展

一

《宋史·欧阳修传》载，举进士，欧阳修以南宫第一名登甲科，先做西京推官，好古文，与尹洙结成师友、和梅尧臣至交，文章名满天下，于是调到朝廷任馆阁校校勘。任上因范仲淹反对吕夷简专权被外放，欧阳修书责司谏高若讷附吕不知羞耻，欧阳修由是被贬为夷陵令。

夷陵是个偏僻小县，欧阳修到任后，想找《史记》《汉书》来读都找不到，只好将县衙中存档的多年公案拿来反复审阅。他从这些档案中看到冤、假、错案不可胜数，以无为有，以枉为直，违法徇私，灭亲害义，无所不有。惊叹道：“夷陵荒远小县尚如此，天下的公案也就可知矣。”从自以后，欧阳修料理政务一点不敢疏忽。（《能改斋漫录》卷十三）

这也告诉我们，一个人的见识在相当程度上是从践行省身中来。欧阳修也就在这一时期，在省身中作《朋党论》进献仁宗，《朋党论》由是传播天下以至成为千古名篇。

这里须得指出的是，还在宋帝国开国之初，宋太祖防止结党营私，在建隆三年九月就下诏诫告：“及第举人，不得呼知举官为恩门、师门及自称门生。”（《续资治通鉴长编》卷三）天圣七年三月，宋太宗又重申：“所下诏，宜增朋党之戒。”（《续资治通鉴长编》卷一）

由此可见，《朋党论》是一篇挑战宋帝国祖宗家法的文章，它一表欧阳修胆识超人的同时，也给庆历党议平添证据，这就是前面为什么说这篇文章的发酵在客观上拆了“新政”之台。

二

庆历三年，欧阳修回到朝廷任知谏院，成为“新政”的支持者。杜衍、范仲淹等“新政”改革者因党议罢官外放，欧阳修慨然上疏抵触朝中权贵，谪黜同州知府。因修《新唐书》，又调任朝廷翰林学士。按《默记》卷下记，欧阳修这时已成为保守派的眼中钉，于是借他妹妹与家奴私通犯官一事，便在密谋中诽谤他与妹妹乱伦，好在他妹妹以死来表示家兄无辜，欧阳修这才免遭人生污陷。但是，仍将他罢官外放，知滁州。

欧阳修这时看到政治本质存在邪恶的一面，更看到社会正义和社会公平才是政治的价值所在。因此，欧阳修认定从政贵廉洁，耿介是真人。

三

欧阳修知滁州，建醒心亭和醉翁亭于琅琊幽谷，命幕客谢某杂植花卉其间。谢问所植名品，公即书纸云：

浅深红白宜相间，先后仍须次第栽。
我欲四时携酒去，莫教一日不花开。

就“诗可以群”而论，欧阳修在滁州的雅致、放浪在这诗里可见一斑。再读他的《醉翁亭记》，大可想见欧阳修不随时俗的豁达、自信与风流。

《郤扫编》卷下及《滁阳郡志》载，文忠公诏守滁州，为醉翁亭作记，《醉翁亭记》这篇文章一问世，天下莫不传诵，家至户到，当时为之纸贵。请苏东坡大书此记而刻之。刻石成，远近争传，疲于打拓。山僧云，寺库的毡子因打碑拓片用尽后，取僧堂卧毡来打碑拓片。这是商贾来供施多求《醉翁亭记》石刻的拓片，商贾过关征税，拿这拓片赠税官可免税。

欧阳修的诗词在当时不仅成为宫中的争读物，更是传唱在民间。《后山谈丛》卷三记，文元贾公居守北都，欧阳修出使北辽回国经北都，受贾公盛情款待。贾公为了接待好文忠公，叫了歌伎在酒宴上助兴。之前，告诫歌伎准备助兴的歌曲时，见歌伎只点点头，很不放心，再次叫都厅使向歌伎打招呼，歌伎还是只点点头。贾公也只好怪叹："荒远小邑，不事风雅。"

开宴祝酒助兴时，歌伎向欧阳修奉杯敬酒，歌以为寿，欧阳修把盏侧听，每以为满，开怀尽饮。贾公为之惊诧不已，事后一问，才知歌伎在酒宴上所唱的歌，尽是欧阳公的词。

这两事，大可想见欧阳修诗文当时在民间流传之广泛。

四

欧阳修的清标，也随着他的外放结束而告结。《耳贵集》卷下有记，欧阳公《论琴帖》颇有良感：为夷陵今时，得琴一张，是河南刘巩常。做舍人，又得一琴，乃张粤琴，做学士后，得了一张雷琴。虽说官愈大，琴愈贵，欧阳修抚琴则意愈不乐。在夷陵，恬适之日浸身于青山绿水，没有俗累，琴虽不佳却尽释人意。做舍人、学士，日奔于尘，不忧于声名就忧于利禄，日无清思，琴虽佳，然而抚之则意昏念杂。只好仰天长叹："何由而乐？"

他这才知道："乐不在器，若心恬自释，无弦可也。"

如是躬于自省，想必这也是欧阳修能道出"醉翁之意不在酒"的内因。

五

欧阳修任开封京尹，是接任包拯，一改包拯的政猛，循于常情，持怀柔政策，“京师亦治”。有人以包拯的峭严问他，他说：“凡人才性不一，各有长短。用其所长，事无不举；强其所短，政必不逮。吾亦任吾所长尔。”

这是欧阳修的政见也是他任地方官的一贯施政手段。但是，我们不能因此否认包拯施政威严的强治手段。在“人治”条件下，应该看到政治的最佳手段是恩威并具，亦即峭严与怀柔轮用。包公的严政之后，欧阳修为政宽简，可谓正得时。

欧阳修的宽简政举，不等于放纵和省略，强调的是举政宽平，简要得当。他曾说：“以纵为宽，以略为简，则政事弛废，而民受其弊。吾所谓宽者，不为苛急；简者，不为繁碎耳。”（《宋史·欧阳修传》）

这里所要指出的是，施政之宽严，皆应依形势而为。成都武侯祠有联语诫：“不审势，宽严皆误。”

古文及古文运动

一

欧阳修调回朝廷，《新唐书》成，拜礼部侍郎兼翰林侍读学士，工作之余，独自专修《新五代史》。三年后拜枢密副使，越年升参知政事，也就是做副宰相了。也就在这一时期，他干了一件益当代而功千秋的事，这就是用手中权力和自己文坛领袖的威望，不失时机地掀起古文复兴运动，颇有成效地改变了社会文风。

古文及其这场文化复兴的由来。《辞海·古文》条注：“文体名，唐韩愈反对魏晋以来骈俪的文风，提倡先秦汉代普遍使用的散体文，并称散体为古文。”

这里须得补充的——

一、唐代的韩愈和柳宗元反对骈俪文，不仅仅是骈文的形体，更反对骈文的内容言之无物，因而重申“文以载道”，主张“文统”和“道统”并举，也就是道德文章。但是，韩柳二人的“道”也是不同的：

——在韩文的《原道》《原性》《师说》等等一系列文章中，可见韩愈偏重的是儒道，尤其在《原道》中叙尧以至孟轲，便道出了他要传承的“道统”是儒，然后佐以其他。

——柳宗元的“道”则偏重于“自然之道”，也就是刘勰《文心雕龙·原道》篇所说：“心生而言立，立言而文明，自然之道也。”这在《永州八记》等等篇什中是显而易见的，柳宗元本人所以在《答韦中立书》里透露了他的道“参之”先秦诸子不啻是儒。

二、韩柳反对骈俪文的原因，是骈俪文尤其南朝以来的骈文剽他为己，了无新意，视藻饰为典雅。骈文也就在相当程度上成了死文学。韩柳因而主张回到先秦汉代古文，其实也就是现实主义文学。

三、就韩愈在文学史上个人作用而言，即古文的践行者和倡导者。

四、胡适先生之所以视唐诗为活文学，就在于唐诗强调“心生而言立”。从这个意义上讲，唐诗可谓现实主义下的“古文运动”。这其中的“道统”各又不同，读李杜不难可见，杜诗是以儒家慧眼作构，李白则以道家视野入诗。

据以上四点，说“欧阳修却重于继承韩愈的文学传统”（《中国文学史》第三卷第 42 页），也不尽然。

——读《朋党论》，是载了儒道，但读《醉翁亭记》，所载之道显然也就是自然之道了。所以，应该说欧阳修继承了韩柳的文学传统。

——说欧阳修十分反对骈体也欠妥，《醉翁亭记》就是骈散合一的“传奇体”。

苏轼说欧阳修 “论大道似韩愈，论事似陆贽，记事似司马迁，诗赋似李白”。（《宋史·欧阳修传》）这是说欧阳修的文章气势纵横畅达，立论精辟，叙事生动，写景自然，抒情真实。文道并举，所载之道不尽是儒。可谓中肯之论。

二

欧阳修当时面临的社会文风，不仅是骈俪文中的死气依在，更有“西昆体”和“太学体”大行其势。“西昆体”的致命伤在“淫巧侈丽，浮华篡组”。（石介《怪说》）“太学体”病在为用语“险怪奇涩”，表意绮靡不振。

这三者因之成了欧阳修一心扫除的文化垃圾，所以有的放矢地掀起古文运动。他有引领风骚的才华和威望，得天时、地利、人和共助，古文运动不仅令当时的社会文风焕然一新，更在历史上产生了深远的影响。

欧阳修扫除文化垃圾，兴起和领导古文运动，上有仁宗支持，可谓得天时；身边有尹洙、梅尧臣、苏舜钦等朋辈助阵，下有曾巩、苏轼、王安石等门生推动，当是得人和；革新方式则是从学校到考场入手，应算得地利。

之前，柳开、孙复、穆修及石介诸公都想开创一代文风，都没成。窃以为柳开等人除缺天、地、人支持外，其才气、威望以及引领魄力都不够。可见开风气非引领时代风骚者不可。

《插图本中国文学史》说：“但自欧阳修、梅尧臣诸人起，‘西昆体’方才不扫而自空。”开风气并非如此轻易，从来的文化垃圾，都需革新之帚去扫除。据《程史》和《梦溪笔谈》卷九记，欧阳修为御试考官，凡是用“太学体”为文的考生，坚决罢黜。所以，被罢黜者还在街上围着欧阳修闹事，连街上的巡逻吏卒也无法平息这种骚乱。但欧阳修还是坚决予以痛斥和压制，如是不懈努力，才将一百多年的靡然之风扫除，社会文风为之一变，宋人的意识也随之更新。

恰如今天再用“险怪奇涩”的文笔去谈艺，莫管是洋的还是古的，都不是什么学术高深的展示，习惯是语言的裁判，文法发达与否系思想发达与否的侧影。这，也就是古文运动产生的历史意义。

文宗是这样练成

一

笔者一再说天分和勤奋，是一个杰出的文学家必须具备的两个内因，迄今为止，历史上的杰出文学家还找不出一人欠缺这两个内因的。当然，一般文学无须具备这两个内因，尤其是跟风颂圣的应声虫，只管充当应声器，也就无须天分和勤奋。

欧阳修的才华，在古叫才高八斗，在今天叫太有才。这份才华的来源，一是他天分高，二是勤奋惜时。《宋名臣言行录》前集卷二说：“（欧阳）公幼敏悟过人，从里闾借书读，或抄之，抄之未毕，而已成诵矣。及冠，嶷然有声。”他天资聪明，敏而好学，记忆惊人，读过的书大都能背记下来。加之母亲做蒙师，良好的教育和刻苦奋进造就了他一手好文章，以至不到二十岁就颇有声望。

《清波杂志》卷十一记，欧阳修好阅能力非凡，说他读书五行俱下。他成为近视眼，可能与这种读书习惯有关，及老，视力更是有碍阅读，只好使人读而听之。但在官衙里看写公文，却是自看自写。孙公莘向欧阳修请教治学秘诀，公回道：“治学无秘诀，唯有勤读书而多，为之自工。世人之患在作文字少，又懒读书，每一书出，必求过人，如此少有至者，疵病不必待人指摘（责），多作自见（省）之。”

孙公莘把这些话书在壁上作座右铭，叫治学三多：多读、多悟、多写。这是大部分的读书人都知晓的，大多难以做得到，就在勤奋不够，学无趣。

欧阳修本人也在《归田录》卷二中坦言："余平生所作文章，多在三上，乃马上、枕上、厕上也。盖唯此尤可以属思尔。"

二

欧阳修作文既毕，贴之墙壁，坐卧久观，改正尽善，才拿出去让人家看。他修改自己的文章从来是不厌其烦，有的文章改到初稿时的文字一个不留。精审如此，足见治学之严谨。

欧阳修为韩魏公作《相州昼锦堂记》，韩魏公最得爱的句子是该文的"仕宦至将相，富贵归故乡"。过了数日，欧阳修又派人送一个稿本来，说："前一个稿本有不当之处，当换成这个稿本。"

韩魏公拿着后一个稿本细读再三，和前一个稿本不同之处，是在"仕宦""富贵"下各添一个"而"字，读起来，文义更为畅意。

因此，《过庭录》说："前辈为文不易，皆如此。"

即便如此，名士张安道认为该文还有不尽如人意之处，《桐江诗话》说，欧阳修作《昼锦堂记》，刻石，直到开石了，该文才作出来，将碑本寄张安道，安道看后嗟叹良久："可惜不先寄老夫，使此记遂有小病，'以武康之节，来治于相'，两句中可去一字：不然，'以武康之节来治相'，又不然，'以武康来治于相'。"

欧阳修知道后，更加严谨，晚年改定平生所文，用思甚是刻苦。夫人不解，劝道："何必自找苦吃呢，天下还有不畏先生嗔（盛大）耶？"

欧阳修笑着回道："不畏先生嗔，却怕后生笑。"（《寓简》卷八）

古之贤达，贤在行文作事德行为上，虑后生可畏，最怕后人耻笑。

人品与文品

一

《燕翼贻谋录》卷四说，欧阳修少孤，得到叔父助学，欧阳修做高官后，向仁宗乞一官职（员外郎）回赠叔父，在乡里传为美谈。

《读书镜》还记，欧公与尹师鲁、苏子美俱出杜祁之门。欧阳修身价高贵后，和杜祁一起，仍然行门生礼，和祁公诗云：

公斋每偷暇，师席屡攻坚。
善诲常无倦，余谈亦可编。

又云："昔日青衫遇知己，今日白首再升堂。"

从这些文字里，大可看到欧阳修知恩图报的一面。

二

欧阳修对待顶头上司仁宗，多有逆耳话，但也有格外讨皇上欢心的时候。欧阳修有一次和同僚王禹玉、范忠文按惯例向宫中进春帖子（献给宫庭的诗词），皇后、贵妃皆有，而温成皇后刚去世，词臣所以缺而不进献。然而仁宗思念亡妻，就很不高兴地说："词臣观望，温成独无词。"

诸臣见皇上的脸色不好看，诚恐之下，王、范二人仓促作不成，欧阳修却从容回道："臣倒为温成皇后作有一首，忘带来。"于是取小红笺书之：

忽闻海上有仙山，烟锁楼台日月闲。
花下玉容长不老，只应春色胜人间。

书罢既进，仁宗大喜，词臣们总算赢得一回君臣乐。

王禹玉知道欧阳修是即席发挥，惊其才思敏捷，敬佩地抚着欧阳修的背说："君文章真是含香丸也。"

可是，欧阳修进献的春帖子，也不尽是"含香丸"，欧阳修在翰林院时，仁宗乘闲阅览御阁春帖子，读而爱之，对左右说："欧阳修之辞也。"继而叹道："举笔不忘规谏，真侍从之臣也。"（《宋名臣言行录》后集卷二）

这里所要指出的是，进献诗词是欧阳修作词臣的职责，是欧阳修诗词的次要部分。读《六一词》《近体乐府》可见其深邃的诗意，清丽的笔调都是作者潜心向民歌索取"生之力"，引领时风却依着自己的心性有感而发，向读者呈献出时代的风雅。

三

晏殊篇已叙，欧阳修是晏殊提拔的后进。但是，二人都是性情中人，发声也就不尽相同。据《东轩笔录》载，欧阳修和晏殊平素相处是极其要好的，但有一次即席赋雪诗后，稍有失和。一日，晏公指着韩愈画像对坐中客人说："韩愈这个相貌就类似欧阳修，安知欧阳修无韩愈之后也。我看重的是欧阳修的文章，并不看重他的为人。"

欧阳修亦对每人言："晏公小词最佳，诗次之，文又次于诗，其为人又次于文也。"

这些，既不是文学批评，更不是诤友忠言，正是文人相轻的老毛病偶然一犯。

欧阳修和王安石相识及相处就更不大对劲了，《石林避暑录话》卷二记，王安石未识欧阳修前，曾子固虽然竭力向欧阳修举荐，王安石因直拗而无缘见面。至和年间，欧阳修外放还朝，二人面晤，欧阳修以"翰林风月三千首，吏部文章二百年"之句示好。

但是，王安石并不引以为知己，酬道："它日倘能窥孟子，此身安敢望韩公。"

欧阳修一听王安石自我期许于孟子，把他看作韩愈，也没有什么不安。日后还是在仁宗面前竭力举荐，可见欧阳修在提拔后进上唯才是举。

四

在奖引后进上，也不是个个都像王安石这样待他，曾巩、苏洵及儿子苏轼、苏辙都是他的荐引，一个个由百姓显贵而名天下。《韵语阳秋》卷十八记，王安石、苏轼皆为欧阳修所引，欧阳修读二人的试卷，便知他日不在人下。赠安石诗云："老夫自怜心尚在，后来谁与子争先。"

苏轼登乙科，以书谢欧阳修，欧阳修对梅圣俞说："老夫当避此人，放出一头地。"

王、苏二人在当时不过默默无闻的一介书生，欧阳修知于未遇之时并为他们让道铺路，实是贤达所为，以至传为千古佳话。《宋史·欧修传》之所说："超然独骛，众莫能及，故天下翕然师尊之。"

五

欧阳修与宋祁合撰《新唐书》，宋撰列传，欧作纪、志。书成，朝廷以为一书不能两体，令欧阳修删修列传以为一体。欧阳修受命后，退而叹道："宋公是我的前辈，岂可篡为我意？"于是一字未改。

《新唐书》送书局刊印时，御史又按旧例提出，只能署一个人的名，欧阳修的官位高于宋公，也就只能署欧阳修的姓名了。对此，欧阳修回道："宋公于列传亦功深者，为日且久，岂可掩其名而夺其功乎？"

于是，《新唐书》的纪、志署名欧阳修，列传署名宋祁，此例在以前的史书未有。

宋祁得知自己的姓名同欧阳修同署《新唐书》，喜而叹："自古文

人不相让，而好相陵掩，此事前所未闻也。”（《墨庄漫录》卷八）

这里，我们看到欧阳修不啻对知识产权的尊重，更见文宗风范。

六

《高斋漫录》记，欧阳修为王文正作墓志铭，王文正的儿子王仲仪送金盘盏十副、注子两把，作为润笔费，欧阳修辞之不受，开玩笑地说：“我正差侍者矣。”

王仲仪信以为真，用千缗买了两个侍女去进献他，他却去二侍女，谢绝道：“我是开玩笑的，岂敢收受。”

江邻几与欧阳修契分不踈（“踈”通“疏”，意为情分、缘分都投合），江邻几后来著《杂志》对欧阳修尤有诋毁，梅圣俞把江的诋语对欧阳修说后，欧阳修选择了沉默。江去世后，欧阳公仍抱好友的态度前去凭吊，且对其子说：“先公埋（墓志）铭，修当任其责矣。”

在当时，欧阳修一般是不会主动给人写碑铭的，欧阳修给死者作碑铭，是死者及其后人的一份殊荣。江邻几的碑铭作出来后，无一字贬之。

综上所述，可见欧阳修对前辈、对后生、对生者、对死故、对上级、对下属、对朋辈及至亲，都抱一颗诚心待之，表现了一代宗师的宽宏气度。

逢时绝非桃李辈，得道自保冰雪颜

《宋史·欧阳修传》：“修平生与人尽言无所隐，及执政，士大夫有所干请，辄面谕可否，虽台谏官论事，亦必以是非诘之，以是怨诽益众。”这是说，欧阳修和人交谈一向是直来直去，无所隐匿，当了副宰相，同僚有所求请，他向来是当面就说个可否。担任国家纪检的最高长官，不唯上，不计个人恩怨，惯于以是非问责，而是非标准则依于众人的怨恨和非议。

欧阳修到了六十岁，就向皇上辞职，皇上没同意，叫他知青州。在青州因反对青苗法，被王安石指责，他再次请求辞职。熙宁四年，戴着太子少师的官衔告老还乡，自号“六一居士”。

客问：“‘六一’何谓也？”

欧回道：“吾藏书一万卷，集录三代以来金石遗文一千卷，有琴一张，有棋一局，而常置酒一壶。”

客说：“是为‘五一尔’，奈何？”

欧回道：“以吾一翁老于此五物间，是岂不为六一乎？”（《诗人玉屑》卷十七）

此五物伴他平生，就是平生爱好高雅的诠释。也正因为平生拥这些高雅的爱好，虽一生屡遭污陷及诬蔑，在仕途上展才华却始终保持自己的风骨和节操，因此成为历史上影响深远的能臣和文宗。

神宗一朝

英宗不啻明哲

仁宗的三个儿子都夭折无望后，只好将堂兄濮安懿王赵允让的第十三子赵曙拿来立为皇储。

英宗赵曙（1032—1067），在位只有四年，期间多病，在北宋只能算一个过渡皇帝。这里，拿几件小事来看英宗的过人之处。

细微之处见品质

一

据《东斋记事》卷五载，赵曙的母亲任氏梦见两条龙与太阳一起坠落，就用衣服接着而孕赵曙。因此，赵曙在宣平坊宅第出生的时候，红光照遍居室，还有人看见黄龙在红光中游动。这则神化故事后来被《宋史·英宗本纪》录入，作为真命天子的凭说。

但是，赵曙能继大位，起决定作用的是他的品质还不是这神化。《宋史·英宗本纪》记，英宗自幼以孝行闻名，好读书，从不在宴集轻慢的场所进出，衣作服饰朴素即如寻常读书人。可见他的良好素质来自良好的教育和健康的生活习惯。他生父濮安懿王去世时，把家产分给几个儿子，英宗把自己得到的遗产全部都送给了将要离开王府的老用人们。这样的行为，不管是出于布德泽还是出于对弱势群体的关注，对一个准统治者而言，都是德政的预演，帝王术的实习。

二

对于人品测试，英宗明白：人对钱财的索取行为几乎就是人品优劣的说明书。因此，有一次，宗室中有人把他的金带借去后，拿了一条铜带来还，主事官把这事对他讲后，他却肯定地说："这就是我那条带子呀！"

这事对智者论，定是在捕捉人性的弱点，可见英宗城府之深。还有一次，他花三十万钱买了一条犀带，侍卫后来把这条犀带弄丢了，他也没有深究这侍卫。英宗对下属的过失如此容忍，展示了宽宏的器量。这是一个贤能的上司必须具备的德行。张飞、吕布的老命丢在下属手里，从根本上讲就是欠缺体恤之心。

仁宗依据这些事，看到英宗贤明聪慧，因而下诏册封他为皇太子。对此，他一再推辞后才应诏。离家之前告诫家人："为我守好咱们的屋子，一旦皇上有了子嗣，我就马上回来。"

这离家告诫，当是英宗坚守本分、心里没有非分之求的注脚。所以，《宋史·英宗本纪》在赞颂英宗的高风和仁德后，还指出历史上的两个反面事例："彼隋晋王广、唐魏王泰窥觎神器，矫揉夺嫡，遂启祸源，诚何心哉！诚何心哉！"这话是说，过去，隋朝晋王杨广、唐朝魏王李泰窥觎皇位，居心叵测，为篡位而颠倒是非曲直，所以招来杀身之祸。也都是为人不诚实，不守本分啊。

用能臣远佞人

英宗即位后，对祥瑞神化之类的东西并不感兴趣。《东轩笔记》卷四说，著作佐郎甄履献《继圣图》，大意是说英宗出生于辛未年，羊为未神，而东京的里巷间有"着个羊"的传言就是祥瑞之兆，又有什么天书降等等颂圣说。甄履进《继圣图》的目的，故然是想把自己的官位往上提一提，不料英宗见其进呈后，怒其妖妄，御批送中书令，削官停任。

前面已提说过，太宗、真宗、仁宗都有信听妖妄的毛病，为此都花了不少的钱去迎祥瑞、敕道观、作法事、修庙宇。英宗远妖妄，实为难得。

英宗即位就任用韩琦、富弼、欧阳修等持重老臣，使国家军政依然运行如常。这些能臣恪尽职守，对他忠贞不二。

英宗病重期，曹太后垂帘听政对他另生看法，韩琦等人居间调和的同时，以微妙手段维护皇权不旁落。《孙公谈圃》卷中记，英宗病愈，韩琦欲还政天子，而玉玺在太后阁，韩琦因请具素仗祈雨，玉玺因此随驾皇帝行幸，玉玺也就随之回到皇帝手里，不再归太后阁，曹太后无奈，对韩琦说几句气话而拆帘还政。

识才用才守法度

由于英宗非常重视读书和书籍的编写整理，治平三年，司马光写了一部《历年图》进呈给他，他大加赞赏。于治平三年命司马光设局专修《资治通鉴》，对司马光选聘助手成立书局编写历代君臣事迹的请求，批示将书局设在崇文院内，特允许其借调龙图阁、天章阁、昭文馆、史馆、集贤院、秘阁的档案及其史籍。

这是英宗在皇位上唯一办成的一件大事。

这时，苏轼的文章虽然闻名天下，可职位不高——时任修仁宗陵墓的材料督察使。英宗想破格擢升苏轼，召入翰林院，授予他知制诰职务。但宰相韩琦却说："要苏轼成大器，还需在下面历练，朝廷好好栽培他，全国的文人学士都会为皇上效劳。陛下倘若现在突然重用苏轼，天下士大夫恐怕会怀疑他的能力，这对苏轼是极为不利的。"

英宗欲让苏轼修起居注，韩琦说："修起居注与知制诰官职性质相同，官品接近，恐怕也不太合适。”

英宗要调苏轼到国家文教部门任职，宰相韩琦也按人事制度办，苏轼考试合格后，才任命为史馆官员。珍本书、名人手稿、历代名画由此进入苏轼的视野。

英宗对司马光和苏轼这两个年轻官吏的赏识和重用,可谓慧眼识才。但在苏轼的任用上，可见宰相手中具体掌管着人事大权。因此，蔡襄在其时免三司使外放及改革方案被否定，不能说与韩琦的晚年保守无关。

天不假寿　弊政依然

英宗无可奈何的是，这时的帝国财政已是入不敷出。以治平二年为例，这一年宋朝岁入虽达一亿一千六百一十三万银两，官费、军费等支出却达一亿二千零三十四万银两，在当时，已是严重的财政赤字，确实需要一个励精图治的皇帝来革除仁宗朝遗留的弊政。

英宗执政保守，面对弊政没有重大改革，因此，今天的学者多以蔡襄外放非议他，忽略了英宗向执政宰辅们提出了裁救积弊的问题，征求大臣们的意见；还下诏将各品级官员的转迁年限加以延长，在一定程度上缓解了“冗官”现象给朝廷财政造成的压力。为广纳人才、为国选贤，命宰执大臣推荐才行之士以充馆职。一个重病缠身的皇帝的最大作为，也只能如此了。

治平四年正月，英宗病逝，《宋史·英宗本记》赞道：“英宗以明哲之资，膺继统之命。”是说他不但深明事理，更具推行仁政的德行。

神宗的励精图治

宋神宗赵顼（1048—1085），英宗长子，治平三年腊月立为太子，次年正月即位，时年二十岁。在位十八年，干了两件事：熙宁变法、元丰改制。

熙宁变法的理论基础

据《东轩笔录》卷四记，神宗自幼聪明，做学生时，孙思恭为侍读（讲学），有一天讲《孟子》，讲到“多助之至，天下顺之。寡助之至，亲戚畔（通“叛”）之”。思恭为此引用许多古今顺助的故事来作释，而对亲戚叛之者，就隐而不讲，为此，神宗问道：“微子，纣王的叔父，抱着祭器去投周王朝，难道就不是亲戚叛之吗？”

思恭释然骇服。

侍读向神宗灌输儒家思想，神宗却喜欢上了《韩非子》，思想上深受法家“富国强兵”理念的影响。无独有偶的是，在这一时期，他读了王安石的《上仁宗皇帝言事书》，看到王安石的治国理财观念也是“富国强兵”，因此十分赞赏。

在中国的历史上，法家的富国理念就是不择手段重敛于民，舆论上宣扬国家财政的富有等同于人民强盛。强兵，也就是先军政治。皆与儒家的“节用而爱人”“使民以时”相悖。

变法伊始

神宗即位后，由于国库空虚，财政赤字严重。这使他认识到自己要想在皇位上坐下去，就必须立即革除弊政，于是向韩琦、富弼、欧阳修等元老道出政治变革意愿。元老们世故老成，早无庆历年代的改革热情。神宗因而在即位的第四个月，将王安石从江宁知府任上诏进京，破格入对。按朝廷规定，皇帝私下召见下属，是要通过一定的程序，破格入对就是不要这些召见程序。对应诏者而言，这是一种特殊待遇。

君臣面晤，由于改革旨趣共同而一拍即合，王安石于是步入宋帝国的权力核心，拉开变法序幕。这一年，王安石四十八岁，已有二十六年的从政经历；神宗二十岁，从政经历等于零。熙宁二年二月，神宗力排众议，任命王安石为参知政事。王安石由此推出新法。为了有效地推行新法，神宗还特别设立了实施新法的“制置三司条例司”。在王安石的举荐下，神宗起用了朝中的新法拥护者——吕惠卿、蔡确、曾布、沈括、薛向等新人——进入“制置三司条例司”，制定新法并领导实施。变法当年，青苗、免役、保甲、农田水利、均输、市易、保马、方田均税等新法相继出台实施。

虽然是“三冗”导致宋帝国的财政赤字严重，但王安石没有向“三冗”动手，制定的新法是将财政赤字转嫁于社会勒索。因此，尽管王安石说新法是“民不加赋而国用饶”，新法却成为纳税人的“别为一赋”。司马光、苏轼等大臣认为新法有导向社会动乱的危险，于是竭力反对。神宗基于“政事之先，理财为急”（《宋史·食货志下八》），为了很好地贯彻执行新法，排除干扰，将司马光、苏轼等新法反对者一律贬职外放，并于熙宁三年将王安石提升为宰相，使王安石独断于新法的施行。

内忌外宽

一

新法实施后，国家财政火速好转，从而证明新法取得了前期胜利。但是，新法基于“杀鸡取卵”而成绩凸显，败绩也就随着“取卵”后出现，经济发展和社会形势不像新法前想象的那样理想，王安石也因变法失败而罢相。其内因，我们在王荆公篇去讲，这里要指出的是，神宗和王安石的合作，外表上是精诚合作，内心却是相互猜忌，就《涑水纪闻》卷十六所记可见一斑——

皇上以外事问安石，安石反问：“这些事，陛下从哪里得来的？”

皇上说：“卿何必问所从来？”

安石说：“陛下与他人为密，独隐于臣，这哪是君臣推心之道嘞？”

皇上只好承认：“这些事是李评跟朕说的。”

王安石因此十分厌恶李评，于是排挤李评并将其逐出京城。不久，王安石也有一事密告皇上，皇上问这消息是从哪里得来的，王安石不肯说，皇上却责道：“朕不隐瞒卿，卿独隐瞒于朕乎？”

王安石不得已，回道：“是朱明之跟臣讲的。”

皇上于是厌恶朱明之。朱明之是王安石的妹夫。王安石出巡金陵，吕吉甫欲把王安石宠幸的人安置在皇帝左右，因而举荐朱明之为侍读，皇上不准许，问：“安石还有个妹夫是谁？”

吕吉甫说是沈季长，皇上即召沈季长为侍读。吕吉甫又把自己的兄弟吕升卿安置为侍读。升卿无学术，每次进讲，舍经术而言钱财利害，营缮等事。皇上偏向升卿问经术，升卿不能答，目示沈季长代答，沈季长屡屡词屈，皇上问从谁受此义，季长回道：“受之王安石。”

皇上笑起来说：“然则且尔（却是如此这般）。”

这则故事告诉我们：

一、政治交易显然不是诗人酬唱，作为政治家的王安石显然不知政治交易有买就有卖，更不知出卖他人而自己也可能被出卖。

二、从这两手交易结果去看，就不难发现神宗了解王安石，王安石不了解神宗。孔夫子早就提醒从政者：“不患人不知，患不知人。”因此，王安石当初向欧阳修示意自己是代替孟子者，其意愿也就只能是狗尾续貂的表现了。

三、政治合作在许多时候就是智力较量。王安石没有较得过神宗，便是政治智慧和能力差次的说明，所以，这就不仅仅是神宗见笑。

尽管神宗和王安石在内里如此猜忌，神宗在外表上对王安石还是十分宽容的。因此，神宗既退司马温公，朝堂正人由是外放，重用王荆公尽变已有成法，重敛百姓，天下为之纷乱不已。这是商鞅到王安石的法家施政都易产生的社会病，也是他们无法解决的社会病，就像饮鸩止渴那样。

二

神宗一日侍太后，同祁王至太皇太后宫。太皇太后说：“我闻民间甚苦青苗法、免役法，宜因赦罢之。”

神宗很不高兴地说：“这都是利民的两部法规，没有给民众带来困苦。”

太皇太后说：“王安石诚有才学，然怨之者甚众，帝欲爱惜保全，不若暂时放到地方，年终再召回京城就是了。”

神宗说：“群臣中唯有王安石横身为国家当事。”

祁王说：“太皇太后的话，可是至理之言。陛下不可不思。”

神宗于是发怒地说：“是我败坏天下了耶？汝自为之（你来当这皇帝）。”

祁王哭诉道：“何至是也？”

彼此不欢而散。（《邵氏闻见录》卷三）

不管神宗的态度好不好，史实证明王安石第一次罢相的内因及二次拜相，完全是依着太皇太后的示意。但王安石在二次拜相后觉察神宗对他不再信任，知道自己被吕惠卿出卖，也就只好借病辞职不干了。

这里，我们从皇室的对话里，不难看出王安石变法受王公大臣、民众的反对以及后宫高压。加上他弟王安礼、王安国的反对，可谓“寡助之至，亲戚叛之”。

王安石变法失败虽是客观现实存在，但神宗这时不承认变法失败，《宋史·神宗本纪》说“帝终不觉悟”，窃以为不是“终不觉悟”，实在是碍于脸面光彩。所以，他说“王安石横身为国家当事”，只能视为变法自慰。

《流民图》与二次罢相

《涑水纪闻》卷十六记，熙宁年间，因新法实施，社会经济一片凋敝，流民遍及宋帝国的各大城市，熙宁七年三月大旱，在东京，有一个叫郑侠的官吏穿行于流民间，与流民交谈并将其言及情景记录下来，作密奏向神宗进呈。郑侠向神宗进呈的，除密奏之外，还有一幅名曰《流民图》的手卷。密奏要求开仓赈民，取缔新法。还说：“陛下这样做后十天不下雨，砍我的头来惩罚我的欺君之罪。”

《流民图》画的是灾民典卖妻子儿女、拆掉房屋、流离失所、惶惶不可终日的凄惨情景。

司马光说：“人主居深宫，或不知之，（郑侠）乃画图并进。”

《宋史·郑侠传》说神宗在朝廷上看罢郑侠的密奏和《流民图》后，不断叹气，袖揣《流民图》，困苦地回宫，一夜不能安睡，来日开仓赈民并令各部门上奏百姓财产流散原因，接着罢去了方田、保田等新法。

过了三天，天降大雨，群臣向神宗祝贺，神宗才把《流民图》拿给辅臣们看，并指责辅臣们的过失。

这，只是王安石二次罢相的表面原因，其内因是是王安石在致吕惠卿信中说“不要让皇上知道（勿使上知）”，吕惠卿将这信出示神宗，王安石于是失去神宗的宠信。因此，王安石乘马入宣德门被门卫打下马（之前乘马入宣德门受门卫敬仰）还被蔡确上疏指责，使王安石看到自己受神宗冷落，只好借病辞职不干了。

至于王安石二次辞相还一再二再地写辞职报告，神宗逼使王安石辞相还再三挽留，皆是君臣基于礼仪而客气分手的客套表演。王安石传记把这一表演描成政治爱恋依在，自是忽略了猜忌和防范本是帝王术的基本法术。

就宁熙变法的得失上讲，《流民图》说明变法得不偿失。政治上的得不偿失，就可控而言，表象是自找麻烦，实质上正是神宗执政失败的注脚。

元丰改制

熙宁末年，神宗因天下大旱和百姓流离，下诏议改年号，以祈风调雨顺。朝堂初拟年号曰“大成”，可神宗说：“不可以！成字在本义上是‘一人负戈’。”继而又议，拟“丰亨”，神宗又说：“更不可！亨字为子不成，唯丰字可用。”由是改年号为“元丰”。（《石林燕语》卷一）

神宗并没有停留在年号的好听上，他改元后即着手制度改革。

他在熙宁二年，也就是八年前颁布的九部新法，可以说是经济体制改革，这次，神宗着手的是中央机构及人事制度的改革。

——“台、省、守、监之官实典职事，领空名者一切罢去，而易之以阶，因以制禄。”用今天的话来说，亦即裁减干部，建立部门名额配置和配置的名额机制，使其名实相符，杜绝吃空饷和一官多职多禄。

——消除“三省长官不预朝政，六曹不厘本务”的弊政。也就是精简机构，去除冗官。

——“卿士大夫莅官居职，知使责任，而不失宠禄之实。”这是将全国官吏的工资统一发放，以便考核和调动。

上述，总地说来就是精兵简政，减轻财政开支。“冗官”“冗费”是真宗初王禹偁就提出的政改方案，“庆历新政”中有关整顿吏治的目的也是去除“冗官”“冗费”，这六七十年的政治痼疾如今在神宗的“手术刀”下，“二冗”虽然没有被彻底切除，至少清除机构的重叠及紊乱，为宋帝国以后制度设定了基本框架。

但是，我们也应看到元丰改制并未涉及导致军队孱弱的兵制，“冗兵”之弊及军事弱国的基本面就不可能得到根本改变，“富国强兵”的初衷也就不过一场幻想。

《朱子语类·自熙宁至靖康用人》有记，问：“神宗元丰之政，又却不要荆公。”

朱熹回答说：“神宗尽得荆公许多伎俩，更何用他？到元丰间，事皆自做，只是用一等庸人备左右趋承耳。”

国家制度改革本是公共行为，其手段正当与否，在“朕即国家”的“人治”条件下，皇帝改革制度的一切手段论说都是正当行为。朱熹在这里用“伎俩”一词，显然是对新法持否定态度。

后人评说

神宗一生致力于制度改革，但史家对他评价不高，《宋史·神宗本纪》说他即位后，“不治宫室，不事游幸，励精图治，将大有为。未几，王安石入相，安石为人，悻悻自信，……青苗、保甲、均输、市易、水利之法既立，而天下汹汹骚动，恸哭流涕者接踵而至。帝终不觉悟，方断然废逐元老，摈斥谏士，行之不疑，卒致祖宗良法美意，变坏几尽。

自是邪佞日进，人心日离，祸乱日起，惜哉。”

这是说，神宗没有泡在嫔妃群中，也不喜欢游乐，而是集中精力治理国事，本来是一个大有作为的皇帝。但他即位不久就重用王安石为相，安石这人固执任性，听不得半点反对意见，更变祖制，推行青苗、均输、市易等等新法重利盘剥百姓，百姓哭天抹泪，致使社会动乱不安。神宗不但不觉悟，还将元老罢官外放，不同政见者更是遭到外放，祖宗良法被弃，多年开放的言路从此闭塞，执政一意孤行。因此，人心日见背离，党争生起因之祸国。实在令人痛惜、悲哀。

这里，我们应看到神宗“富国强兵”的基础不是人民安居乐业，因而把“理财为急”方针指向敛民，这就需要王安石的“拗”劲来为他勒索人民。因此，宋史家说“帝终不觉悟”，是对神宗财政的误读。这就告诉我们，神宗不知道没有人民的安居乐业，也就不存在“富国强兵”的前提。神宗基于这一无知，失去了宋帝国的根本——人心。

——王夫之在《宋论》中说：“夷考宋政之乱，自神宗始。神宗之以兴怨于天下，贻讽于后世者，非有奢淫暴虐之行，唯上之求治也亟，下之言治者已烦尔。”

王夫之指出宋朝内乱始于神宗，其根源在神宗振兴之策不当反遭天下怨恨。而后世指责，归根结底还在他寻求、推行振兴国家的经济政策急速不慎重，从而扰乱了社会的既有秩序。

王夫之这话是有道理的，王安石在不到一年的时间就制定九部经济法规并在全国施行，应了“欲速不达”的古训。按现代的经济理念，马歇尔就说得更清楚了：“经济学家在发挥想象力时还要保持谨慎和含蓄。”“任何激进的理想主义都是不恰当和不负责任的行为。”（《经济学原理》第 11 页）

结语

仁宗朝遗留下的弊政是“三冗”，熙宁新法丝毫不涉“三冗”改革，而在“别为一赋”上打主意，显然成为一场错位的改革。因此，神宗励精图治没有产生“富国强兵”的结果，反而导向社会动乱不安，其根源还在不知人民安居乐业才是“富国强兵”的基石。神宗元丰改制的成就因而被埋没，也因此说明神宗无视改革程序至关重要。颠倒了改革程序，这就犹如好钢没有用在刀刃上，用在了刀背上。这样的政改手术刀不但没把弊政割掉，其党争有似安在刀背上的钢刃，反而成为伤害自身的利刃。神宗改革因之在经济上导致北宋进一步衰败，在政治上导致朝廷完全撕裂。

荆公性情及才学

王安石（1021—1086），字介甫，抚州临川（今江西临川）人。两度拜相，世称王荆公或荆公，是他官至荆国公。北宋著名政治家，文学家，唐宋散文八大家之一。说他是文字学家，是他著有《字学》一书；他有数篇经济论文入选《中国古代经济思想名著选》，算得上经济学家了；荆公还可称思想家，是他有荆公新学畅销于有权有势之时；如果不以成败论政改，他还是伟大的改革家。

本篇探讨荆公的性情、能力和学问，试问荆公在这些“家”里得失几何。

才志没被邋遢掩

一

王安石自幼就好读书，记忆过人，一经过目就终生不忘。写起文章来，下笔如飞，看似不经意，通篇既成却见精妙。《温公琐语》还说：“荆公议论高奇，能以辨博济其说，人莫能诎。”

曾巩把王安石的文章拿给欧阳修看，欧阳修已十分赏识。

宋人蔡絛在《铁围山丛谈》卷四中说，昔与小王先生言：“王介甫何至于无后？”

小王先生说："介甫，上天之野狐也，又安得有后？"

吾默然不平，归来对鲁公（曾巩）说："有是哉！"

《西清诗话》卷中记，元祐年间，苏轼奉祠西太乙，见壁上有王安石题诗：

杨柳鸣蜩绿暗，荷花落日红酣。

三十六陂春水，白头想见江南。

苏轼久看不舍，惊叹神来之笔，有赞："此老野狐精也。"

这里，《铁围山丛谈》谈的是狐仙，苏轼之说是按佛学指外道异端。而这两种说法都道出王安石的文章独步天下。王安石的文章之所以能独步天下，一是天资聪明，再是特别勤奋。

但是，王安石志向不是当文学家，《坚瓠丙集》卷三记，王介甫乃进贤饶氏之甥，锐志读书，舅党以介甫肤理如蛇皮，目之曰："行货亦求售耶（你这身皮子卖跟谁呀）？"

介甫举进士，以诗寄之：

世人莫笑老蛇皮，已化龙鳞衣锦归。

传语进贤饶八舅，如今行货正当时。

从这诗里，我们不仅看到作者的文学天赋表现在非凡的想象力附丽于心志，更看到高远之志是要把持朝政。

二

王安石的形象，据《钱氏私志》记，有个面相师跟神宗看了相后，神宗问面相师："王安石的相如何？"

相师回道："安石牛行虎视，牛行足以往，虎视足以威。"

别看王安石长相猛男，确是个极不讲卫生的人，其邋遢程度，据《石林燕语》卷七说，他在作群牧司判时，好友韩维、吴充对他肮脏恶臭的一身看不下去了，每两个月务必拉他去定力院洗澡。但不常换衣，使身上布满虱子，身痒难忍时，就把内衣脱下来放到火炉上一烤，成群结队的虱子在烘烤下掉进火里，发出"噼噼啪啪"声。经年如是养虱和除虱，所以才很有体验地写出《烘虱》诗。

怪有意思的是，他的妻子却有洁癖。据《萍洲可谈》卷三记，王安石的夫人吴氏有洁癖，不单怕自个恐污，还恐身边的人被污。他们的长女出生，吴氏回江宁娘家，娘家送了件绮縠制衣给她女儿，这是当时最高档的衣料。但有一天，家猫在这件衣服上睡了一会，吴氏认为被弄脏，即叫丫环将这绮縠制衣弃之。

吴氏好洁如此，偏偏就不嫌王安石这个邋遢汉，当算是世间奇缘了。

道不同何相谋

一

庆历二年，王安石进士及第。《小草斋诗话》卷四记，韩琦以资政殿学士知扬州，王安石任扬州佥判。王安石常读书至半夜，倒床醒来已是上班时间，怕上班迟到，经常是不盥漱便去上班。作为顶头上司的韩琦误以为王安石年少好夜饮，放纵自己，所以对王安石说："君年轻，可不荒废读书学习而废弃了自己。"

王安石也不跟韩琦解释，只在事后对他人说："韩公不了解我。"

韩琦知道实情后，想收王安石为门下，王安石终不屈就，而且还在《熙宁日录》中多记韩琦的短处，并作《画虎图诗》诋毁韩琦。

《晁氏客语》记，王安石与韩公议事不和，很气愤地说道："如此，则是俗吏所为。”

韩公反讥道：“公不相知，韩某真一俗吏也。使尔多财，吾为尔的主宰，共财最是难事。”

所以，《宋名臣言行录》后集卷六说，韩琦虽然看重文学，但绝不以文学的观念来处理政务。王安石则喜欢从文学角度引用古义来讨论政务，韩琦认为“其言迂阔”，所以多不听从。王安石秩满（任期届满）去，给韩琦的离职报告里，也多用古字，韩公看后笑起来对僚属们说：“可惜呀，王朝的廷评不在这里，王安石这个人还是颇能认识难字的。”

王安石听说后，以为韩琦小看了他，由是更加怨恨韩琦。

这些事，我们看到荆公这人不善于了解他人也不善于与人沟通的固执个性时，还应看到他不就韩琦门下，更有“道不同不相谋”的一面。反之，韩琦说王安石“迂阔”，用今天的话来说，就是迂远不切实际。

二

再看王安石对苏轼的态度，《邵氏闻见后录》卷十四有载苏轼中制科（考中博学宏词科），王荆公问吕申公：“见苏轼制策（试卷）否？”申公称之，荆公曰：“全类（类似）战国文章，若安石为考官，必黜（摈弃）之。”

《邵氏闻见后录》卷二十记，荆公在京师讲经义，题为《国异政，家殊俗》，苏轼看了讲义后，不以为然地对刘道原说：“王氏之学，务为（附会）穿凿至此。”

彼此如是，与其说是文人相轻，莫如说是政见不同。这里，就是彼此都怀有“道不同不相谋”的心绪了。

独辟官道达天听

一

王安石扬州去职后，先后在鄞县、舒州、常州等地任职。嘉祐三年任三司度支判官上万言书，也就是《上仁宗皇帝言事书》，王安石变法的基本思路源于此。但是，王安石名满京师并且得以平步青云，却是朋友相助。

据《邵氏闻见录》卷三记，王安石虽然高科有文才，但是，自身本是远地人，最初在京师并无名气。当时，韩、吕两家是京师的名门望族，天下之士，不出于韩，即出于吕。王安石想借重他们的力量，因和韩绛、吕公著是同科进士，于是深交韩、吕两族中的韩绛、韩维及吕公著。这三人到处宣扬王安石的才华，安石之名始盛于京师。

神宗为颍王时，与韩维就十分友好，王安石早年间上仁宗的万言书，都是韩维向神宗提起，神宗才去翻出来看的。此外，王安石还特意结识司马光，与之相善，也因司马光是京师一时名德之士。

这里，我们不单要看到王安石在扬名方面别有心计，就是在择主上，王安石选择的是皇帝，所以没把晏殊、韩琦放在眼里。

至于英宗累诏王安石，王安石均借口于守孝不入朝，是韩琦做顾命大臣把持着朝政，王安石不入朝同样是坚守“道不同不相谋”。

二

王安石由于有自己的青云铺垫，机遇也就不负有心人。《石林燕语》卷七说神宗即位还未见群臣，王乐道、韩维二人以宫僚先入，位于殿西廊，退王乐道，独留韩维，问王安石今在何处，韩维说在金陵。神宗说：“朕召他，他肯来吗？”

韩维说：“安石有志于经邦济世，并非甘心地方任上，老死于山林在野者。若陛下以礼致之，他哪有不来呢？”

神宗说：“卿可先作一封书信与安石，把朕这番心意透给他，朕行文即召矣。”

韩维说：“这样的话，则安石必不来。”神宗惊问何故，维说，“安石平日每欲以道进退，若陛下想重用他，又先使人以私人书信道意，他哪里肯这般窘就？安石的儿子王雱现住京师，常来臣家，臣当自以陛下之意告诉王雱，王雱必会转达给王安石。”

神宗说：“好的，就这样办。”

王安石于是知道皇上待遇眷属之意。

这就告诉我们，不仅是王安石从政深明进退之道，韩维更深明仕途进退之要。可见政治家对细节的注意，比小说家更讲究，小说家考虑的细节，大多取舍于阅读精彩与否，而政治家深思的细节取舍，关键在成败，深知细节决定成败。

韩维为王安石进入帝国的核心作出如此细致的安排，故然是王安石深交韩、吕的目的所在，如此为自己执政作青云铺垫，是机遇更是老谋深算，不然，为什么说机遇是留给有准备的人呢？

相才更须再考量

韩琦向神宗明示王安石不是辅政大臣的料，是韩琦对王安石有深刻了解，就王安石的性情而论，王安石是不具备宰相素质的。

一、刚愎自用不容人。

宰相是百官之长，其职责是带领百官日理万机，既与百官共事，凡事得有商量余地才易于行事，这就需要容忍不同政见者，所以才有“宰相肚里能撑船”的定论。倘若宰相固执己见，听不进臣僚的意见，即是坏事的根源。王安石不仅有拗相公之称，执政后驱逐、外放一批又一批的中正大臣，谁指责他施政的不是，他就罢谁的官，这就证明他不但刚愎自用，更无容人之量。

因反对新法遭到王安石贬黜或冷落的：司马光、韩琦、富弼、吕晦、曾公亮、赵抃、文彦博、张方平、范镇、欧阳修、苏轼、苏辙、范纯仁、孙觉、李察、刘恕、吕公著、韩维、刘挚、苏颂、宋敏求、李大临、郑侠。这些人，都是朝廷有名的中正能臣。

二、欠缺知人善任的能力。

在神宗篇已例举王安石拙于知人，而知人更是宰相必须具备的本领，只有知人才可能做到善于任用百官。王安石“患不知人”，任人唯亲，特喜欢顺从者，从而导致他任用的臣僚不是伪装者便是投机分子。

《涑水记闻》卷十六记，熙宁六年十一月，（官）吏有不附新法者，介甫欲深罪之，（皇）上不（认）可。介甫固争之，曰：“不然，（新）法（就）不（能推）行。”

（皇）上曰：“闻民间亦颇苦新法。”

介甫曰：“祁寒暑雨，民犹有怨咨者，岂足顾也（大寒暑涝，民间有怨恨悲叹者，难道也要关心）?”

（皇）上曰：“岂若并祁寒暑雨之怨亦无邪（难道像大寒暑涝那样的怨恨就不能关心吗）？”

王安石无言以对，心中不快，因此称病不上朝，与党羽密谋向皇上要更多的权力。数日后，神宗派人慰问后才上朝，一上朝就奏请提拔章惇、赵子几等人，神宗看到他上朝理政，勉强从之，王安石于是权倾朝野。之前，他重用了曾布、吕惠卿、邓绾、李定、谢景温，吕嘉问，蔡卞等。

这群人在王安石当权时，党藉祸兴，王安石一失宠，都不同程度地背离或出卖王安石，成为“小人比而不周”的注脚。所以，王安石虽文章名天下却无一个称道的门生，拥有故吏则没有一个可交心。这在表象上是物以类聚，但从根本上讲，还在“患不知人”，从而导向为物不容。

我们说“有容乃大”，反之，无容呢？回想晏殊当年对王安石说“能容于物，物亦容矣”，实为难得忠告。

此外，我们从这君臣对话大可听出做宰相的王安石对人民疾苦的冷漠。

三、没有宰相的人格魅力。

宰相要想领导好百官，就必须具备领班的人格魅力，没有人格魅力的领班，是不可能团结一班人的。《何氏语林》卷九记，王安石知常州，与人摆谈，从未有过笑容，有一天，政府欢迎贵宾，请来戏班演出，王安石在看戏时突然大笑起来，下属都感到十分惊喜，于是对演戏的说：“你们的演出太精彩了，能使我们知府开怀大笑，我们要奖赏你们。”

事后，有一个下属问王安石，戏中哪一点使他这样高兴，他板着脸回道：“这哪是为演戏的开颜嘞，我当时是思《咸》《恒》二卦，豁然悟得微旨，自喜有得，故不觉发笑罢了。”

生活情趣如此尖刁古怪，与同僚共事，人格魅力从何道来。

同样，包拯也不苟言笑，但他有交好同僚的手段。《宋名臣言行录》后集卷六记，包拯为群牧司使，司马光和王安石为司判。群牧司的牡丹盛开，包拯设酒宴请同僚赏牡丹。酒席上，司马光和王安石都是不喝酒的人，包拯劝酒，司马光碍于上司盛情，也就与包拯相欢同饮，但轮到王安石，包拯再三劝酒，王安石就是不端杯，令同桌大为扫兴，包拯兴致依然。

《论衡·本性》说：“性，生而然者也，在于身不发；情于物而然者也，出形于外。”这是说，情致既生于本性，形象所以归结于素质。可见王安石欠缺人格魅力还在情商不高。一个情致不主常的领导人，又怎能在国家诸多礼仪中得体地代表国家形象呢？

上述可证，王安石并不具备宰相才能。但是，长官的刚愎自用、专横独断常被下属和赏识者误读为“有魄力”；任人唯亲及顺我者昌很容易被误读为“爱恨分明”；没有人格魅力往往被误读为“为人朴实”“性格独特”。神宗对荆公的领导能力，多因这类误读，所以只把韩琦的建言当作耳边风。

当然，以上是以传统的能臣贤相去对照王安石的相才，站在神宗“理财为急”的角度，王安石能打着“抑止豪强兼并”的旗号为他大肆敛财，就因为王安石有这股“拗”劲。但是，朝廷因此撕裂，造成社会动乱的党争进入白日化。

新法原是“别为一赋”

青年毛泽东对王安石变法的评价是：“而卒以败者，无通识，并不周知社会之故，而行不适之策也。”（《致萧子升》）然而，在“文革”时期，却产生过这样的社会图景：大肆歌扬王安石是中国古代伟大的改革家的同时，又上演《白毛女》控诉黄世仁放高利贷逼使喜儿为奴。对此，如果我们看到王安石乃宋帝国放高利贷的大掌柜，放高利贷的社会规模和社会影响都比黄世仁大得多，究其工作性质，王安石和黄世仁应是不折不扣的同行。出现这种社会现象，自是时人只强调王安石变法的一面，忽略了王安石的青苗法、市易法和均输法皆内含高利贷重敛百姓的劣迹。

一、青苗法

青苗法源于常平法，常平法起源于汉、隋。具体做法就是官府设义仓，在丰年平价收购粮食，灾年平价售粮给灾民，为社会稳定取到一定作用。所以，《宋史·食货志上四》誉为“利民良法”。五代废弃常平仓，宋太祖登基后命诸州置义仓推行常平法。王安石变法，变常平法为青苗法，变实物借贷为货币借贷，亦即在农家青黄不接之际强行贷款给农民，所以又叫青苗法。王安石此举虽是收敛民财，“以钱贷民，使出息二分”（《宋史·食货志上四》）。但是，他始终打着“散惠利民”的幌子，历代不习民情不谙民生的学者也拿这面“散惠利民”的幌子来歌颂王安石。

梁启超先生在论及青苗法时，说：“青苗法者，颇有类于官办之劝业银行，荆公惠民之政也。”（《王安石传》第112页）

梁先生这话，忽略了青苗法的高利贷劣迹与劝业银行有本质上的区分。也就是说，劝业银行必须是低息，只有低息才有助从业，否则，也就失去劝业价值。以当今农业银行近几十年的利率为例，月息在百分之一以下，就是在宋仁宗以前的义仓，也是低息甚至无息。青苗法的利息呢，王安石在《答曾公立书》中说得很清楚：“则二分者（十分之二的息），亦常平之中正也，岂可易（更变）哉？”青苗法的半年息是百分之二十——实际操作是百分之三十。

因此，笔者不否认青苗法是银行业，但青苗法的性质属高利贷放水公司的放贷规则一类。也就不存在惠民之政。青苗法在制定之初确实有“散惠兴利”“抑兼并”之说，而且这两句话一直是新法推行者挂在嘴上的口号，但在青苗法的制定和实施中却没有惠民表现。所以，近代学者如梁启超、胡适等先生把王安石的新法说成惠民政策却拿不出惠民的证据来。王安石为了确保施行青苗法获得低风险的高回报，施行青苗法的关键要害还在它有一系列霸王条款向全国农民强行配置贷款指标，并通过行政手段来强制执行这一指标。这就是在贷款指标上向富裕农民多摊派，贫穷的少摊派。具体作法据《宋会要辑稿·食货》（4之17）载，青苗法在实施时，为了防止借户逃债，由五户或十户以上结成一保，一保中由三户富裕农民做“甲头”，为一等户，也就是一保之中的贷款担保人。贷款额则按贫富程度分为五个等级，一等户的配额为十五贯文，二等户的配额是十贯，三等户的配额六贯，四等户的配额三贯，五等户的配额一贯五百文。

青苗法强行摊派贷款的强硬执行词叫“抑配”，而贷款发放后，随着收税时一并将贷款的本息强行收回，时称“别为一赋”。“别为一赋”是说青苗法的利息转化为另一种赋税。这不仅是王安石“民不加赋而国用饶”的政治谎言被揭穿，由此产生的社会问题是普天下的“保头”由富裕农民沦为中农，二等户至四等户沦为下中农和贫农，五等户成为流民。亦即司马光在《乞罢条例司常平使疏》中所说：“今县官乃自出息钱，以春秋贷民……必令贫富相兼，共为保甲，仍以富者为之魁首。贫者得钱，随手皆尽……因不能偿，吏督之急，则散而之四方。富者不去，则独偿数家所负……贫者既贫，富者亦贫。”社会动乱因之产生。

王安石的青苗法即采用行政手段按指标强行发贷，不是借贷自愿，所谓的“扶贫解困”政策也就变成乘人之危的暴政记录。

但是，今人为了肯定王安石的改革，说：“跟高利贷者的百分之百的利息相比，青苗法取息二分或三分，不能不说是很轻的。”（《新编中国政治史·中国宋辽金夏政治史》第 101 页）

此说不可信——

一、《宋史·食货志》未见“高利贷者的百分之百的利息”记载，除韩琦的上疏里有“不使兼并乘急以要倍息”句，《宋会要辑稿·食货》（4 之 16）也有“兼并之家乘其急以邀倍息”之说。“倍息”，应该就是利息翻倍，显然不是利息百分百。更不要说“百分之百的利息”有违常理。

二、按其时农民贫富分五等来推论，不管私人借贷是“倍息”还是“百分百的息”，在社会层面上都只能算“愿打与愿挨”的个案，不是社会的基本面。

三、把百分之三十的年息强加在贫民身上说成轻息，无非是把雪上加霜的人间悲剧改编成了雪中送炭的咏叹调。古人之所强调史家史德，旨在经受社会良知的拷问。

四、青苗法的要害是“抑配”，也就是利用行政强权将高利贷按贷款指标强行贷给全社会的农民。如此“抑配”，苛虐自在其中。司马光所以说“抑配”的“害处比增加赋税还大”。（《宋史·司马光传》）

在今天的学者中，对王安石的青苗法有中肯又专业的论述，是方宝璋的《略论宋代青苗法的弊端》（《江西财经大学学报》2008年第五期），方在该文中得出这样一个结论：“青苗法的失败说明王安石变法企图重敛于民的办法摆脱财政危机是行不通的。”

苛政虐民，无非自寻短命。

二、市易法和均输法

市易法和均输法同样谈不上制度创新，它们是汉武帝时桑弘羊使用多年的经济政策，其具体表现就是全面实行官营商业。读《史记·孝武本纪》《史记·平准书》及汉武帝《罪己诏》可见西汉经济由此而衰。王安石将这两个政策从历史垃圾堆里捡来再用时，打出的旗号也跟桑弘羊的一样：平抑物价，反对囤积居奇及大商巨贾垄断市场。当然，王安石启动这两个政策还有一个可人的口号：“民不加赋而国用饶。”因此，在颁布这两个政策时，神宗手诏赐薛向曰：“政事之先，理财为急……底于成绩，朕甚嘉之。”（《宋史·食货志下八》）

市易法类似高利贷的放水公司，规定半年息为百分之二十，执行为百分之三十，市易处负责向注册零售商强行放贷。均输法是垄断商品批发。其注册零售商到官家批发处批发商品无须付现金，但半年交回批发货款时要向市易处缴纳百分之三十利息。当然，零售商亦把这百分之三十的利息自然转嫁到商品价格上。

以熙宁十年为例，其年“开封都市易司一岁所得（利）息钱及市例钱已相当于两税所得现钱的十分之三，全国市易务一岁所得息钱及市例钱的总数，一定不会少于夏秋税所得现钱的总数。”（安开学《王安石传》第 148 页）这不外是说，变法后的商品要比变法前高出百分之三十。

所以，王安礼其时管理开封府，就对神宗说：“市易法行，取息之滋多，而输官不时者有罚息，民至穷困。”（《宋史·食货志下八》）可见，市易、均输的实施，格外加重了民众的负担，民众不仅贫困于生活情趣被泯灭，还有社会资源公众支配权的丧失。

由此可见，王安石的青苗法、市易法和均输法在百姓眼里，就是皇家高利贷放水公司的霸王条款，而王安石本人，自是该“公司”的创办人兼大掌柜了。歌颂王安石变法的人肯定不同意这样的称号，但是，稍为有一点政治常识的人都知道，一国的生产力惨遭本国政策破坏，就是施政失败的注脚。

拿范仲淹的《十事疏》与熙宁新法作比，范仲淹是对“官本位”开刀，而王安石则是为维护“官本位”而重敛于民。因此，当代宋史研究家说熙宁新法“先期取得胜利”，也就是经济学中的“杀鸡取卵”。历史已经不止一次告诉我们：大凡经济政策施行“杀鸡取卵”，其代价也就是税源萎缩于生产力遭其破坏。宋帝国作为农业国，王安石变法在农业和流通领域的失败，其他政策再有成就，也都不存在可歌价值，因为这两大领域的败局恰恰说明国民经济遭受重创，百姓陷入困苦挣扎，社会动乱的根源也就由此产生，北宋的国运因之迈入不归路。

南宋朝廷一成立，宋高宗就彻底废除王安石的新法，是他总结北宋灭亡的根源，认定祸根还在王安石变法。也正因为南宋王朝一成立就废除了王安石的新法，赵宋王朝才有了残存之基。

荆公新学

青年毛泽东评荆公新学是：“欲行其意而托于古，注《周礼》，

作《字说》，其文章傲睨汉唐，如此可谓有专门之学者矣。”（《致萧子升》1915.9.6）

一

熙宁二年二月，王安石拜参知政事提出的执政口号是：“变风俗，立法度，最方今之所急也。”（《宋史·王安石传》）这就无异于说，他不单要变更经济领域的法度，意识形态也得按他的意志来改变。荆公新学也就成了王安石变法的理论基础。

王安石知道，要改变时人意识，首先得改变读书人的意识。用现在的说法，叫“洗脑”。他因之从华夏思想的本源上去做手脚，华夏思想的本源在先秦经典里，他于是用自己的观念注释先秦经典，将自己的思想挤进了经典注释，通过注释灌输到学子的大脑里。也就是今人说的“借壳上市”。

王安石任淮南节度厅公事三年间，著了《淮南杂说》一书，《郡斋读书志》卷四下记：“著《杂说》数万言，其言与孟轲相上下。”这是荆公新学之始。

他执政后，和吕惠卿、王雱日夜兼程重新训释《诗》《书》《周礼》后，接着完成《三经新义》，也就标志着荆公新学和“一道德”（亦即荆公新义诠释的皇权一元化）形成一体。继而利用手中大权，在学官中颁行他这些著作，推行王安石思想。《宋史·王安石传》说：“先儒传注，一切废不用，黜《春秋》之书，不使列于学官。”“一时学者，无敢不传习，主司纯用以取士，士莫得自名一说。”这是说，学官和学子不得不认认真真地学习王安石注释的经典，因为这里有登科和馆考都要求的准确答题，否则，学子就休想进入仕途。荆公新学由于在机制上内含官场准入，所以大行天下，立竿见影地成为宋学中的最大学派。

二

王安石虽然不失时机地巧用手中大权向天下灌输自己的思想，一时盛极，火速让自己成为胜过孟子的思想家，追随者更把王安石视为是时孔子。但是，这在当时的杂剧中既有讽刺更有预见。

《夷坚志》丁集卷四记，蔡京做宰相，弟蔡卞为元枢。蔡卞本是王安石的女婿，对王安石非常尊崇。孔庙释奠时，安石跻于配享而封舒王。但在祭孔这一天，孔庙的戏台上演出这样一台杂剧——

戏台上孔子正坐颜回、孟子与安石侍侧。孔子命之坐，安石揖请孟子居上，孟子辞曰："天下达尊，爵居其一，柯近蒙公爵，相公贵为真王，何必谦恭如此。"

安石于是揖请颜回居上，颜回曰："回也陋巷匹夫，平生无分毫事业，公为命世真儒，位貌有间，辞之过矣。"

王安石于是处其上，但是，孔夫子却不愿安席，亦避位，安石惶惧拱手，云"不敢"。如是往复未决，子路在外，情愤不能堪，径趋从礼室，挽公冶长（孔子的女婿）臂而出。公冶为窘迫之状，谢曰："长何罪？"

子路于是责公冶："汝全不救护自己的老丈人，却去看取别人家女婿。"

其意以讥（蔡）卞也。时方议欲升安石于孟子之上，为此而止。

这则讽刺剧道出了这样一个道理：大凡依附权势向社会灌输自己理念，其理念无不是随着权势的失去而自我灭亡。有道是"凭附增价，身谢道衰"。这话虽是唐代书法理论家孙过庭在《书谱》中对书法家扬名的评说，但他明示了社会淘汰规则。反之，《书谱》说："籍甚不渝，人亡业显。"应是社会优胜规则。孔子、孟子虽为布衣学者，就本着社会良知著书立说，为此忠贞不渝，人去世后其思想更加彰显于世。

因此，朱熹在《朱子语类》中叹道：“神宗任用王安石做宰相不仅是宋朝的不幸，也是王安石的不幸。”这话，在道出文学才华绝不等于政治才能的同时，也指出神宗误将王安石的文学才华等同政治才能，以致导演了时代悲剧。

文苑流芳

据《清波别志》卷中记：王荆公退居钟山，切切以吕惠卿为恨。常常书写“福建子”三字咒之，悔恨为惠卿所害。可见荆公晚年心态并非像他其时的小诗那样充满恬适和逸气。

但是，就优胜劣汰而论，历史并没有否定王荆公“文章节行”优秀的一面，亦即他那些广泛流传的散文和小诗。

《后山丛谈》卷四载：王荆公与曾巩平生以道义相附，神宗问曾巩：“卿交王安石最密，安石如何人？”

曾巩说：“安石文学行义，不减扬雄，以吝故（交）不及。”

神宗回答说：“安石轻富贵，不吝也。”

曾巩说：“臣谓吝者，安石勇于有为，吝于改过也。”

这是说，荆公重文薄情，自视永远正确，不是闻过则改的人。

但是，荆公改文章，则是不厌其烦。据《容斋续笔》卷八记，他作《泊船瓜洲》一诗，其中“春风又绿江南岸”中的“绿”字，初稿用的是“到”，圈去“到”，注曰不好，改为“过”，再圈掉改为“入”，仍觉得不够工整，于是改为“满”，还是不满意，改了十来字，最终才定为“绿”字。经荆公的诗眼如是一引，俗眼也看得见春风活脱脱地盎然而致。大雅通俗者，下笔不吝改也。

这，也正是他的性格决定了他的创作风格，就拿千古名篇《游褒禅山记》来说，史家认为：“写景仅寥寥数笔，形象性稍嫌不足。”（《中国文学史》第三卷第49页）对此，我们应看到荆公此时心中的山水就只有这么多，亦即只有“险远”而无汪洋。这既是一个智多仁寡的作家寄情山水不多的注脚，也是大自然赋予作者心中山水缺半的说明。好在作者见地独到，议论精辟，逻辑严密。由是产生催人奋进的艺术感染力，因而诱导读者共鸣并获得别样认知，以致这篇古文近千年来鼓舞无数学子的志气，启迪了一代代志士的初衷。我们只有从这个意义上去仰望王荆公，真是——

遥知不是雪，唯有香如故。

才彦司马光

司马光（1019—1086），字君实，号迂叟，陕州夏县（今山西夏县）人，官至宰相，卒赠温国公，世称温公。北宋著名政治家、史学家、文学家。传世著作有《资治通鉴》《温国文正司马公集》《涑水纪闻》等，可谓著作等身者。

聪明贵诚实

一

司马光天资禀然，少年老成。据《仕学规范》卷一载，他七岁听老师讲解《左氏春秋》后，回到家里就可讲出大要。以后是手不释卷，读书废寝忘食，到了十五岁，凡读过的书无不通晓。

司马光自幼遇事沉着冷静，应对有方。《厚德录》卷二记司马光童幼时，与小伙伴们在后院玩耍。院中有一口装满水的大水缸，有一个小伙伴爬到缸沿上玩掉到水缸里，眼看这小伙伴淹到头，别的小伙伴一见出了事，吓得边喊边跑，司马光却急中生智，从地上捡起一块大石头向水缸砸去，顿时将水缸砸破，缸中水外流，被淹的小伙伴于是得救。东京和洛阳画坊把这事制成《小儿击瓮图》拿到市上卖钱，《司马光砸缸》的故事也就流传至今。

二

少年司马光的德智得以健全发展，与良好的家庭教育和学校培育密不可分。《宋名臣言行录》后集卷七记，司马光五六岁时，想在胡桃树上剥一块皮来玩，他姐姐帮他剥，剥不下来就走了，他家的使女帮他剥，用开水烫皮后，把胡桃皮从枝上剥了下来。他姐姐问他是谁帮他剥的，他回答说："是我自个剥的。" 他父亲知道实情后，对他严厉地训道："人从小就要学诚实，怎么能说谎呢。"从此以后，司马光就再不敢说谎，他向刘器之讲授诚信时，还拿这件事引以为诫。苏轼在为温公书神道碑时，提起这事，盛赞温公平生重诚信，从不遮掩过失。可见温公修身，有家严的言传身教，更受儒门"谨而信"的培育。

《萍洲可谈》卷三记，司马温公闲居西京，有一天命仆人卖所乘之马，一再叮嘱说："一定要跟买主说，这匹马在夏季有肺病。"

仆人好笑说："哪有你这样卖东西的？卖东西还要把这东西的毛病说出去。"

司马光可不认同这看法，说："做人须诚信，失去了诚信，你的东西就是卖了好价钱，也毫无做人的价值。"

国家灾难的预见

一

仁宗宝元元年，司马光二十岁，一举高中进士甲科。在地方任上多有政绩，英宗时，他升任翰林学士。这时，他和王安石本是很要好的朋友，但到王安石受到神宗重用后，因中央财政危机，他俩在解决这场危机上发生了重大分歧。

据《宋史·司马光传》载，面对"国用不足"（财政赤字），神宗诏学士司马光、王珪、王安石开会，解决财政危机。司马光说：" 挽救财政危机，最重要的是从政府自身节用开始，就可处理好的（救灾节用，宜自贵近始，可听也）。”

王安石说：“常衮辞去食料钱，时人讥笑衮：‘朝廷的高薪，是为了养贤，你认为自己无能，当辞职不应辞去高薪。’况且，国家财政所以出现赤字，是朝廷没有任用善于理财的大臣（常衮辞堂馔，时以好衮自知不能，是辞位不当辞禄，且国用不足，非当世急务，所以不足者，以未得善理财者故也）。”

司马光说：“你的善于理财，不过是按人头增加赋税罢了（善理财者，不过头会箕敛尔）。”

王安石说：“不是这样，善理财的人不增加赋税，国家支付也充足（不然，善理财者，不加赋而国用足）。”

司马光说：“天下哪有这样的道理？天下财富，不在民众手里就在官府，你设法掠夺民众财富，其害处比增加赋税还大。这是桑弘羊欺骗汉武帝的言行，太史公载入《史记》以期后世明鉴罢了。（天下安有此理？天地所生财货百物，不在民，则在官，彼设法夺民，其害乃甚于加赋，此盖桑羊欺武帝之言，太史公书之以见其不明耳）。”

最后，神宗不想节用过日子，听取了王安石的主张，王安石的主张是通过变法向社会敛财；司马光则主张“节流”，亦即不必加重人民负担，中央政府节用各方支出即可平衡财政收支。这实际上是在解决财政危机这个问题上，对制度安排的不同见地。就政见立场而言，王安石是在维护朝廷官僚利益，而司马光则在维护百姓的利益和国家的长治久安。

前面已述，这时的财政赤字约为12%，国防因“冗兵”占财政支付的70%，稍为裁军就可平衡财政收支，更不要说宋朝官吏的工资高得出奇。所以，司马光的“节用”说针对“三冗”弊政而言，正是对症下药。然而，神宗不但急于把钱整到手，还想在百姓身上挣更多的钱，因而重用了王安石不择手段掠夺社会财富。司马光既看到变法错位，便意识到一场导向国家灾难的人祸在即。

二

《言行龟鉴》卷六说，王安石为相，神宗任命司马光枢密院副使，司马光力辞六七回，终不受命。同时在信上对王安石说："忠信之士于公当路虽龃龉可憎，后必徐得其力；谄谀之人于今诚有顺适之快，一旦失势，必有卖公以自售者。"这是对王安石说，忠信之士挡你的路，抵触你虽然可恨，以后会助你一把；谄谀奉承你的，你在眼下是感到顺应的快活，但你一旦失去权势，他们必然出卖你来兜售自己。

司马光在这里说的谄谀之人即王安石的紧跟者吕惠卿辈。这些话，司马光故然是出于对老朋友的忠告，王安石的回函(《答司马谏议书》)，却叫司马光的热脸贴了王安石的冷屁股。今天，《答司马谏议书》成了中国古代经济思想的名篇，述评者说："《答司马谏议书》反映了王安石变法时期革新派和保守派的激烈斗争。"这样的评说，显然是只讲立场不讲是非。

王安石的紧跟者吕惠卿辈之被司马光定为谄谀之人，据《自警编》卷一记，司马光曾多次对同僚说："覆王氏者，（吕）惠卿也。小人本以势利合，势倾利移，何所不至？"

司马光这话说后不过这六七年，吕惠卿背叛王安石，上书告王安石"勿使上知"罪，王安石因此失宠，被迫辞职。同僚于是佩服司马光有先知之明。

《尧山堂外纪》卷四十七记，熙宁间，荆公创行新法，任用吕惠卿等，司马光退出朝廷，在洛阳的《春游》一诗中云：

人物竞芬华，骊驹逐钿车。
此时松与柏，不及道傍花。

史家俨然

司马光看到神宗重用王安石变法，预见国无宁日，于是抱定一颗“无道则隐”的心，借口撰写《资治通鉴》的重要，离开了朝廷，退居洛阳。《能改斋漫录》卷十三记，神宗为此问近臣吕晦叔：“司马光是个方刚耿直之士，怎的如此迂远不切实际呢（司马光方直，其如迂阔何）？”

吕回答说：“大抵虑事深远的人，则近于迂腐，愿陛下更察之。”

站在神宗的角度，他说这话是有道理的，直到元丰年间，神宗还对辅臣说：“司马光只是待做严子陵，他哪里肯做事。”（《东莱吕紫微师友杂志》）

程伊川有一天问司马光：“你修《资治通鉴》修到哪一代为止？”

温公回道：“唐初也。”

伊川问：“唐太宗、唐肃宗到底如何？”

温公回道：“都是篡位之人。”

伊川问：“难道就再也没有可怀疑的吗？”

温公不答，伊川又问：“魏征这个人如何？”

温公回道：“管仲是孔子赞许的人，魏征跟管仲差不多。”

伊川说：“管仲是知非而反归正道，忍死以成功业，这是圣人所取的反正也。魏征只是投敌事主，有何值得所取的？”

温公不答，坚持自己的看法。（《二程外书》）

这里，不仅看到司马光对待史实的较真，更看到司马光的史德方正耿介。

《东山谈苑》说，司马光平生不写草字，《资治通鉴》草本数百卷，颠倒涂抹，全无一字潦草。其行己之真如此。

司马光编纂《资治通鉴》，制定了一个遵循方法和原则。先是范祖禹同修，退居洛阳后，他聘刘恕、刘攽参与，草稿初成后，全书则由司马光一人审定成篇。

这就既保证了该书的学术价值和历史价值，又保证了它在政治观点上的一致性。从而体现了该书是史料、史才和史德皆具备的鸿篇巨制。

据《邵氏闻见后录》卷二十一记，元丰末年《资治通鉴》撰成，司马光进呈神宗，神宗读后赞道："贤于荀悦《汉纪》远矣。"并赐名写序。

编纂《资治通鉴》历时十九年，书成，司马光在这十九年里，废寝忘食，起五更睡半夜，倾注了毕生心血。书成之日，司马光已是发白齿落的老朽。但他的治史精神和姓名却与该书不朽。

司马光除《资治通鉴》和《涑水纪闻》外，文学、经学、医学该有著作传世，其《训俭示康》收入当下的高中语文课本，就是杰出文学家的证书。

回光返照

神宗去世，年仅十岁的哲宗即位，高太后垂帘听政，拜司马光为相，司马光执政一年即去世。《云谷杂纪》卷三记，神宗去世，司马光回京，都人叠足聚观，使他的马都不能前行。回到自己的私第，市人登树骑屋窥瞰。府第里的人出来制止，登树骑屋的人却说："我们不是望你，是想一睹司马相公的风采。"

呵斥不退，屋瓦为之碎，树枝为之折，一时得人心如此。《名贤氏族言行类稿》卷五十四说，司马光去世，京师民众罢市哀悼他。画坊刻他的像印成画拿到市上去卖，四方争购。

司马光任相一年，做了两件事：一是任用旧党废除新法，再是和西夏议和让边境上安宁下来。"君子称其有旋（扭转）乾坤之功。"但史家借《诗》叹曰："哲人云亡，邦国殄瘁（困穷）。"

司马光一上台就废除新法，使民众不再遭受重利盘剥，自然获得民众的爱戴和拥护。但是，他急不可待地废除新法，忽略了神宗灵牌在宋帝国的余威，因而给新法受益者潜留了死灰复燃的生机，党争潜伏，以致日后又生“元祐党籍”。

《孙公谈圃》卷上记，温公任相大更法令，钦之、苏轼曾向温公私下进言：“宜虑后患。”

温公起立拱手，厉声说：“天若祚宋，必无此事。”

二人语塞而去。

所以，司马光任相谈不上扭转乾坤，就在他只知一报还一报，不知政治和解有利朝政稳定，可见司马光的政治手段不过史上平庸之作。如果司马光听取苏轼等人的政见，在修正新法、照顾民众利益的同时维护神宗灵牌的尊严，从政治和解上瓦解新党，使政府和社会得以相对稳定地运转，或可扭转乾坤。然而，历史上没有如果。

元祐九年，哲宗亲政，章惇、蔡卞等新党掌权，剥夺了他的谥号，推倒了先前为他立的“忠靖德粹”碑，追贬为崖州司户参军。八年后，蔡京擅权，又把他列入“元祐奸党”。“推倒”和“贬黜”一个深入人心的政治家，只能预示北宋政权走向穷途，亦即“邦国殄瘁”。

情致和品位

一

司马光中进士，进宫参加皇帝为进士设的闻喜宴，按仁宗朝的惯例，进士进宫都要将一枝牡丹花簪在帽上，司马光不喜华糜，帽上就不簪花，直到使者告诉他：“这是皇上所赐，不能有违圣意。”他才拿一朵簪在帽上。

《后山诗话》记，温公年轻时为定武从事，有同事喜欢狎官伎，温公禁忌。有一天，见同事要在和尚的房间与官伎私会，温公委婉阻之，使伎翻女儿墙而去，然后写诗示同事：

年去年来来去忙，暂偷闲卧老僧床。
惊回一觉游仙梦，又逐流莺过短墙。

窃以为，温公平生不信佛教，恐怕与这和尚纵容他这同事与伎私会有关。

二

司马光是个模范丈夫。《清波别志》记，司马光和张氏结婚十年都还无子，夫人张氏就私下为他买了个美妾，悄悄安置在他的卧室，自己借故出外。司马光与妾见面，没有理睬，便去了书房，妾也跟着去书房，搔首弄姿地招惹司马光，见司马光还是不理睬她，妾于是从书厨中取出一书，娇声地问道："请问老爷，中丞是什么书呀？"

司马光板起脸孔，拱手回道："中丞是尚书，是官职，不是书！"

这个女子自讨无趣后，在司马光的认可下离开了司马家。

还有一次，张氏和母亲合计，将张府一个美貌的丫鬟安排在他身边服侍，司马光也是毅然将这丫鬟喊走。

《容斋随笔》卷十五记，司马光在太原做通判时，每逢夫人的生日，司马光都要向夫人进献小词以示恩爱。

可见司马光懂得夫妻恩爱贵在专一，其品质之高尚，这在士大夫以多美妾为荣的封建社会，实在是难能可贵的。但是，司马光在夫妻间也有不近人情的时候。

《轩渠录》记，有一年的元宵节，夫人张氏想出去看灯，司马光竟说："家里也点灯，何必出去看？"

夫人说："不只是看灯，也随便看看游人。"

司马光一笑，说："看人？怪了，难道我是鬼吗？"

三

温公老年，夫人先他而去。公失去老伴，常常悠忽不乐，时在独乐园的读书堂危坐终日。《五总志》说，适逢文潞公守洛阳，携伎踏青行春，邀温公同游。一日自至独乐园，他的老仆人当着他的面大声叹惜，温公颇感惊诧地责问老仆人，老仆回答说："方花木盛时，公一出数十日，不唯老了春色，亦不曾看一行书，可惜烂浪（荒废）了相公也。"

温公深愧之，于是打马回府第，誓不复出，诸老来邀，必以老仆的话谢绝之。

温公这老仆跟随他多年，《南村辍耕录》说，这老仆一直称温公为"秀才"，温公平生也就特别看重秀才二字。一次，苏轼在司马光府上听到仆人这样称呼主人，戏谑道："你家主人已经是宰相了，大家都称为'相公'。"老仆大吃一惊，改口称司马光"相公"，温公问仆为何改口，老仆解释说："幸得苏学士教我。"

司马光听后，跌足长叹："我家这个老仆，活活被子瞻教坏了。"

这些故事，我们看到他不谙世故还在他为人低调，不事张扬，更看到他的可贵之处还在闻过则改。一个声名显赫的士大夫，修身如斯，难在始终方端，贵在表里如一。

温公所乐

一

据《梁溪漫志》记，温公在洛阳，买地二十亩建"独乐园"。温公的万卷文史尽藏独乐园之读书堂。熙宁初，《资治通鉴》的撰写班子也设在这里，工作之余，这里还是温公与友人休闲地。当然，温公在这里所乐的，是这里好读书。

独乐园的万卷文史虽说卷卷沾过温公的手指，但是，温公早晚阅读数十年，所有的书籍新若手未接触过的那样。温公曾对养子司马休说：“大商巨贾是藏金银财宝，学子唯藏书。藏书当知宝惜，每当进伏天，逢天气晴朗，我就要设案晒书，所以经年无损。至于启卷，必先清洁几案，铺以茵缛，然后端坐阅读。阅书时，不以空手捧书，唯恐手汗渍湿。这些藏书所以仍新如手未触。”

二

温公除乐于读书外，也爱游乐在山水间。《新编醉翁谈录》记，温公游南屏寺，公登寺下峻岭，见二人坐于石上，扬然自得，温公亦在旁边小憩，闻二人联句，公不觉微笑，二人尤为轻视之，于是问公：“公亦能诗乎？可联两句。”

温公咏道：“一上一上又一上，看看行到岭头上。”

二人听后，放声大笑，说：“你这些口水话算啥诗？”

温公等二人笑够后才说：“我的诗还没完呢。”于是咏道，“乾坤只在掌拿中，四海五湖归一望。”

二人听后相视大惊，这才知道遇上了高人，于是长揖告辞。

文耀依旧

《孤臣泣血录》记，靖康年，金人攻克汴梁后，向宋皇室指名索要司马光、苏轼、黄山谷的著作，因元祐党籍，这三人的著作概被当局焚毁，只《资治通鉴》有神宗的序才幸免。对此，历史出具了两张证明：

一、这三人的著作并未毁灭，倒是北宋因此被自个毁了。

二、执政禁言论自由无异于患自闭症。

东坡才华与节操

苏轼（1036—1101），字子瞻，号东坡居士，眉州眉山（今四川眉山）人。嘉祐元年举进士，官至礼部尚书、兵部尚书、翰林学士兼侍读。谥文忠。北宋著名思想家、文学家、书法家、美食家和医生。“千古文章四大家”和“唐宋散文八大家”之一，书法居“宋四家”之首。

我们知道，林语堂先生撰有《苏东坡传》，对此，林先生讲过的，本篇就少讲甚至不讲（美食、僧道），林先生没讲完和没讲到的，本篇就作重讲。

少志高远有奇思

一

据《东坡志林》卷三记，苏轼家有田产还从事高档衣料经营，苏轼本人就出生在眉山县城的“纱縠行”。若按阶级斗争时的阶层分类打成分，大抵属工商业兼地主。但这是一个文化氛围特别浓厚的知识分子家庭，父亲苏洵和弟苏辙皆是写文章的高手，与他同列“唐宋散文八大家”，母亲程氏是眉山才女，父亲苏洵出外游学，母亲程氏就当起苏轼、苏辙的启蒙老师。

苏轼少有大志，天资聪明，凡读过的书，都能切中要害。有一次，母亲教他读了《汉书·范滂传》后，即向母亲表示将来要做范滂那样的忠臣义士。

苏轼令人看好的，是他的文学天分。《爱日斋丛钞》卷四记，他就读眉山城西寿昌院，受教于眉山有名的教师刘微之。有一天，刘老师在课堂上向学生朗颂他的得意之作《鹭鸶》诗，诗末云："渔人忽惊起，雪片逐风斜。"

苏轼听后，站起来对老师说："先生的诗佳矣，但是我以为这诗的结尾句没得归宿，不若用'雪片落蒹葭（芦苇）'好！"

刘老师听后，认为苏轼改句不仅使诗意更完整，而且更符合自然现象，因此，事后对苏轼的父亲苏洵讲了这事后，说："我当不了苏轼的老师了。"

二

苏轼在少年不但显露出诗人潜质，还在作文中令人看到他强于玄思。《优古堂诗话》说，东坡十岁时，老苏令他作《夏侯太初论》，其间有"人能碎千金之璧，不能无失声于破釜；能搏猛虎，不能无变色于蜂虿"之语。是说人在打碎价值千金的碧玉时不动声色，而在打破一口锅时尖叫不已；人能奋不顾身地和猛虎博斗，可是见到蜂蝎时不免变色。

这两句话使老苏格外看重苏轼的，一是说出不专一的道理，另外还暗含一个不能正确对待过失的错误心态。因苏轼年少，老苏所以暗喜于心。然而，东坡后来作《颜乐亭记》与《黠鼠赋》，都套用了这两句话。

天助苏轼成器的，是他妻子王弗不只会当家，还是族中才女，苏轼背书偶有暂忘而停诵，王弗就在旁边貌似不经意地作提示，是恩爱更是贤内助。

三

苏轼学力扎实，时有活学活用的惊人之举。他的举进士试卷《刑赏忠厚之至论》中有这样一说："皋陶为士，将杀人，皋陶曰杀之三，尧曰宥之三。"意思是，尧的大法官皋陶对一个罪犯量刑时，三次都要判死刑立即执行，三次都被尧帝驳回，宽赦了此犯。

考官梅圣俞拿这话跟主考欧阳修看，欧阳修认为这是对"刑"与"德"的深刻认识而懂得用"刑"的道理，因而问："这话出自哪本书？"

梅圣俞回答说，"何须问出处？"接着称赞这话至理。欲列为第一名，欧阳修认为这试卷是门生曾巩的，为避嫌，列为第二名。

揭榜后一见是苏东坡的，欧阳修还对梅圣俞说："此郎这话必有据，恨我们记不得了。"

东坡举进士后去答谢欧阳修，欧阳修拿这话问东坡的出处，东坡回道："事在《三国志·孔融传注》。"

欧阳修事后翻阅，见该传并无这话，于是复问东坡，东坡回道："曹操灭袁绍，以袁熙妻赐子曹丕。孔融说：'过去武王伐纣，将妲己赐周公。'曹操惊问何以为证，孔融说：'以今天你做的这事来看，意其如此。'尧、皋陶之事，我也意其如此。"

欧阳修惊叹："苏轼这人可以说是善读书，善用书，他日文章，必独步天下。"

这件事，《诚斋诗话》和《老学庵笔记》卷八皆有载。窃以为，这不只是善读书，还可看出苏轼的治国态度：慎重量刑举仁政。

四

苏轼与苏辙同科进士，"三苏"顿时名满京师，这背后有三方面着力推介。

一、文坛领袖欧阳修的赏识。

二、苏轼、苏辙皆是仁宗看好的才子。据《耳贵集》卷上和《宋史·后妃传》有记，仁宗策试回宫，很高兴地对曹皇后说："朕今日得苏轼、苏辙两相才。然吾老矣，虑不能用，将以遗后人，不亦可乎？”

三、“三苏”事迹及文章倍受朝廷机关报（邸报）传播。

东坡学力高深的又一次表现，是欧阳修推荐他到秘阁任职，经秘阁考试，其制策考入三等，制策能入三等的，宋立国以来，就只有吴育和苏轼两个人。

当然，苏轼的这些表现都只能算书本知识。书本知识经实践证明其价值，才能叫真知灼见。

为民请命遭贬黜

一

苏轼显示一个能臣的卓见是熙宁二年，王安石执政，苏轼时任判官告院，与王安石的政见不和，王安石对他非常不满，下放他任开封府推官。王安石推行新法，苏轼又提出自己的改革措施：一是循序渐进，二是主张节流，反对把财政赤字转嫁到百姓身上，为此多次上疏。

王安石变法失败虽证明了苏轼政见正确的一面，但这是后话，在当时，“王安石滋怒，指使御史谢景温论奏其过，穷制无所得，轼遂请外，通判杭州”。（《宋史·苏轼传》）这是说谢景温上奏朝廷，言苏氏兄弟运父亲灵柩滥用官家兵以及偷运私盐从中牟利。虽查无其事，苏轼却看到了王安石为排除异己不择手段，任人唯亲不怕千夫所指。于是自请外放，做了杭州通判，相当于杭州市副市长了。

这谢景温是王安石的亲戚，因王安石任相而做上御史，王安石所以指使御史谢景温找苏轼的过失，是因为谢景温也厌恨苏轼。《鸡肋编》卷下说，熙宁间，凡是士子上书迎合宰相王安石的，就会得到提拔重用。谢景温受重用，苏轼因此在公开场所用俚语讽刺王谢二人：“有甚意头求富贵，没些巴鼻便奸邪。”

二

《西湖游览志余》卷二十三说，通判虽有监督知府之责，但是个闲职，不担负政府要事，日常就在各职能部门闲走。苏轼上任后，他到各部门，诸公钦佩他的才能和名望，都喜欢请他宴游，苏轼不胜酒力，朝夕聚会而疲于接应，于是称杭州通判为“酒食地狱”。苏轼走后，袁毂接任，和各部门不协调，彼此相疏，袁毂却对人说：“这位置原是酒食地狱，现在正值狱空。”于是传为笑话。

可见，苏轼是美食家，但绝不是喜好白吃的吃货。反之，袁毂辈不是美食家，却属图白吃的俗汉，有道是官场行尸走肉。

三

苏轼做杭州通判，不仅招男人喜欢，更赢得许多女人心仪。《瓮牖闲评》卷五记，刘贡父忽来拜访苏轼，二人同游西湖，船至湖心，有一小舟翩然来到苏轼的船前，舟上有一美妇抚筝鸣奏了一曲后，求见苏轼。自叙道：“我还是少女是就景慕公的高名，闺中无缘得见，今已嫁为民妻，闻公游湖，不避罪而来，善弹筝，特为公献上一曲，只想求公一小词以为终身之荣，可乎？”

苏轼没有推却，当即赋词一首与之。词云：

江城子

凤凰山下雨初晴。水风清，晚霞明。一朵芙蓉、开过尚盈盈。何处飞来双白鹭，如有意，慕娉婷。　　忽闻江上弄哀筝。苦含情，遣谁听。烟敛云收，依约是湘灵。拟待曲终寻问取，人不见，数峰青。

去西湖若把这个美的故事从碧波里捞出来，拿到脑际晾一晾，领略风中奇缘，欣赏佳人的一片痴心，喜看高士展才情酬相思，获得美的享受，即是永恒在瞬间。

然而，如果没有非同凡响的人格魅力，又哪来这瞬间的永恒？

四

拈典故不见痕迹，在苏轼也不过举手之劳。《侯鲭录》卷八记，钱唐有一个号九尾野狐的官伎，性善媚惑，趁着老知府离职，新知府未到，适逢判通苏轼权知府之际，以年岁已老打报告请求出籍从良，苏公见报告后，当即批示："从良任便。"

与九尾野狐一起的官伎周生，色艺为一州之最，闻九尾野狐轻易解籍，也打报告请求出籍嫁人。苏轼惜才，不同意解职，判云："慕周南之化，此意虽可嘉，空冀北之群，所请宜不允。"

周南典出《诗经·周南·关雎》，空群冀北是引用伯乐相马的故事，典出韩愈《送温处七赴河阳军序》。这是说，你周生要从良追求幸福婚姻，精神可嘉，只是我把你这个才艺出色的台柱子放走了，我这杭州歌舞团不就垮了吗，所以不同意。

一个判去，一个判留，足见苏轼料理政事讲原则注重分寸，尤其是判词，充满人情味更见才思过人。对此，欧阳修赞苏轼"敏捷善谑如此"，窃以为是苏公的操守使然。

五

毋看苏轼作诗写判词的文思敏捷，可在对待上司的态度和立场上，任杭州通判也跟朝廷上一样死板不对劲，他勤于巡视州县，积极了解和反映民间疾苦，总是时不时地和中央政策唱反调，例如，他谴责青苗法"别为一赋"，农民三月无盐吃等等，这不仅让王安石、吕惠卿们恨死他了，千百年后，梁启超为王安石翻案，在《王安石传》中称苏轼的这些反调为“厥词”。苏轼在杭州一待就是五年，直到王安石变法失败下台，神宗念苏轼忠于职守，才把他的职务往上挪了一下。

熙宁七年，苏轼知密州（今山东诸城），遇上蝗虫天灾，他一面向朝廷奏报灾情，请求减免税赋，一面积极组织百姓抗灾，致力于生产自救，与民同苦乐。

密州是苏轼词作的高发期，至今传唱不衰的千古名篇《水调歌头·明月几时有》就创于密州。

乌台诗案始末

众说乌台诗案不是有始无终，就是有终无始，本节聊乌台诗案始末。

乌台指御史台，宋帝国的国家纪检机关。御史台又称乌台，是汉时的御史台处柏树林中，而柏树林又是乌鸦会集地，所以称御史台为乌台，沿用到宋，御史还有乌鸦嘴之戏称。

一

熙宁十年，苏轼知徐州，《岁时广记》卷十八记，苏轼一到徐州，就遇黄河决口，于是率领武卫营的官兵抢修堤坝，路过家门也不进去。最终保全了徐州城，徐州百姓避免了流离失所。

也就在这时，御史中丞李定之子李某过徐州，苏轼宴待过客李某，李某大喜，以为受苏轼敬爱，因而向苏轼求举荐书。苏轼佯装应诺，闲谈之下忽然问李某：“相法说人的人中长一寸者可以活百岁，你听过这说法吗？”

李某回道：“没有听说过。”

苏轼说：“如果真是这样，彭祖好一个呆长脸。”

李某这才知道，苏轼宴请他是假，羞辱他是真，因之带着一腔懊恨

离去，于是引发乌台诗案。（《诚斋诗话》）

苏轼一向疾恶如仇，“如蝇在食，吐之乃已”。他瞧不起李定父子，是李定巴结王安石，由定远尉（相当于县公安局局长）跃升为太子中允、监察御吏（相当于监察部部长）。李定贪恋官位，丧母不报，苏轼寿昌作诗讥讽李定不孝，弄得李定在同僚中抬不起头。现在苏轼又羞侮李定的儿子，李定恼羞成怒，便以御史中丞之权对苏轼罗织罪名，因而一待苏轼知湖州就弹劾苏轼，说苏轼《湖州谢上表》轻慢朝廷，熙宁以来的诗文对君主有怨恨有谋反之意。

二

据《甲申杂记》和《续资治通鉴长编》卷三百一记，李定陷害苏轼，沈括提供了主要证据。沈括原本是苏轼在阁馆一起工作的好友，他到杭州向苏轼索诗，苏轼写了《桧诗》给他，沈括便将《桧诗》拿出来卖友，帮李定制造了宋帝国立国以来震惊朝野的文字狱案。

《孔氏谈宛》卷一记：朝廷下令御史台差官追捕苏轼到案，太常博士皇甫僎带差使前往湖州抓苏轼，皇甫僎带着御吏台的两个台卒气势汹汹地进入湖州衙门，在大堂上传言抓罪臣苏轼。令苏轼一时恐惶无主不敢见，湖州通判祖无颇说：“事已至此，无可奈何，须出见之。”

苏轼自以为待罪之人，不可穿朝服去见，祖无颇说：“未知罪名，当以朝服见。”

苏轼穿上官衣官靴，手执笏板带着无颇等州衙官吏整齐来到大堂，皇甫僎与台卒面目狰狞、默不作声，使州衙官吏疑惧不已，苏轼反倒无畏起来，镇定自若地说道：“轼自来极恼朝廷多，今日必是赐死。死固不辞，只求回家与家人诀别。”

皇甫僎说：“还不致如此严重。”

无颇问皇甫僎：“太博逮捕太守，可有文书？”

皇甫僎得知无颇通判湖州，于是将御史台的文书交无颇，无颇一见是御史台的寻常追摄行遣文书，苏轼只好在台卒的押解下出城登舟，无颇等官吏在岸边与苏轼泣别。

目击者说，顷刻之间，拉一太守如驱犬鸡。

三

《孔氏谈苑》卷一记，将苏轼逮到京都，李定的本意是要将苏轼打入死囚牢，但神宗没有同意，而且只准追究吟诗是否有谋反之意。

李定还是给苏轼罗列了两大罪名：一是讥讪权要，二是写诗反对皇上。

这两条罪名有一条成立，都是死罪。但是这两条都叫神宗否认，认为苏轼就是非议朝政，抓来反省一下就算了。神宗这个态度，是因为自从抓苏轼入狱，乌台诗案就受到光献皇太后的直接干预。《西塘集耆旧续闻》卷二记，光献皇太后大病，皇上表孝心，准备大赦，皇太后说：“无须赦天下凶恶，但放苏轼就足矣。”皇太后还对神宗说，这苏轼可是仁宗看好的高才。

神宗答应了皇太后，一是尽孝道，再有，皇太后可是皇室势力的一方代表。神宗要深究反诗的想法只好放弃。

《石林诗话》卷上说，苏轼虽进大理狱，神宗无意深罪苏轼，当时的宰相王珪不知内情，还在朝堂上对神宗说：“近闻苏轼对陛下有反意。”

神宗说：“轼固有罪，然而还不致不忠，卿何以知之？”

王珪举苏轼《桧诗》“根到九泉无曲处，世间唯有蛰龙知”句，说，“陛下飞龙在天，轼是知道的，但他求地下的蛰龙，不就是心生反意吗？”

神宗说：“诗人之词，怎能这样去论，他咏桧树，与朕事何干？”

王珪无话可说，章子厚见神宗无意重罪苏轼，见风使舵，顺从皇上的心意，亦从旁解释，遂薄其罪。

四

《孔氏谈苑》卷一记，苏轼下御史狱，李定、舒亶、何正臣轮番审讯，欲加重罪。苏轼抱士可杀不可辱的态度拒不认罪，因而认为自己必死无疑，于是私藏毒药青金丹，以备一旦当死，即服毒自杀。

所以，苏轼入狱与长子苏迈有约，平时送饭唯菜有肉，如听到死罪的消息，饭菜则有鱼。有一天，苏迈因家中缺粮去陈留县，托亲戚给苏轼送饭把这个约定忘了告诉送饭人，这亲戚想改善苏轼的生活，送饭就菜以鱼，苏轼误以为死期将至，以备后事。

看管苏轼的狱卒，对苏轼仁而有礼，使苏轼在狱中每天有茶喝还可洗足，苏轼因而对他说："轼必死，我有二诗向家人诀别，托老弟帮我转出去。"

狱卒受其诗而藏之，其中有一首是写给苏辙的：

圣主宽容德似春，小臣孤直自危身。
百年未了先偿债，十口无依更累人。
是处青山可藏骨，他年夜雨独丧神。
与君世世为兄弟，更结人间未了因。

这些句子，"圣主宽容德似春"只能算应酬皇权的话，"十口无依"是让我们晓得苏轼拖着一大家子，由因他与苏辙在一起就交谈到子夜，对榻卧听雨声，所以才有"他年夜雨独丧神"一句。有宋一朝，唯宋庠和宋祁，苏轼和苏辙，这两对兄弟友好终身而青史流名，史曰"世之罕见"。

五

案子到这里，后世生出了两个版本：《归田诗话》卷上说狱卒不敢藏诗，将苏诗交给了上司，上司交神宗，神宗见到苏诗后可怜苏轼，将苏轼出狱。另一版本是《孔氏谈苑》卷一说，神宗依了光献皇太后的心意，将苏轼罪谪黄州。窃以为后一版本属实，是苏轼出狱时狱卒还诗，苏辙见诗，以面伏案不忍读，苏轼则庆幸地咏道："却对酒杯浑似梦，试拈诗笔已如神。""平生文学为吾累，此去名声不厌低。"诗罢又骂自己："犹不改也。"

朱熹在《朱子类语·自熙宁至靖康用人》中说，苏轼出狱后写的这些诗"就无克己和自新"之意。诗人本能，不平则鸣，克己和自新又从何谈起，牢房都关不住的诗魂，诗人的自责显然是多余的。这，与其说是本性难移，莫如说是诗魂只与天地共，何时曾被桎梏锁。

六

苏轼入狱，苏辙上表，愿以自己的官职赎兄罪，神宗未允。王安礼进见神宗替苏轼说情，神宗以话搪塞。二事皆在《宋史》本传有载。

退休高官张安道在南京听苏轼入狱，愤然上书营救苏轼，其措辞激烈，有激怒神宗起杀心的可能，好在其子胆小未将上书投朝廷。

今人有道："（苏轼入狱）当时已经罢相的王安石也为他讲情"。（《宋史解读》324 页）本传无此说又未见引证，不可信。以王安石一生排斥异己终不悔的性情来看，说他为异己讲情，不符逻辑。更不要说这时的王安石已被吕惠卿出卖，不过是一个倍受神宗冷落的逸民。

所以，苏轼出狱，应是光献皇太后搭救。

七

乌台诗案的受审诗有一百多首，这些诗里只字片言地讥讽时弊而成为罪证，三十九人受牵连。苏轼贬谪黄州团练副使，其余涉案人只受到罚款处分，其中张方平等官员罚红铜三十斤（六千钱），司马光、范镇等十个僚友罚红铜二十斤（四千钱）。

在历史上，据《明史》《清史稿》载，类似乌台诗案的，在朱元璋朝有徐一夔案，在康熙朝有朱方旦案，徐和朱皆被杀头。在雍正朝，除前述吕留良案外，还有汪景琪案、钱名世案、查嗣庭案、邹汝鲁案、谢济世案、陆生楠案、屈大钧案和徐骏等案，皆以犯案者满门抄斩结案。在乾隆朝，“文字狱”集古今之大成，百多桩案的行刑以犯案人砍头或九族皆诛不等。张方平、司马光等三十九个涉案人，要遇上秦始皇、李斯辈，少不了也要活埋。

比较而言，苏轼幸得神宗仁慈，苏轼及涉案人员才有这等幸运。但是，《宋史·奸臣传》告诉我们，乌台诗案发生后，中正之士看到宋太祖以来的言论自由不在，直抒胸臆的话就少了，而堵塞或阻遏神宗的视听的事却多起来，神宗也就只能和冒牌货、投机分子、专营者成一丘之貉，成为宋帝国“文字狱”的始作俑者。

谪居黄州问功业

苏轼在黄州的功业，笔者拟从苏轼在黄州的物质文明和精神文明建设去说，为此，应看到苏轼谪居黄州搞“双文明”建设，有这样两个前提条件：

一、苏轼家在四川是眉山大富，书香人家，亦即有“双文明”家史。

二、苏轼到黄州第二年就购买良田，足见是带着充足的积蓄去的，也就是说，有“双文明”的资本。

一

谪居黄州的苏轼由于在给章惇的信中叫穷，近代乃至当代的专家学者（包括林语堂）谈起苏轼一家在黄州的生活状况，其不实之处多以极其贫穷来说事。

苏轼出狱，以罪臣之身贬到黄州任团练副使，这是个半政府组织的闲职，其工资据说只有苏轼原工资的十分之一，苏轼拖着十口之家赴任，一家生计也就成了大问题。好在黄州知府徐君猷钦佩苏轼的文才和人品，同情他的遭遇，把黄州以东的官地拿给他种粮创造收入，那个地方叫东坡，苏轼也就自号“东坡居士”。以东坡自号，既是苏轼由士大夫转身逸民的注脚，更是罪臣苏轼蜕变文宗的标记，东坡这个历史符号从此耀然于“中国文学史”和“中国书法史”。基于创收在东坡，苏轼因之在黄州临皋亭东筑居室，居室修成之日适逢降雪，遂名“雪堂”。这个堂号依于“绘雪明志”，以表志趣高洁。

《挥麈后录》卷七记，东坡先生迁谪黄州，知府徐君猷对他十分友好，不遗余力地帮助他。徐君猷在黄州去世后，东坡作祭文、挽词甚哀，又与其弟书云：“轼始谪黄州，举眼无亲，君猷一见，相待如骨肉，此意岂可忘哉！”

苏轼一家在黄州的开支，《苏轼文集》卷五十二和《鹤林玉露》乙编卷五都记：东坡谪黄州，日用不过百五十。每月初，取钱四千五百，断为三十串，挂屋梁上，每天去取一串，也就画个叉，每天用不完的就丢在一个竹筒里用来以待宾客。据说这叫“贾耘老法”。苏轼因而在给李公择的信中说：“口腹之欲，何穷之有！每加节俭，亦是惜福延寿之道。”

一个“贾耘老法”落在东坡的践行里，也化出一条君子固穷而精神富有的养生之道来。以来年就买田置家业来看，一家开销每月固定在四千五百文，不是家贫，恰似善于操持家业，取向富而俭。当代讲坛教授把苏轼一家在黄州的勤俭之因说成是贫困，纯属杜撰。为此，我们来看看苏轼初到黄州的创收。

苏轼到一年后，他的农作物丰收，家庭收入也就大为改观。林语堂《苏东坡传》说苏轼在黄州东坡种的田土“约十亩”，有不实之嫌。

苏轼在东坡种的田土及收成，据《坦斋笔衡》和《仇池笔记》卷上载，山地可收大麦 20 余石，宋代每石粮等于今天的 75.96 千克，山地的夏粮收获也就 3000 来斤。种稻田有 50 来亩，宋代稻田每亩收谷约 500 斤，也就是 2 万多斤了。这个收入，以新中国初期划分阶级成分来定位，是正儿八经的富农经济，但较之当时的士大夫俸禄，就是小巫见大巫了。好在苏轼不以为然，以“狂副使”的态度完成了士大夫向逸民的转身，身着布衣芒鞋，出入田间土角。

由于耕作面积广，他自养一头耕牛，女性，长得十分美丽，黑色，买时叫“黑牛”，苏轼觉得这名字与学士之家的成员不配，更名“黑牡丹”。有一天，“黑牡丹”忽然得病，找兽医来瞧，兽医也看不出“黑牡丹”得的是什么病，眼看将死，亏得王夫人多智多经涉，对丈夫说：“在四川老家时听说这牛发豆斑，当拿青蒿来熬成粥喂之，即可愈。”

苏轼照夫人的说法医治，“黑牡丹”果然康复。苏轼在致章子厚信中特别高兴地说：“君说我谪居作老农更无乐事，老妻能救‘黑牡丹’，便是一件天大的乐事。”

二

苏家虽说田间丰收了，但一家人依然很节俭。《调谑编》说，东坡一家饮食不过一爵、一肉。有客人来，增加两三个菜，可少不可多。富而俭不仅是会持家的表现，更是修为有得的高尚品质。

更为难得的是，苏学士和乡人打成一片。喝的是黄州农友潘子的自酿酒，苏轼命曰：“错著水。”最好的小吃是乡绅李端叔家的油炸酥，无名字，苏轼命名“为甚酥”。为此，作诗寄李绅：

野饮花前百事无，腰间唯系一葫芦。
已倾潘子错著水，更觅君家为甚酥。

之后，苏轼拿这事和李端叔谈诗时，说：“街谈市语，皆可入诗，但要人镕入化耳。”《竹坡诗话》说：“此诗虽一时戏言，观此可以知其镕化之功也。”这是诗人的“生之力”所在，也是诗人引领生活的诠释。

我们从这些故事里，看到苏轼出狱后不因生活的艰辛而怨天尤人，没有失意文人的落魄相，将街谈市语融入诗，便是他丢掉士大夫酸腐气与百姓打成一片的说明。尤其是大学士和大学士的夫人养耕牛，医耕牛，更见苏轼上朝廷是能臣，到乡头却是养牛能手。这些，李白杜甫做不到，尤其是谋生能力上，李白杜甫一离开官俸和友助，穷酸相就显露无遗。苏轼有“当世志”更兼有买田求舍的能力，史上文人稍为可比的，就只有陶渊明。但陶渊明不擅持家，“生前是孤独的，他的诗文是一个孤独者的自白”。（《中国文学史·第二卷》第 71 页）

苏轼这时期不单和当地名流、官场文友，兄弟及门生不时酬唱，更与当地农民、乡绅打成一片，成为名副其实的“狂副使”，就是士大夫转身逸民不失大丈夫志操的注脚。

三

也在这一时期，其精神家园由儒道向佛学拓展。

《夷坚甲志》卷十一记，东坡先生居黄州时，手抄《金刚经》，笔力最为得意，然止第十五卷时，遂移职汝州。已而入玉堂，虽不能终卷，旋亦散逸。

苏轼在黄州热心佛学，图其交往僧侣倒还在其次，关键是如何善待自己。我们知道，在处理好“我与我”的关系上，佛学胜之儒家和道家。因此，我们接下来看看东坡先生的精神文明建设及其成果。

《东坡志林》卷一记，苏轼与医生庞安常去螺师店买田未果，同游清泉寺，寺临兰溪，溪水西流，苏轼作《浣溪纱》：

山下兰牙短浸溪，松间沙路净无泥。萧萧暮雨
子规啼。　　谁道人生无再少，门前[1]流水
尚能西，休将白发唱黄鸡。

注[1]门前：一作“君看”。

这首词的上片是一幅淡雅凄婉的山水画，作者则寄兰于洁身自好。下片的“黄鸡”，典出白居易《醉歌》：“谁道使君不解歌，听唱黄鸡与白日。”苏轼反其意而用之，将凄婉的气氛为之一扫。这首词之成为千年名篇，在鼓励受挫者洁志励志的同时，更授予受挫者生存的勇气、精进的信心。精进，正是佛学说解脱，贵生自珍的本义所在。

苏轼对人生的角色转换所表现出不折不挠的，是他在黄州的另一佳作《定风波》：

莫听穿林打叶声，何妨吟啸且徐行，竹杖芒鞋轻胜马，谁
怕？一蓑烟雨任平生。　　料峭春风吹酒醒，微冷。山头
斜照却相迎。回首向来萧瑟处，归去，也无风雨也无晴。

这首词是苏轼去黄州沙湖看新买的良田，路上遇雨无雨具，苏轼在小序中说：“同行人狼狈不堪，余独不觉，已而遂晴，故作此。”不是有文所载，谁也看不出这是一个地主行走在置业路上，就是道明诗人买田地当地主了，词中却透的是诗人的湖海之志，亦即“一蓑烟雨任平生”

的浩然之气。下片的“回首向来萧瑟处”“也无风雨也无晴”，是苏轼《独觉》诗最后两句的复制，只是这两句诗再粘贴到词里，中间加“归去”一词，这就不是简单的复制和粘贴了，再看诗人的诗题以及词牌的选用，可见东坡的归去，显然不是陶渊明的“悠然见南山”，更有自家山水在胸中。

四

欲究东坡心中山水，当看他的扛鼎之作《念奴娇·赤壁怀古》：

大江东去，浪淘尽，千古风流人物。故垒西边，人道是，三国周郎赤壁。乱石穿空[1]，惊涛拍[2]岸，卷起千堆雪。江山如画，一时多少豪杰！　遥想公瑾当年，小乔初嫁了，雄姿英发。羽扇纶巾，谈笑间，樯橹灰飞烟灭。故国神游，多情应笑我，早生华发，人生[3]如梦，一尊还酹江月。

注[1]穿空：一作“崩云”。[2]拍：一作“裂”。[3]生：一作“间”。

我们从这首词不仅看到东坡心中山水有险远亦有汪洋，更看到作者别开生面地打破词的因袭传统步入佛土，将词境空前拓展，让佛学因子（如“灰飞烟灭”语出《圆觉经》）入词，以强烈的艺术感染力和雄浑的格调，给缠绵悱恻的词坛增添阳刚的气格，成为豪放派的代表作。给南宋词坛带来不同程度的影响。

《词林纪事》卷五记，东坡在玉堂，有个幕士是歌手，苏轼因而问这歌手：“以我的词比柳永的词，这两者之间有何区别？”

歌手回道：“柳郎的词，就好比十七八岁的女孩手执红牙拍板，唱‘杨柳外，晓风残月’；你学士的词，就须关西大汉执着铁绰板，铜琵琶唱‘大江东去’。”苏轼听后，为之绝倒。虽说也有评家对这首词持不同看法，但这首名篇犹美酒随光阴流逝而越发馥香。拿诗人早期的代表作《水龙吟·次韵章质夫杨花词》作比，就不难看出，诗人不再从纯文学角度赋物言情，而是带着深邃的禅意玄思考量人生，站在历史的长河上，诗眼穿过千古岁月，认定个人在历史上的作用当由历史浪淘认定时，更在唯恐光阴虚度。这，既有诗人的智慧传递，更有哲人的人生忠告。

五

读《赤壁赋》《后赤壁赋》，文中的主客问答就是“儒释不谋而同”，“相反而相为用”（《南华长老题名记》，《苏轼文集》卷一二）的人生考量。胡云翼在注《赤壁赋》《后赤壁赋》的说明中，把这说成是“东坡的出世和入世的世界观的矛盾”显然是忽略了儒释两家在解脱“我”时，儒家的“穷则独善自身”其实就是释家的“自了汉”。正是心归自然的结果，不是出世与入世的矛盾。因此，就东坡对江上月夜的幽美景色描写，则看到诗人的眼在天地间盘旋，由天到地、由地到天，从险远到汪洋，寄意玉宇浩翰。再读东坡在这一时期的其他诗文，山水描写层出不穷，更见东坡心中山水连广宇。这既是东坡归依自然的心迹流露，也是东坡心中山水有险远更有汪洋的注脚。笔者在荆公篇说王安石笔下的山水只有险远，原系心中丘壑所限，道理也在这里。

卓然大家之有自家面目，就在胸中丘壑不同他人。胸中若无自家丘壑，实在是枉谈思想之独立。进而言之，东坡归向山林，不失豁达、乐观，别开生面的积极进取的精神，皆来自思想之独立。

六

黄州是苏轼的文学升华地，更是他深刻省身的转折地。《悦生随抄》说，苏轼泛爱天下士，认为“眼前见天下无一个不是好人”。这话是指苏轼与人交往疏于防范。因此，苏轼谪黄州，苏辙也被贬到筠州去任监酒税。苏轼去筠州看望苏辙，苏辙就劝苏轼择友慎交，苏轼才承认："吾眼前见天下无一个不好人，此乃一病。"

当下有讲坛教授赞东坡佛性，多拿这话断章取义，取"吾眼前见天下无一个不好人"，略去"此乃一病"。如是说佛，难免误导。有社会以来，有好人就有坏人，佛学有谓"诸恶相"，即喻尘世小人。孔子之所以常把君子和小人拿来比较说事，就是要学子识好鉴坏，然后择其善者而行之。苏轼在乌台诗案前把眼前人都视为好人，有道是没有读好《论语》，才有黄州谪居。虽然《孟子》说："天将降大任于斯人也，必先苦其心智，劳其筋骨……"但苏轼黄州谪居，是补课，更是人生境界升华的"炼狱"一课。如是省身，使苏轼在黄州从政治家、文学家的苏轼转向哲学家、文学家的苏轼。

苏轼把黄州谪居论作平生第一功业，足见一代文豪铭记人生蜕变中这段刻苦修炼，此期文学创作因而获得了"极天下之工"的成就。

宿敌和解

苏轼谪居黄州的第四年上，奉诏扎移汝州。据《后山谈丛》卷六和《邵氏闻见后录》卷二十一载，苏轼去汝州途中，造访了王安石。面晤内容有多个版本，各说不一，《宋史·苏轼传》说二人在臣节上争论不休，《砚笺》卷一又说王荆公还劝苏轼来做邻居。但有一点可以肯定：二人都不再是朝廷正负符号的扮演者，无非是"感叹号"去造访"句号"。

有学者说，这是"感叹号好了伤疤忘了痛"。

不，"感叹号"专程拜访，"句号"十里迎送。

两个历史符号虽然坚持了自我，却在某些方面得到和解。

既是历史符号，自有历史符号的境界和姿态。

高处不胜寒　杭州惠民去

一

苏轼在去汝州途中上疏朝廷，要求扎移常州与家人一屋。苏轼到常州就任团练副使即闻神宗驾崩。不久，以礼部郎中还朝，半月后升为起居舍人，三个月后迁中书舍人，紧接着任翰林学士兼侍读，也就是帝师了。哲宗这时才九岁，是在校生兼皇帝职。苏轼由罪臣从八品一下跃到正三品（宋朝的宰相是二品）。皇太后本来还要叫苏轼当再大一点的官来协助宰相司马光的，司马光在朝议上说："苏轼为翰林学士，其任已极，不可以再加官了。如以文章为执政资本，则赵普、王旦、韩琦都不够格。"又说："王安石任翰林称职，当丞相就把天下搞乱了，如叫苏轼辅佐丞相，也和王安石差不多。"（《孙公谈圃》）

司马光这话有没有道理，姑且不论，苏轼一高官，老毛病又犯了，《五杂俎》记："东坡于元祐时既登禁林，以高才狎侮诸公卿。"

但是，苏轼做帝师却是称职的。据《宋史·苏轼传》记，苏轼在做帝师时，"每进读至治乱兴衰、邪正得失之际，未尝不反复开导，觊其所启悟。因及时事，轼历言：'今赏罚不明，善恶无所劝阻。'"也就是说，苏轼每当向哲宗皇帝讲到历史上的治理与动乱、兴盛和衰亡、邪恶与正义、举政得当和失误时，苏轼都要反复开导，希望对哲宗有所启发。当哲宗问起弊政时，苏轼直言不讳地指出当下的弊政在赏罚不明、扬善不够、惩恶不力。无奈哲宗思辨平庸。

这时期，苏轼任礼部尚书后做主考官，大力改善考场限制和严禁巡查对考生的侮辱性行为，使考生的能力得到最大发挥，从而表现了主考的正直和仁爱。

然而，苏轼的政见与新旧两党多有不和，党争下的政治纷争本不存在中间道路，所以，苏轼于元祐四年自请外放杭州。

二

苏轼以龙图阁学士兼任杭州知府，遇杭州大旱，瘟疫流行。据《宋史·苏轼传》载，他的举措是：

一、贱卖官仓大米的同时，多个地方施粥施药汤；

二、集公款两千缗，自己捐黄金五十两，办药坊收容治疗瘟疫重病百姓；

三、上奏朝廷，减免本路上供米三分之一；

四、西湖筑大堤，实行以工代赈。

所以，《萍洲可谈》记：子瞻元祐中知杭州，因西湖淤泥须清除，筑大堤西湖上，南北径三十里，为长堤以通行者。堤成，植芙蓉、杨柳其上，望之如图画，人呼“苏公堤”。

苏轼筑堤用以工代赈的办法，引起朝廷政敌不满。《家世旧闻》卷上有记，东坡知杭州在西湖清淤筑堤，与转运司属官陆傅的意见不和。绍圣中，章惇做相，着力推荐陆傅为御史谏官，但章推荐陆的前提条件是向哲宗反映苏轼筑堤动用公款万缗、皇粮万石。陆傅承认后，章惇带陆傅到朝廷上，哲宗就厉声对陆说：“你把苏轼筑堤动用钱粮的事跟朕说清楚。”

陆傅说：“臣任浙西转运使，苏轼筑堤要调用钱粮，我说工程浩大，费财动众，不宜这样着急，不应该动工。不料苏轼大怒，说‘与诸监司议，皆以为然，而小匈辄呶呶不已！’这‘小匈’盖指臣也。”陆傅接着又说：“然是时岁凶民饥，得食共力以免于死、徙者颇众。臣所争亦未得为尽是。”

皇上听后沉默不言，因为这明明是苏轼以工代赈拯救万民。章惇听后更不高兴：陆傅这家伙分明是在为苏轼邀功。陆傅因之没有得到提拔，被章惇远之。然而，陆傅高尚的人格由此凸显。

苏轼干的第二桩大事是解决杭州的城市饮用水。杭州靠近大海，地下水咸苦，唐时李泌引西湖水在城中建了六井，至白居易疏浚后，这六口井到宋淤塞已废，百姓为之苦不堪言。苏轼这回上任后，疏通河道，修建闸门，再次修复了六井。

这在当年，其工程量不亚于今天的杭州市饮用水管网改造。

苏轼由于这些实实在在的惠民政绩，百姓不单将堤命名为“苏公堤”，还立祠纪念他，今天，环西湖有学士路和东坡路，太子湾立苏轼像，也因他任上政绩突出而流芳千古。

西方政治学之父尼科洛·马基亚维利在《君主论》中说：“关于人类，一般地可以这样说：他们是忘恩负义，容易变心的，是伪装者、冒牌货，是逃避危难，追逐利益的。当你对他们有好处的时候，他们是整个儿属于你的。”

苏轼知杭州不过三年，赈灾、筑堤、修井也就赢得杭州人的千载爱戴，能说人民忘恩负义吗?

三

苏轼知杭州，勤于政务更是多与高僧、歌伎多有往来，与高僧往来是图其禅机娱悦，与歌伎的交往源于词作传唱更兼有同情、惩恶。

《绿窗新话》记，灵景寺了然和尚宿娼李秀奴，来往日久，和尚生恋，有一晚和尚醉往，无钱欲宿，被李拒之不纳，和尚一怒之下将李打死，苏轼见案卷，大骂道：“秃奴有此横行，打入狱中！”

苏轼审判时见僧犯臂上刺字云：“但愿同生极乐国，免叫今世苦相思。”诗兴大发，挥笔作《踏莎行》为判词：

这个秃奴，修行忒煞，云山顶上持斋戒。一从迷恋玉楼人，鹑衣百结浑无奈。　毒手伤人，花容粉碎，空空色色今何在，臂间刺道苦相思，这回还了相思债。

判讫，即将僧犯押赴刑场处死。李清照说苏词“不协音律”，或属这类不分场合的词作。只是，于情即兴，又何苦为律所囿。

四

《春渚纪闻》记，有陈某欠人家两万绫绢钱无力偿还被讼到衙门。苏轼传来一问，陈某说：“我家以制扇为业，不意父亲去世又遭春雨连寒，扇子卖不出去，因之欠账难还。”

苏轼说：“你把扇拿来，我帮你销售后把账还了。”

陈某把扇拿来，苏轼取白绢扇面二十把，在扇面上画枯木竹石及东坡款识后，对陈某说：“每把当卖一千，即可还债了。”

陈某拿出衙的，爱好者一看扇面是苏轼的字画，争着以千钱买一扇。

《清波别志》记，有个老书生吴味道赴京赶考，背着两大捆布匹，想偷税，就在这两捆布匹上写的名衔是帮苏轼家代运到京城的。人家苏轼就在这杭州主政，杭州税官一看就知这是偷税，于是把吴味道押到杭州正堂交太守发落。苏轼一看是伪，却细问吴味道，吴才说：“今秋赴考，家中无钱，乡里集资，然后买这些布到京城变卖做盘川，想多赚点，故借名帮苏学士代运，偷点税钱，不想罪实难逃。”

苏轼二话不说，扯去老书生布捆上的旧封，亲笔换题新衔“附至东京竹竿巷苏侍郎宅”，还对吴味道说：“先辈这回将上天去，也无妨来年高选。这就权当惠顾吧。”

吴味道来年果然举进士，还专程来杭致谢，苏轼殷勤款待数日方去。

要叫苏轼当宰相，真不知他还要闹出多少人间喜剧来。

痛失知己在惠州

一

元祐八年，宣仁皇太后崩，也就意味着苏轼的好运结束，因这宣仁太后好苏词，打心眼崇拜苏轼，他垂帘听政这八九年就护着苏轼。哲宗亲政，更年号曰绍圣，新党掌权，制造了“元祐党籍”，苏轼贬宁远军节度副使，惠州安置。虽是个闲职，他却非常关心惠州西湖的建设，为了建好惠州西湖的“苏堤”“六心亭”，苏轼捐了犀带及大内赏赐的钱，另外，资助道士邓守安建筑东新桥，资助和尚希固建筑西新桥和大堤。如是急公好义，算是一个谪黜之臣的一方善举了。

《宋史·苏轼传》说苏轼在惠州三年，“泊然无所蒂芥，人无贤愚，皆得其欢心”。这是说，苏轼在惠州静默无为，心无郁结，处事心平气和，对人不管是贤是愚，皆是欢心与共。

他在《定风波》里也说：“试问岭南应不好？却道，此心安处是吾乡。”

然而，也就在这惠州，令他最伤心的，是失去红颜知己王朝云。

二

王朝云本是杭州歌伎，十四岁时，王夫人买来做使女的，因聪慧过人，人情练达，成为苏轼的爱妾和知心人。

《疑耀》卷七记，东坡有一天吃饭后在庭院里抚摸着腹部散步，问院中侍女：“你们说，我这肚中装的是何物？”

有一个使女说：“都是文章。”

东坡不以为然，把手摆了两摆。

又有一个使女说：“满腹都是见识。”

东坡又把手摆了两摆，认为说的也不对。

问到朝云，朝云却说：“学士一肚皮不入时宜。”

东坡听后捧腹大笑，从此视王朝云为红颜知己。

苏轼谪居惠州，以为惠州为蛮夷之地，便将家人留常州，本意只带幼子苏过同行，朝云执意要去，于是同苏轼去了惠州。

《林下诗谈》记，在惠州，苏轼有一天与王朝云闲坐，时青女（秋霜之神，常指秋霜）初至，落木萧萧，凄然有悲秋之意，苏轼命朝云唱《蝶恋花》（花褪残红青杏小）。朝云刚一唱就泪满衣襟，苏轼惊问何故，朝云回道："妾所不能歌，是'枝上柳绵吹又少，天涯何处无芳草。'"

苏轼皤然大笑，说："这是我正悲凉的，而你又伤春矣。"

苏轼说后即叫不唱。不久，王朝云抱病而亡，苏轼终身不听此词。

王朝云去世，苏轼亲撰墓志铭，并挽联致哀：

不合时宜，唯有朝云能识我；
独弹古调，每逢暮雨倍思卿。

我们从这副挽联中，可见王朝云在苏轼心中的分量。在封建社会的士大夫心目中，一个妾去世，大不过就是一只笼中鸟死去，苏轼对王朝云这般高看，在中国整个封建社会确是罕见的另爱了。

朝云墓在惠州西湖畔，东坡纪念馆侧。相传王朝云是念着《金刚经》的"六如"偈而逝，朝云逝后，栖禅寺的和尚所以在朝云墓旁建"六如亭"纪念。如今，朝云墓是惠州市的文物保护单位。

一个侍妾墓如此流芳，至少为我们提供了一把了解苏轼的钥匙。清人何瓦琴有联云：

人生得一知己足矣；
斯世当以同怀视之。

神佑渡海　教化一方

一

据《艇斋诗话》记，苏轼惠州《上梁文口号》诗云：

为报先生春睡美，
道人轻打五更钟。

当时的宰相章惇原以为把苏轼贬到瘴气弥漫的惠州会生不如死，从这两句诗里得知苏轼在惠州“春睡美”，大为恼火，于是再贬海南儋州。

《鹤林玉露》说，章惇贬苏轼到儋州，是按阴阳五行的相生相克说经过一番精心算计而为。苏轼字子瞻，这“瞻”与“儋”是字近同音，即有相克之意，让“儋”字克死苏子瞻，可谓大快章心。同时遭贬的，苏子由贬雷州，是因雷字下有“田”“‘田’者，‘由’之难出头也”。黄庭坚贬谪宜州，是黄庭坚字鲁直，“宜”字类“直”字，皆有相克之示。这在东坡看来是“骇谑”之意（愚蠢的捉弄）。但章惇不这样看，他和他的术士进而推断：“儋”字从立人，子瞻贬儋州，克而不能北还！“雷”字“雨”在田上，在他人是承天之泽，可在苏子由，也就是永无出头日。“宜”字乃似“直”，有盖棺之义。

章惇和苏东坡是同科进士，其德智的悬殊可见一斑。依习俗，就说章惇所器重的术士确有这般法力，可神不听。《能改斋漫录》卷十八有载，惠州知府方君对僚友邹志完说，家人平素奉佛，有一天晨梦里，泗州大圣来别，说要去护送苏子瞻过海。家人问大圣几时去，答曰：“八日去。”

之后，苏轼果然在这一天渡海去儋州。

二

怪有意思的是，苏轼离开惠州，俗说泗州大圣护他渡海，却不管他这位美食家的伙食。据《黄妳余话》卷三记，苏轼离开惠州，从梧州到藤州，在途中碰到黄庭坚，师生二人倾心相叙后，于一个卖鬻汤饼的路边店坐下来买食充饥，鬻饼粗恶不可食，黄庭坚拿起筷子，看着鬻饼长吁短叹，苏轼却在“呼呼”声中将碗中鬻饼全都吃完，之后，喊着黄庭坚的昵称说：“九三郎，尔尚欲咀嚼耶（你难道还想慢慢地品尝吗）？”说罢大笑离座。

秦观听说后说：“此先生饮酒但饮淫法已。”即是敬佩苏轼吃这些粗糙食品都像饮酒那样豪爽不择。在此要说的，这是两个文化巨人最后的共餐记录。

通过这顿饭，就不难理解苏轼为什么说章惇捉弄人愚蠢透顶。一个大彻大悟的人，凡人生活的地方，皆视为生活的宜居地。沙门之谓“自了汉”者，凡事“提得起，放得下”，唯有信念不随流俗转。所以，苏轼说：“上可以陪玉皇大帝，下可以陪卑田院乞儿。”（《蓼花洲闲录》）

三

苏轼在儋州的官职是琼州别驾，虽说相当于副太守，但对于贬黜之官，也就是一个受监管的赋闲之职，《宋史·苏轼传》说，苏轼和他的次子苏过先是住在官衙里，章惇得知后，专门下了个中央文件，不准贬黜之臣住官屋，不准百姓租房子给贬黜之臣。苏轼于是在儋州城南买了一块地，在当地百姓的帮助下建起自己的住居，据《汉书·杨修传》“载酒问字”一典，将儋州住居命名“载酒堂”。

儋州有“病不饮药，以巫为医”的习俗，好在苏轼自黄州贬谪后，就习医制药，所以，他在儋州不单治疗自个儿的病，还常为当地百姓治病，以实际行效来提倡、推广药物治疗。

接下来是将“载酒堂”变为学堂，讲授诗书，培育人才。他的学生中，不单考中乡贡者多，他还培养出海南第一个进士符确。而他开创的“儋州学府”，可谓肇起海南文明。这些事，《宋史·苏轼传》遗漏，但《儋州志》有载，可见，苏轼在海南移风易俗、为发展海南文化居功至伟。

在宋朝，海南是谪黜重臣的基地，每年都有高官谪居海南，他们到那里，大多落魂失魄而死去，大有作为的，只有苏轼一人而已。就是在今天，苏轼还在为海南的旅游业创收入。

所以，苏辙在《东坡先生墓志铭》中说：“居海南，作书传，推明上古之绝学，多光儒所未达。”应该说是一个公允的评价。

四

《宋史·苏轼传》说苏轼“独当幼子过处，著书以为乐，时时从其父老游”。

《老学庵笔记》卷九记，苏轼一到儋州，自号铁冠道人，喜读陶渊明、柳子厚二人的文集，称这两人是“南迁二友”。

《侯鲭录》卷七说，东坡老人在儋州，常背一大瓢行歌于田间，有一个古稀老妇人，乡里人平常叫她“春梦婆”。这“春梦婆”有一次在田间遇到东坡，就对他说：“内翰昔日富贵，一场春梦矣。”

东坡感触良深地认可这个说法，借黎舍言换扇事，诗云：

符老风情老奈何，朱颜减尽鬓丝多。
投梭每困东邻女，换扇唯逢春梦婆。

就苏轼在海南的其他诗文来看，也多是这类田园生活的白描，可比陶渊明的悠然自乐，但儋州不是桃花源，苏轼更没学陶渊明厌世。就苏轼“载酒堂”讲学以及开创“儋州学府”，足以说明他在积极参与社会生活并向社会奉献自己的才华。所以，李泽厚先生说苏轼“退避社会，厌弃世间”，值得商榷。说：“苏轼在美学上追求的是一种朴质无华、平淡自然的情趣韵味。”（《美的历程》第163页）这也只限苏轼晚年的美学追求，不是苏轼的平生文艺表现，前面讲他黄州的辞章，自是峥嵘绚烂的证明。可以这样说，苏轼青年乃至中年的文章展示了气势雄放恣肆，风格多姿多彩。也正因为辞章如是，才成为词坛豪放派的代表人物，而豪放一词就是作品不平淡的标签。苏轼本人也说：“大凡为文当使气象峥嵘，五色绚烂，渐老渐熟，乃造平淡。”（《苏轼文集》卷五一）

苏文无论是峥嵘还是平淡，都是一个杰出的文学家凭着良知的创造。恰如苏轼在《自题金山画像》有道：“问汝平生功业，黄州惠州儋州。”也正因为这一段段功业奉献，成了苏轼在历史上的文宗符号。

学士风采更焕发

一

徽宗即位，准许苏轼转移廉州，继而改为舒州团练副使，这时，苏州谪居儋州已三年。他离开儋州时，十数里父老提着酒食到船头向他饯行。到英州，被徽宗任命提举玉局观、朝奉郎，算是恢复名誉了。

东坡先生从海外还至赣上，寓居水南日，总是背着一个药囊过郡城，义务为患者看病发药或开药方。苏轼每至寺庙道观，慕名者及僧道争相围观，欲求苏轼墨迹者，必然事先多方打探苏轼行游之所，多设好纸。由于求苏字的人多，铺纸堆积案间，大伙儿在积纸待写前只好在自己的纸上写记本人姓名。苏轼一见笑视，然后挥毫书之，随纸付人，至日暮，即使是笔倦人疲困，仍笑着说：“我只能跟你们写个斋名或佛偈了。”（《春渚纪闻》卷六）

舟过新淦时，新淦刚修完一座桥，闻苏轼至，两三千当地人立在苏轼的船侧请苏轼为新桥命名，苏轼欲登岸去会见县宰，众人拥在船头不容出，苏轼只好在船上书“惠政桥”三字付之，众人叩谢而退。

东坡归常州，过运河时虽然得了暑病，但上万人夹运河两岸仰慕他。他头戴小帽，身披半臂，坐在船中，让仰慕者目睹东坡傲然不羁的风采。面对仰慕者如此爱戴，东坡想起笑杀卫瓘一典，问客人：“莫非看杀轼否（这样迎送，是不是折煞人）?”（《何氏语林》卷二十四）

二

苏轼过润州，润州知府郊外迎接，座中问海南风土人情如何，苏轼说：“风土极好，人情不恶。”接着喜说与儋州人友善相处的往事。有人问迁谪之艰辛者，苏轼微笑着回道：“此是我的相骨所招来的，年轻时刚到京城，有个面相师就对我说：‘你长了一对学士眼，半个配军头。他日虽有文章名满天下，然有迁徙不测之祸。’今日看来，算是应了。”（《瑞桂堂暇录》）

在“元祐党籍”期，他的文章、书画皆在被禁被毁之例，这场政治镇压刚刚过去，苏轼如是表叙自己的遭遇，没有怨气也没有颂圣，示人格独立而不显山露水，堪比他的墨迹还要艺术。

三

《雨航杂录》卷上和《何氏语林》卷三记，苏轼从海南回，本想卜居阳羡（今宜春）。不意阳羡士大夫心有余悸，不敢和他交往，独有士人邵民瞻从学于他。他托邵为他买宅，价五百缗钱，苏轼倾囊付之。一家乔迁的黄道吉日都已卜定，夜里随邵漫步在月光下，偶然进入一村落，听到一个女人哭声极为悲伤，二人于是顺着哭声推门而入，苏轼见是一个老妈子在哭，问其缘故，老妈子说：“我家有一栋百年老宅，因儿子不孝而受穷所迫，已把它卖了，要把老宅腾给买主，今天搬到这里，百年旧居，一朝诀别，能不伤心？”

苏轼一听，也为之怆然，一细问，才知自己买的房子就是这老妈子卖的。于是毫不犹豫地对老妈子说：“你的老宅，是我买的，你也别悲伤，我把这老宅归还与你。”

苏轼说罢，即命邵民瞻取来买房契，当着老妈子的面把房契烧掉，叫老妈子一家来日搬回老宅，五百缗房款就这样送予了老妈子。苏轼回常州，不再买房，借顾塘桥孙氏的房子暂住下来，也不再言置房事。也就在这年的七月，苏轼殁于借居的孙宅。

《后山谈丛》记，苏轼去世的消息传到东京，太学生侯泰、武学生杨选率二百余太学生祭奠苏轼。一个罪臣之死还能受众学子的沉痛追思，足见苏轼生前对士阶层影响之深。

四

苏轼的死因，笔者所见到最为详尽的史料，是日本史家宇野雪村的考证：东坡“到南京附近时，不幸患了细菌性痢疾，建中靖国元年（1101年）六月一日，在白沙（江苏仪征之南）的东园，遇到米芾，二人彻夜交谈，喝太多的冷饮而病。六月十一日，告别米芾，由仪征出发去常州毗陵（江苏镇江东南），到达后仍没有痊愈，七月二十八日客死于该地。”（《中国书法史·中》第23页）

苏轼临终前，指定苏辙为他写墓志铭，自是苏辙最了解他。

《宋史·苏轼传》评论苏轼时说：“轼不得相，又岂非幸欤？或谓：‘轼稍自韬戢，虽不获权柄，亦当免祸。’虽然，假令轼以是而易其所为，尚得为轼乎？”这是说，苏轼没有当上宰相，未必不是一种幸运。有人说：“苏轼若稍为变通一点，即令不拜相，也会免其祸。”对此，史臣问：要是苏轼在臣节等原则上变通而为之，还是苏轼吗？

八斗高才略道来

苏轼的才华，宋仁宗认为是相才，宋神宗目为奇才，今人评为全才。但也有不同看法，李泽厚先生说："苏（轼）的文艺成就本身并不算太高，比起屈（原）、陶（潜）、李（白）、杜（甫），要大逊一筹。画的真迹不可复见，就其他说，则字不如诗文，诗文不如词，词的数量也并不算多。"（《美的历程》第160页）李先生这一断言的依据何在，未见证明，但是，李先生在这里说了句外行话，即"诗文不如词，词的数量也并不算多"。我们都知道，文章之贵在质量不在数量。著名诗人张若虚留下来的诗不过两首，而《春江花月夜》就足以让张若虚扬名万古。反之，前述乾隆一生写了四万多首诗，却算不上著名诗人更算不上一个伟大的诗人，原因就在这四万多首诗没有一首广泛流传。古人认为，诗人有一首诗广泛流传，就是著名诗人，若有两首诗广泛流传，即可称伟大诗人。所以，依古规，李先生此评有失公允。

这里，拟从以下几方面浅议东坡的历史成就。

能臣

苏轼在熙宁二年的两次上疏在《宋史·苏轼传》全文有载，这两篇论政文所主张的变法与王安石的不同，今人有道是"保守""厥词"，但王安石变法失败倒可从苏轼这两次上疏中看出一个能臣的真知灼见。

苏轼在地方任上的政绩前面有述，不再重复，用时下语来归结，曰："我能！"

诗词

一

东坡诗，东坡的诗名，在北宋有道“苏黄”，江西诗派开创人黄庭坚与他齐名；在有宋一朝称“苏陆”，大诗人陆游与他齐名，可见东坡能引领宋诗坛是东坡诗最能代表宋诗的特色。

比之唐诗，宋诗长于理而短于言情，这在古人看来是一大毛病。笔者认为，宋诗强调哲思，惠于人们重新认识世间情理的智慧，又何尝不是长于唐诗之处？以苏诗为例，“不识庐山真面目，只缘身在此山中”“竹外桃花三两枝，春江水暖鸭先知”“高处不胜寒”“雪泥鸿爪”“拣尽寒枝不肯栖”等等，或为成语，或成警策，就是长于唐诗的说明。

一首诗广泛流传上千年，实非易事，这需要诗人抓住穿透时空的文脉和人性认知所缺，恰如日本学者厨川白村根据英国诗人布莱克《天真的预言》意译所道：

一粒沙里见世界，一朵花里可见天。
把握无限在手中，永恒即在一瞬间。

这就告诉我们，一首诗能流传千古，需诗人在“把握无限在手中”的同时，还须把握穿透时空的文脉，才可能把握“永恒的瞬间”。

二

刘大杰先生论苏轼的诗时说：“苏轼在政治思想上属于保守一派，是反对王安石的新法的。这对于他的创作，当然有一定的影响。”“苏轼直接反映民间疾苦的诗篇不多，这是很显著的缺点。”（《中国文学发展史·中册》第 216 页）刘先生这话的自相矛盾之处在：一方面埋怨苏轼思想跟不上横征暴敛的形势，一方面又指责苏轼反映横征暴敛导致民间疾苦的诗篇不多。

苏轼反映民间疾苦的诗也就不过十多首，较两千多首苏诗，是少了点，但是，这十多首诗可是冒着生命的危险写出来的。《山村·五绝》是新法导致民不聊生的纪实，《吴中田妇叹》是揭示虐政害民甚于秋涝。舒亶就在这几首诗里摘句上疏，这类诗也就成为“乌台诗案”的铁证之一。

笔者在这里要说的是，一个诗人的为民请命之作，不管多与少，都不是缺点，都是一个社会良知的崇高表现。按尼采的说法，都是用鲜血来写的。

三

东坡词，前面谈东坡的豪放词时提到时有微词，这其中，批评最明眼的是李清照在《词论》中说：“苏子瞻，学际天人，作小歌词，直如酌蠡水于大海，然皆句读不葺之诗尔。又往往不协音律，何耶？”这是说，苏轼作为一代文豪，填点曲子词，应该就像拿瓢在大海里舀瓢水那样容易，但是，读他的词作，就像读不善修饰的诗罢了。作的词又往往在音律上不协调，究竟为何呀？

就曲子词须依附音乐而存，李清照这批评是有一定道理的。若看到词在苏轼这里才从音乐的附属中获得独立，李清照这一批评就站不住脚了。晁补之所以说：“东坡居士的词，人谓多不谐音律。然横放杰出，自是曲子中缚不住者。”进而言之：苏轼使词摆脱音乐的附属地位，与曲子词分离出来，独立成为另一种形式的诗，即是苏轼词在词境上的审美新拓展。就凭这一点创造性的突破，苏轼诗词的美学成就丝毫不逊“屈、陶、李、杜”。

我们知道，东坡不仅是豪放词的代表人物，婉约词也填得非常出色，例如《水龙吟》（似花还似非花）、《卜算子》（缺月挂疏桐）、《蝶恋花》（花褪残红青杏小）等等词作，在婉约词中都是公认的上乘之作。

王国维所以说："东坡《水龙吟》咏杨花，和韵而似唱。章质夫词，原唱而似和韵，才之不可强也如是！"（《人间词话·三七》）

古诗词唱和，有条不成文的规矩，这就是原唱的艺术手法和工整应优于和韵，但东坡和韵章质夫的杨花词，反倒使章词的原唱有似和韵，王国维先生所以说诗人的才华是不可强求的。因之在《人间词话·三八》中指出："咏物之词，自以东坡《水龙吟》为最工。"

《人间词话》开宗明义地指出："词以境界为上，有境界则自成高格，自有名句。"东坡词的名句之多，不胜枚举，读者自有雅好，这里择一二试表拙见：

"但愿人长久，千里共婵娟。"之所广泛流传、广泛引用，这诚然有似来自神界的祝愿，更见仁爱之衷。

"枝上柳绵吹又少，天涯何处无芳草。"王朝云不忍唱"枝上柳绵吹又少"，忽视"天涯何处无芳草"，显然没有领略到诗人惠予逆境者新的希望。

一言蔽之，东坡诗词在今天仍给人们带来无限愉悦，仍在不时开启后生的智慧和审美力，也就无愧为一个伟大诗人。

散文

苏轼散文，黄州一节已表拙意，这里要说的，是他的创作态度："作文如行云流水，初无定质，但常行于所当行，止于所不可止。"（《宋史·苏轼传》）这种创作心态，对今人说来仍是宝贵的启迪。当然，这种心态，认定"沉默是金"者，是做不到的，他曾在《思堂记》中说："言发于心而冲于口，吐之则逆人，茹之则逆余，以为宁逆人，故卒吐之。"

苏轼作为“千古文章四大家”的最后一大家，其著作等身，在社会干预和人生考量上颇有建树，皆因这种创作欲望的驱使。也正因为这样的创作欲，苏轼在唐宋散文八大家中别于其他七家之处，是他把道统彻底排除在文统之外，行笔不受义法的约束，依着文学本是人性学，把文学的功能发挥到极致。这一伟大的突破，在当代虽被一些美学权威忽略，但得到文学史的承认：“苏轼的散文在宋代与欧阳修、王安石齐名，但如果单从文学的角度来看，则苏文无疑是宋文中成就最高的一家。”（《中国文学史·第三卷》第60页）

书画

一

在中国书法史上，在宋有“苏、黄、米、蔡”四大家，苏轼居“宋四家”之首。最能代表他中年书法风格的，是四十七岁这年作的《黄州寒食诗卷》（简称《寒食帖》），有“天下第三行书”之称。黄山谷在该卷的跋中说：“此书兼颜鲁公、杨少师、李西台笔意，试使东坡复为之，未必及此。”

黄山谷这话，自然是依据《寒食帖》墨迹而评，就苏轼的练字经历，也大抵如此。《春渚纪闻》卷六记，苏公少时，手抄经史，抄罢皆已通晓大义。每抄一本书，就变更一种书体，直到学成为止。

苏轼在《论书》中指出：“王荆公书得无法，然不可学，无法故。”这就告诉我们，苏字是依于书之法则而书。

所以，我们从苏公的墨迹里，看到苏体取法李邕、颜真卿、杨凝式等名家后方自创新意。可见，不管是文学家的苏东坡，还是书法家的苏东坡，都是在勤学苦练中积累知识，在功底的深厚上去谈天分凑成。难怪苏轼在《论书》中颇有心得地说：“吾书虽不甚佳，然自出新意，不践古人，是一快也。”

苏字彻底摆脱李邕、颜真卿、杨凝式的影响，应是在知杭州后，《洞庭春色赋》《雪浪石盆铭》等墨迹可见他开创了自家面目。也就是说，有宋以来，苏轼是第一个彻底摆脱二王（王羲之、王献之）影响，成为“尚意”书风的绰然大家。这时，苏轼已是五十八九快六十岁的人了。

二

苏轼书艺比蔡襄书艺高一筹的，不只是晚年墨迹属自家面目，还在他的《论书》证明他是有书法理念的书法大家，苏轼《论书》言简意赅，向读者传递书学建树时，也在帮助读者提高审美力。

李泽厚先生认为苏轼“则字不如诗文”（《美的历程》第160页）。苏轼不这样看。苏轼有一天得到一张粗纸，便在这张粗纸上写道：“此纸很不好，只宜做祭鬼的纸钱。但我写这些字在上面，后世必将用锦囊玉轴来宝藏而得爱之，由此可见，世上之物，遇贵与否大抵如此（此纸甚恶，止可才钱饷鬼而已。余作字其上，后世当有锦囊玉轴什袭之宠，物之遇不遇盖如此）。”

这几句有似圣哲的洞见之语，在苏轼诸集中皆无这段话，《瓮牖闲评》卷六谈东坡遗事记之。当然，这也要有一对识宝的慧眼，方将这张粗纸上的苏字宝之。

据《长水日钞》记，在徽宗的崇宁、大观年间，朝廷下令，将苏轼翰墨尽焚毁，而十多年后，也就在宣和年间，皇上又想念起东坡的字来，这时，东坡的字又是一纸万钱。

东坡当年儋州归北，遇常州报恩寺僧堂新成，便在壁上写了几首诗，党祸发作，寺僧用厚纸来把苏家尽盖，涂漆遮隐才得以保全。二十多年后，到了南宋的绍兴年间，高宗下诏求东坡墨迹，报恩寺的老头陀以壁上苏字的临本进奉，高宗大喜，命这老头陀做了皇家寺院的高僧。

宋高宗是个书法方家，他在《翰墨志》中评道："继苏（轼）、黄（庭坚）、米（芾）、薛（绍彭），笔势澜翻，各有趣向。然家鸡野鹄，识者自有优劣。"

确实，你皇家用他苏轼时，他犹似报晓的雄鸡，一谪黜，这只报晓鸡也就变成翱翔玉宇的天鹅。倘若苏轼的心灵没有这份美企，也就不可能挥洒一幅幅丰腴跌宕、天真烂漫的墨迹。

苏轼墨迹，据《中国书法史》记，现存也不过四十来幅。

苏轼的画，显然不如书法有名，但不俗，有文人风雅，是中国文人画开先河者之一。苏轼画仅存《潇湘竹石图》，现藏中国美术馆。

上述，可见苏轼一生创字当头，将华夏审美领域空前拓展，其历史影响所以至今依在。

结语

苏轼这方方面面的历史成就，正是苏轼才华横溢、人格高尚的说明。以至《宋史·苏轼传》赞曰："器识之宏伟，议论之卓荦，文章之雄隽，政事之精明，四者皆能以特立之志为之主，而以迈往之气辅之。故意之所向，言足以达其有猷，行足以遂其有为。至于祸患之来，节义足以固其有守，皆志与气所为也。"这是说，苏轼度量通达更兼见识渊博，或奏议或论说都卓越出众，他的文章雄放隽永，他主政精细明察、光明磊落。尤为可贵的是，他在这四方面都有坚定的意志和豪迈的气概。所以，哪怕大难临头，仍不掩才智超拔，仍以一个社会良知的言行来凸显人臣的崇高气节。

2000年，法国《世界报》在全球范围内评选公元1001—2000年12位世界级杰出人物，苏轼成为中国唯一入选者，被授以"千古英雄"称号。可见，苏轼的才华和节操不只国人敬仰，在世界上同样德高望重。

才情黄庭坚

黄庭坚（1045—1105），字鲁直，号山谷道人，晚号涪翁，洪州分宁（今江西修水县）人，治平四年进士，官至起居舍人，北宋著名文学家、书法家。江西诗派的开山祖师，书法“宋四大家”之一。

天成性行即文章

一

黄庭坚出生在书香之家。其父黄庶为庆历二年进士，仕不得志，遂刻意于文辞，有《伐檀集》传世。舅父李常是诗人兼藏书家。

黄庭坚自幼聪明过人，读书过目不忘，据《道山清话》载，黄庭坚五岁就能诵五经，一日，问老师：“人言六经，何故只读五经呢？”

老师说：“这六经中，自古认为《春秋》不足以读。”

黄庭坚说：“这是什么话，既说是经典，为什么又不能读。”

于是要求老师教他，他十日诵读，背诵无一字遗漏。他父亲素来喜欢他读书警觉奋进，敏悟好思。因而决定让他习神童科举。黄庭坚背地里听到父亲这个决定后，笑着说：“是胜过之处。”

黄庭坚八岁时，有同乡赴南京赶考，在欢送宴上，同舍皆作诗送行。轮到黄庭坚赋诗，他顷刻而成，诗云：

万里云程着祖鞭，君到玉皇香案前。

若问旧时黄庭坚，谪在人间今八年。

在这首诗里，不仅展示了黄庭坚的奇思妙想，更见他自命不凡的抱负。所谓“诗言志”者，莫过如此。然而，八岁即兴诗，天分更助抱负。

二

《尧山堂外纪》卷五十三有道，治平初，黄庭坚赴乡举，诗题是“野无遗贤”。主考官李询读黄庭坚诗中两句云:“渭水空藏月，傅岩深锁烟。”连声叫好，提笔批示：“此人不唯文理冠场，异日当以诗名扬四海。”

这两句诗，典出文王在渭水访得姜尚，武丁在傅岩得遇傅说，傅说和姜尚成为殷周贤相。但诗人用典全然不见用典的痕迹，诗中只暗示礼贤之后，“野无遗贤”的景象。这种方法，从其时的写作技巧上讲，叫“用典脱胎换骨”，就黄山谷本人的创作心得而言，在字句提炼上，这两句诗里的“藏”和“锁”，有道是“诗中有眼”。无论是“脱胎换骨”还是“诗中有眼”，在创作手法上，都是作诗的最高境界，都不是一般诗人所能企及的。所以，李询据此断言考生黄庭坚他日“诗名扬四海”。

《仕学规范》卷三十三说黄庭坚于相国寺购得宋祁《新唐书》稿一册，归来熟读后，文章自此大进，因见宋祁的改稿成文与初衷大不同，方悟出文不厌改的真谛。所以，窃以为看名家稿件，易得作文真传。

黄庭坚举进士后，做了一阵子地方官，熙宁初参加四京学官的考试，由于应试优秀，任国子监教授，留守文彦博认为他有才能，留他继续任教。《宋史·文苑》说，苏轼看到黄庭坚的诗文超凡绝尘，认为是卓然独立于文坛的表率，感慨世上好久没有这样的佳作。经苏轼这番高度评价，黄庭坚的诗名远扬四方。（《宋史·文苑》）

无畏摧残见风格

一

黄庭坚做地方官以百姓安宁为要，例如他做太和县县令，《宋史》本传说他“以平易为治。时将颁盐策，诸县争占多数，太和独否，吏不说，而民安之”。也就是说，黄庭坚任太和县令，在政务上讲究平和简易，顺从事理与民情。当时在盐税上，各县都争相多征和提前完成，然后打报告向上级邀功要奖，独有太和县接规定数额和时间完成，太和的衙吏少了奖金，很不高兴，但太和县的百姓免遭暴敛，生活安定。

黄庭坚在政治立场上一生追随苏轼，因而饱受新党打击。元丰八年，黄庭坚以秘书省校书郎召入京师，任神宗实录检讨官，著作佐郎，参与《神宗实录》的编纂，11 年后，也就是绍圣初，出任宣州知府。《宋名臣言行录》续集卷一记，绍圣二年，章惇、蔡卞与其党羽诬陷黄庭坚撰《神宗实录》多有不实之词，令前修史官分别居于京城附近各处盘问，摘录了千余条内容，说这些没有验证，经院受考察审阅，却都有事实根据。所剩三十二件事，黄庭坚都拿出依据，照实回答，毫无顾忌。黄庭坚在《神宗实录》中写有“用铁龙爪治河，有同儿戏”的话，于是拿这话来盘问他。黄庭坚回答道：“庭坚当时在北都做官，曾亲眼看到这件事，当时的确如同儿戏。”

二

黄庭坚的学识和胆识虽然倍受时人赞许，但是，他作为党争整治对象，还是因此被贬为涪州别驾，黔州（今重庆彭水）安置。《坚瓠戊集》卷二记，党祸既起，山谷居黔州，有人赠送他一道画屏，画屏上画的是蜘蛛挂在树梢吐丝织网，两只蝴蝶在树下飞舞，蚂蚁穿梭在树上。黄山谷因此在画上题诗曰：

蝴蝶双飞得意，偶然毕命网罗。

群蚁争收坠翼，策勋归去南柯。

蔡京从耳目处看到这诗，认为黄庭坚视他们为蜘蚁一类，大怒之下，诬陷黄庭坚枉法，又因避亲属之嫌，于是移至戎州（今四川宜宾）。黄庭坚对贬谪毫不在意，依然我行我素。

这人一聪明过度，总要做出些自辱其身的蠢事来，蔡京此举就是典型。

《古今词话》记，山谷过泸南，泸州府留住，宴会上，有官伎盼盼同陪，这盼盼聪慧美丽，不仅是泸帅宠爱之人，更是当时有名的歌女、女词人。盼盼慕山谷大名，求词，黄山谷即兴《浣溪沙》赠之：

脚上鞋儿四寸罗，唇边朱粉一樱多。见人无语但回波。

料得有心怜宋玉，只应无奈楚襄何。今生有分向伊么。

盼盼拜谢，唱自作词《惜花容》和之：

少年看花双鬓绿，走马章台管弦逐。

而今老更惜花深，终日看花看不足。

座中美女颜如玉，为我一歌金缕曲。

归时压得帽檐攲，头上春风红簌簌。

这，可谓风人唱和只为美嘘唏。但是，四川士子仰慕黄庭坚的才情，还不是他赢得佳丽芳心，更敬重他讲学平实慎密，凡经他指点的文章都令人颇受启迪。

元符元年，徽宗即位，起任黄庭坚为监鄂州税。

据《墨庄漫录》卷十记，黄山谷在鄂州，邻居有一少女，文静大方，秀丽袅娜，丰姿绰约。黄山谷叹其出身寒微，市井小户人家。不久，下嫁同里，夫家亦庸俗贫下之家。黄山谷为之赋诗荆南马太守，惜其不配。

淤泥解作白莲藕，粪壤能开黄玉花。
可惜国香天不管，随缘流落小民家。

这里，我们看到诗人抱着独有的审美力巡视社会底层，发现美即以独有的同情心去顾惜美的流落。爱美之心人人皆有，惜美之心并非人人皆有，诗人当有，大诗人当独有。

三

黄庭坚任签书宁国军判官、知舒州。始终保持自己的操守，不与趋炎附势者同伍，受吏部员外郎召用，他推辞不就，请求为郡官，得任太平州知府，上任九天就被罢免，主管玉龙观。

黄庭坚在河北时与赵挺之不和，赵挺之执政，转运判官陈举秉承赵意，呈上黄庭坚写的《荆南承天院记》，指斥他对灾祸庆幸，黄庭坚再一次被除名，以幸灾谤国之罪除名羁管宜州（广西宜山县）。崇宁四年客死贬所，终年六十岁。

诗存奇崛是瘦硬

一

较之唐诗，宋诗没有唐诗的丰美，但宋诗的淡雅仍不失时代之美。王安石的精致、苏轼的玄微、黄庭坚的奇崛、陆游的清丽、杨万里的活泼，无不是在追求淡雅美。所以，我们在看到唐诗以丰美的韵致胜出时，也应看到宋诗在以淡雅的韵味取胜。再看明清诗人，在历史上就没拓出自己的时代诗风来。

评诗论人，今人谈论苏轼黄山谷的诗，有一种说法，说“苏诗成就虽高，师之者极少，未能形成流派。黄庭坚的创作思路有迹可寻，甚讲法度，便于学习，所以其追随者很多”。这话待商榷。

对此，当代文学史的解释较中肯：“在苏轼主持文坛的时期，宋代文学的发展达到了高潮，其中宋诗的成就进入了巅峰阶段。”“但是由于苏轼写诗的方式是凭才情而随意挥洒，不主故常，所以别人难以仿效。而且从元祐后期开始，激烈的党争常常导致‘文字狱’，苏轼那种敢怒敢骂的作风更使人敬而远之。于是，作诗极其讲究法度，题材又偏重于书斋生活的黄庭坚便成为青年诗人学习的典范。”（《中国文学史·第三卷》第 73 页）

进而言之，黄庭坚《答洪驹父书》指出：“东坡文章妙天下，其短处在好骂。”未必是其短：而易真先生在《黄庭坚诗文注》里说江西诗派迂于“无一字无来处”“就难免要走向片面追求语言技巧的歧途”，却是一语道破江西诗派的弊病。

二

《诗人玉屑》卷十八记，黄山谷问洪龟父：“甥爱老舅诗中何语？”

龟父回答说：“老舅的诗如‘蜜房各自开牖户，蚁穴或梦封侯王’，‘黄流不解浣明月，碧树为我生凉秋’，以为深类（杜）工部。”

黄山谷听后，非常高兴地说：“得之矣。”

黄山谷这类诗确实是黄山谷的杰作。拿这些诗句比较杜诗，我们不难发现，黄山谷之所以成为中国文学史上的卓然诗人，其风格与杜工部最大的不同之处，就在黄山谷的奇崛是杜工部没有的。而这奇崛的成因，窃以为，还在黄山谷的思想里渗透一丝丝禅意，致使他的审美观多带着出世者的视野。这更是死守儒道的杜甫没有的。

但是，苏东坡说：“黄鲁直诗文，如蝤蛑江珧（梭子蟹一类水产）柱，格韵高绝，盘飧尽废，不可多食，多食则发风动气。”（《苕溪渔隐丛话》前集卷四十九）东坡先生这话是有道理的，道理何在，我们不妨再品：“群蚁争收坠翼，策勋归去南柯。”（《蚁蝶图》）

古人的“策勋”，就是历代王朝记录臣子功劳的简策或簿子，也是建功立业，论功行赏的由来和展示，一部帝王将相史，说白了，就是策勋记录。读黄山谷这首诗，试想蚁类已有上亿年历史，人类也就不过几十万年，那么，这策勋之事，是蚁类学人类呢，还是人类学蚁类？当然，这事不管谁学谁，在入世者，不仅“饮至策勋，和乐且闲”（李华《吊古战场文》），更视为流芳千古。但是，这在出世者看来，不过南柯一梦。

因此，出世者的态度，对入世者提个醒是必要，但不能作为积极人生的导向，倘若作为人生导向，自是导向一个消积人生，人生精进又从何道来？例如历史上的魏晋风度，既是出世尽疯狂的写照，也是清谈误国的诠释。苏轼说鲁直诗“不可多食”的道理即在于此。

纸上线条万岁藤

一

《宋史・文苑》载，黄庭坚“善行、草书，楷法亦自成一家”。

就黄山谷的书学历程言，少时师从周越，学了二十年，虽学二王但未登堂。他所以在《钟离跋尾》中说：“少时喜作草书。初不师承古人，唯管中窥豹，稍稍推类及之。”“盖美而病韵者，王著；劲而病韵者，周越，非学者不力也。”

他中年学虞世南、钟繇，自以为可以和五代书法大家杨凝式比肩。

方家王定国批评他用笔不知虚实，他很不高兴，不以为然，苏东坡指出他的草书未能脱俗，之后，他自己才有所察觉，因而在《豫章集》中说："余书姿媚而乏老气。"

黄山谷到了四十岁以后，他对自己的字多有反省，他"自评元祐间字"："往时王定国谓余不工书。书工与不工不足计较。然余尝不心服。今日观此，定国之言诚不谬。盖不知用笔擒纵，故字中无笔耳。字中有笔如禅家句中有眼。盖深解宗趣者，岂易言哉。"（《山谷题跋》卷五）

之后见元祐四年的题跋时说："当年自评此书，以为应与杨少师并肩。今日观此，唯汗颜耳。盖往时余不知用笔。"（《山谷题跋》卷七）

这些自我批评之下，更见他对师友批评的虚心接受。

黄山谷虽与苏轼是亦师亦友的关系，但他们在书法批评上，常常是有一语点到了病根。据《独醒杂志》卷三记，东坡曾与山谷论及彼此书法，东坡说："鲁直近来的字虽是清劲，而笔势有时太瘦，几如树梢挂蛇。"

山谷回道："公之字固不敢轻议，然间觉褊浅，亦甚似石压蝦蟆（蛤蟆）。"

二公大笑，以为深中其病。都是方家，指出对方笔下的病态时不失和气，真不愧有大家品相。更有趣的是，日本学者宇野雪村在《中国书法史》中讲这故事时，把蛤蟆译成了螃蟹，好在不影响宇野雪村的书法见地。

一流的作品，出自一流的批评。正是这样的自我批评和批评，助长了这两个史上方家的审美力。

二

《宋史·文苑》说黄庭坚"自成一家"，应是在五十岁后，《黄州寒食诗卷跋》是黄山谷五十六岁的墨迹，跋后，他在李致尧乞书中写道："书要拙多于巧"，"耳热眼花，忽然龙蛇入笔。学书四十年，今夕所谓鳌山悟道之书也。"

其笔法一改过去，是黄庭坚"于僰道舟中，观长年荡桨，群丁拨棹，乃觉少进，喜之所得，辄得用笔"。（《答苏迈书》）此外，"余寓居开元寺夕怡思堂，坐见江山。每于此中作草，似得江山之助。"这就是行家们常说的"近取诸身"。从创作手法的创新上讲，可谓艺道高人无矩步。

晚年，他的《李白忆旧游诗卷》《诸上座帖》等草书作品，可证黄山谷是继苏轼后摆脱了二王书风的卓然大家。他这一时期的墨迹犹万岁青藤布壁，遒劲、洒脱的线条流露了高闲妙笔。更需点赞的是，这时的黄庭坚在章法上打破古来法度，通篇呈现出自家面目，于是创出中国草书又一新境界。

三

清末书家康有为也想笔下生出万岁青藤，为此挥毫几十年，结果，笔下的墨迹有似"一路的烂草绳"（白蕉语），自个也只好在《广艺舟双揖》中承认："惜吾眼有神，吾腕有鬼，不足以副之。"

康先生因之指出："夫书小艺耳，本不足述，亦见凡有所学，非深造力追，未易有得，况大道邪？"这里，康先生漏了一样：凡有所学，是事倍功半还是事半功倍，一看天分高低，二看博学借助。

据此，我们谈论黄山谷的书法成就时，切不可忘了他的大诗人胸襟在审美情趣上与书法审美相得益彰。

亲情友情话孝友

一

《宋史·文苑》："庭坚性笃孝，母病弥年，昼夜视颜色，衣不解带，及亡，庐墓下，哀毁得疾几殆。"这是说，黄庭坚生性孝顺父母，母亲病重弥留之际，他衣不解带地昼夜服侍，安葬母亲后，他在母墓旁结庐守孝，因母逝而过度悲伤致病，差点死去。

黄庭坚入选《二十四孝》，还是他母亲特别爱卫生，黄庭坚虽身居高位，侍奉母亲却竭尽孝诚，唯恐仆人的卫生清洁达不到母亲的要求，他每天早上都亲自为年迈的母亲清洗便桶，几十年如一日，从未间断过。

这做法引来一些人的好奇和不理解，有人问黄庭坚："您身为高贵的朝廷命官，家里卑贱的事应由仆人做，你为何还要亲自刷洗母亲的便桶呢？"

黄庭坚回答说："尽孝是我的分内事，同身份地位没任何关系，再说孝敬父母的事情怎能让仆人去代劳呢？"

二

黄庭坚、晁补之、张耒、秦观拜苏轼门下，苏轼只把他们当文友对待，从来没有视为门生。而苏轼在这四人心中，自始视为师尊，至终好和如初，和王安石一党子易反易复者形成鲜明的对比。所以，史家说黄庭坚"孝友之行，追配古人"。（《宋史·黄庭坚传》）

《独醒杂志》卷三记苏轼去世后，黄庭坚在南康落星寺得到苏轼去世的消息，痛惜久之。找到寺僧，拈几炷上香合在手，沉痛祭道："此香匾子，自此却属老夫矣。"

这以后，黄庭坚将东坡画像悬挂于室中，每早整作衣冠，荐香肃揖甚敬。常对人说："庭坚望东坡门，弟子耳，安敢失其叙哉！"

三

《清波杂志》卷七记，黄庭坚在长沙遇到秦观的儿子秦湛和女婿范温俟自古藤护秦观的灵柩北归，黄庭坚在秦观灵柩前祭后，见秦观家人穷困潦倒，便送上白银二十两做秦观治丧费用，秦湛谢绝说："您老都是远谪之官，哪还能救济我们嘞。"

黄庭坚说："你父亲，和我是同一师门的好友，讲情重义犹同骨肉兄弟，他死时我未能预敛，葬他时我又不能护送，是我欠你父亲的情义太多了，我这点心意是表示我们不相忘。"

秦湛不再推却，别时，黄庭坚赋诗送之：

秦郎水江汉，范郎器鼎鼐。
逝者不可寻，犹喜二子在。

往时高交友，宰木已枞枞。
今我二三子，事业在灯窗。

孝结亲情与友情，是做人的崇高品质，更是性情中人的最高境界。其中的人情美味，自是薄情寡义者永生品不到的。

秦观的人生选择及成就

秦观（1049—1100），字太虚，后改字少游，别号邗沟居士，江苏高邮人。官至龙图阁学士，北宋著名文学家。

失之桑榆　收之东隅

秦观生性豪爽，洒脱不拘，自幼溢于文辞。但是，他的志向是驰骋沙场，建功立业，因之自幼研习经史兵书。可是命运却与他这一志向相背，快到而立之年，依然是一事无成。据《冷斋夜话》卷一记，秦观29岁这年，得知苏轼要路过扬州，也就在苏轼要路过的山寺，仿苏轼的笔迹题了一首诗在山寺的墙壁。苏轼见其字迹仿得几乎乱真，为之惊诧不已。之后在孙莘老处，读到秦观的诗词，这才感叹："山寺向壁仿书者，必是此郎。"

秦观于是与苏轼相识，结为师友，苏轼称赞他有屈原、宋玉之才。在此期间，秦观与苏轼同游无锡、吴江、湖州、会稽各地。在苏轼的劝说下，秦观开始发奋读书，积极参加科考。秦观遇苏轼后两度应考均名落孙山，苏轼为之做诗写信予以劝勉，终于在37岁这年举进士。

程公辟守会稽，秦观客游会稽，住蓬莱阁。一日席上高兴，作《满庭芳》呈程公辟给事。

山抹微云，天粘[1]衰草，画角声断谯门。暂停征棹，聊共引离尊。多少蓬莱旧事，空回首、烟霭纷纷。斜阳外，寒鸦数点，流水绕孤村。　销魂，当此际，香囊暗解，罗带轻分，谩赢得，青楼薄幸名存。此去何时见也，襟袖上、空惹啼痕。伤情处，高城望断，灯火已黄昏。

注［1］粘：一作“连”。

这首千年名篇是秦观早期词作的代表作，据《避暑录话》和《能改斋漫录》记，这首词一经问世就名噪一时，在淮楚一带传唱不衰。这首词的韵致类似柳永笔法，但他的格调却高过柳永，恰如《插图中国文学史》中所说：“他自有一种婉约轻圆的作风，为柳永所不能及。”郑先生这里指出了秦词的谋篇之胜。

王国维在《人间词话·四十》有道：“唐五代之词，有句而无篇。南宋名家之词，有篇而无句。有篇有句，唯李后主降宋后之作，及永叔、子瞻、少游、美成、稼轩数人而已。”

是名篇还要有名句，这才是词中上乘之作，在中国的词史上，有这一成就的，也就不过这六七个词人，足见有篇有句才是方家中的方家。

这首名篇的名句近似冷色调的水墨画，第一幅画的是：“山抹微云，天粘衰草，画角声断谯门。”不仅是前两句对仗工稳，还在酌字精练，一“抹”一“粘”，将清淡空灵的景致活生生地托出，侧耳闻角声，平添悲凉道惜别。所以，苏轼读了这首词后，有批评也有肯定，称秦观为“山抹微云君”，就是对秦观在艺术表现上的高超手法的肯定。另一组名句是：“斜阳外，寒鸦数点，流水绕孤村。”这样的画境，借用了画家的写意之笔，看似平淡无奇，更像信手拈来，天晓得作者基于雅俗共赏，在遣词造句上何等煞费苦心，所以，他的友人晁补之说：“虽不识字人，亦知是天生好言语。”（《苕溪渔隐丛话》）

后人把秦观列为本色词人或伤心词人，皆因秦观的笔下能将离情别诸真实再现，这种再现，不是简单的场景复制，乃是作者刻意于情景再现时，一任性情真露，将词境的凄婉美本真地呈现。

所以，“两情若是久长时，又岂在朝朝暮暮”成为流传千古的名句。

良师益友贵友直

秦观举进士后，任定海主簿、蔡州教授。《高斋诗话》记，少游在蔡州，与营伎娄婉字东玉者关系甚密，少游在赠词中有“小楼连苑横空”，“玉佩丁东别后”等句，很是得意于将心上人“东玉”二字嵌入词中。

对这样的词作，苏轼却很不客气地对批评道：“不意别后，公却学柳七作词。”

秦观不认为自己在学柳永——词作平庸化，故而回道：“某虽无学，亦不如是。”

苏轼例举秦词句说：“‘锁魂当此际’，不就是柳七的语言吗？”

苏轼接着问秦观近来的词作，秦观举“小楼连苑横空，下窥绣毂雕鞍骤”。

苏轼听后不以为然地说道：“十三个字，只说得一个人骑马楼前过。”

秦观能成为婉约派的一代词宗，与苏轼这样的良师益友的正面引导密不可分。当然，这也要秦观乐于接受批评才可能获得升华。

《蕙风词话·十二》说：“苏长公提倡风雅，为一代山斗。黄山谷、秦少游、晁无咎皆长公之客也。山谷、无咎皆工倚声，体格于长公为近，唯少游自辟蹊径，卓然名家。盖其天分高，故能抽秘骋妍于寻常濡染之外。”为此还引用《碧鸡漫志》的话来论道：“黄、晁二家词，皆学坡公，得其七八，而于少游独称其俊逸精妙，与张子野并论，不言其学坡公，可谓知少游者矣。”

苏轼对秦观不仅是文学创作上的尽心指导，在元祐初，秦观任太学博士，秘书省正字兼国史院编修官，也是苏轼的推荐。

褒贬不一在京师

《绿窗新话》卷上记，秦少游寓京师，有贵官请他赴宴，这贵官带着他宠爱的美妾碧桃上席。席上，碧桃恳切地向秦观劝酒，秦观领意后，也举起杯来向碧桃劝酒，这贵官马上对秦观说："碧桃素不善饮。"

不料碧桃却说："今日为秦学士拼个一醉。"

碧桃说罢，还叫席上换成大酒杯畅饮起来。秦观为之即席赠《虞美人》：

碧桃天上栽和露，不是凡花数。乱山深处水萦回，借问[1]一枝如画[2]为谁开。　轻寒细雨情何恨[3]，不道春难管。为君沉醉又[4]何妨，只怕酒醒时候断人[5]肠。

注[1]借问：一作"可惜"。[2]画：一作"玉"。[3]恨：一作"限"。[4]又：一作"一"。[5]断人：一作"逝水"。

虽是应酬之作，却是真情以赠。碧桃了得心愿，贵官却说："今后永不令此姬出来。"

为之引来满座大笑。如此受人倾慕，可见秦观的词名早已传遍京师。

对这首词的赏析，《唐宋词鉴赏辞典》早有高见，无需再赘。在此要说的，就词意所阐发的情义而言，这是词人抱一颗彼此平等的心去赞美倾慕者的高洁，和"今后永不令此姬出来"的贵官态度形成鲜明的对比。秦少游的这一平等观，在前，可和《琵琶行》的白居易同座；在后，是夜游秦淮河的朱自清所不及的。一个作家，对社会弱势群体如果不抱人格等同的态度待之，对社会弱势群体的同情也好，赞许也罢，都是虚伪的表现。

文学既以考量人性中的神性和兽性融合度为己任，就需要文学家抱人皆平等的心态看待世界，才可能真实地看到世界的美丑与不平等。

因此，文学家所肯定的，往往便是道学家否定的。《瓮牖闲评》卷五载，道学家程伊川一日遇见秦少游，问：“‘天若有情，天也为人烦恼。’是公的词句否？”

秦少游以为伊川先生也似碧桃那样赞赏他的词，因而拱手承认这正是自己得意之句。不料伊川先生说：“上穹尊严，哪能允许你这样轻慢戏弄！”

秦少游听后，惭愧告退。

这就是秦少游的思想高度不及苏轼的表现了，二程篇载苏轼敢戏程伊川，就在苏轼有敢戏道学的资本：人之所欲，天必从之。

师友唱和终其生

秦观说：“仆有《梅花》一诗，东坡为和，王荆公曾书于扇。”

王荆公的扇上所书“月落参横画角哀，暗香清尽令人老”两句，即是秦观诗。

而黄山谷所爱的，是秦观的：

清泪斑斑知有恨，恨春相从苦不早。
甘心结子待君来，洗雨梳风为谁好。

山谷之所爱这几句，认为《玉台》诗中，气格高者就数这几句。《观林诗话》所记这事来看，以上诸公，一当撂开政治角力场，都是性情中人，也都只是彼此倾心相慕的大才子。

据《师友谈记》载，苏轼对人说：“少游文章如美玉无瑕，又琢磨之功，殆未有出其右者。”

而秦少游本人认为："某少时用意作赋，习惯已成。诚如所论，点检不破，不畏磨难。然自以华弱为愧。"

邢和叔却说："子之文铢两不差，非秤上秤来，乃等子上等来也。"

苏轼的话，是在人前对得意弟子的赞许，也就少不了感情倾注，溢美也是人之常情。从秦少游的话中可以看出，他没有沉醉在溢美之中，他表露了对文学的由衷热爱，讲了创作的认真及艰辛，更可贵的是，他看到自己的作品有一个毛病："华弱。"

邢和叔在这里倒还说了一句非常中肯的话，这就是文学作品"非秤上秤来"，但是，他认定秦少游的文章中有"铢两不差"的上乘之作。

这邢和叔，把秦少游的文才看准了，怎的又把自己看走眼了的呢？其由恐怕还需苏诗来作答："不识庐山真面目，只缘身在此山中。"

秦观在政治立场上始终追随苏轼，因而随着苏轼被迫害，他也先后流放到郴州、横州、雷州等地，客死贬所。这虽是一个忠义之士的人生取向和价值所在，但《中国文学史》在论及秦观时，说："由于他的人生期望值过高，对于人生挫折和失败又缺乏足够的心理准备，故一旦希望破灭，就异常失望和痛苦。"

读史家言，笔者倒生出不同看法来：

一、秦观选择苏轼作为人生指路人，就证明驰骋沙场只是秦观志向选择之一，不是秦观志向的唯一。究其人生策略，足见秦观师从苏轼即认识到践行人生志向选择正是纠正人生错位的关键。柳开欠缺这样的志向选择也欠缺苏轼这样的引路人，所以徒有其名。

二、少志难酬，自是人生纠结事。但是秦观不因少志难酬而平庸一生，他跟随苏轼后，致力于文学创作却在创作上独辟蹊径而名载史册，显然是希望更生而非希望破灭。究其历史贡献暨人生价值，何尝又不是一种幸运！

三、秦观能成为一个伟大的词人，正是他人生期望值高的结果。

米芾的艺术人生

米芾（1051—1107）初名黻，字元章，号襄阳漫士、海岳外史等，祖籍太原，迁襄阳。官至礼部员外郎，世称“米南宫”。书法名列“宋四家”之一，著名画家、书画鉴定家。

滑稽玩世

一

据《宋史·文苑》载，米芾的母亲曾是宣仁皇后的乳母，米芾受皇室旧恩补浛光尉。历任雍丘县、涟水军，太常博士，知无为军。召为书画博士。米芾在任浛光尉前，由于有皇亲国戚的关系，18 岁即被神宗任命为秘书省校书郎。

米芾为雍丘县令，适逢天旱蝗灾大起，邻县的蝗灾更为严重，邻县的里正报告上级尉司，说这蝗虫遍地是雍县那边追赶过来的，这尉司官僚糊涂，信听里正谎报，立即写文书到雍丘县衙，请雍丘县令火速将赶往邻县的蝗虫收回，勿以邻县为壑。

邻县这公文送到米芾面前时，米芾正在与客人共餐，米芾见邻县的这一公文后一阵大笑，立即取笔墨回复道：

蝗虫元是空飞物，天遣来为百姓灾。

本县若还驱得去，贵司欲请打回来。

《竹坡诗话》记叙这事说：“如是回复，在场人无不为之绝倒。”这是米芾在县官任上干得比较得体的一桩政务。

二

《宋稗类钞》卷四记，米元章守涟水，就不务政事了。涟水地接灵壁，盛产奇石，米元章每天沉醉在奇石中品目美名，终日不出画室。时杨次公为监察使，得知米元章玩石荒废政务，赶往涟水，将米元章传到大堂问责：“朝廷以千里郡邑交付与公，汲汲公务，犹惧有缺失，哪得终日弄石？若不反省勤政，尔后将郡事荒务报告上去，尔后悔就来不及了。”

米元章也不答话，走到杨的面前，以手于左袖中取出一石，其状空透玲珑，峰峦洞穴皆具，色极清润。米元章将石举到杨监使眼前宛转翻复以示，得意地说道：“如此石，安得不爱？”

杨监使不屑一顾，把脸掉到一边，米芾不管，又从右袖中掏出一石，这石叠嶂层峦，更加奇巧。米元章又将石举到杨监使眼前宛转翻复以示，说道：“如此石，安得不爱？”

米元章见杨监使把脸真掉到另一边，再从袖中掏出一石，在杨的眼前宛转翻复以示后，又说道：“如此石，安得不爱？”

杨监使见这石尽天划神镂之巧，忽而说道：“非独公爱，我亦爱也。”说这话的同时，即从米手中夺过这石，出门登车而去。

米芾不久调离涟水，自与他荒废政务有关，继而任太常博士至书画博士，一方面是他有这方面的本事，但不能忽略他有“恩荫”的背景，也就是说，米芾步入仕途，既然走的是“恩荫”之路，任上玩世不恭还升任书画学博士，虽说靠自家本领，但在党争残酷的年代没有卷入党争旋涡而能独善，同样离不开皇室背景。

妙于翰墨心手合

一

米芾少时师从周越，后获《王略帖》《晋贤十四帖》，入晋人之堂奥，尤得王献之笔意。期间，据说受过苏轼指点，但米芾本人并不认可。

《独醒杂志》卷五载，米芾曾写诗一卷投许冲元，说："芾自会道言语，不袭古人。年三十，为长沙掾，尽焚毁己前所作。平生不录一篇投王公贵人，遇知己索一二篇则以往。元丰中，至金陵，识王介甫；过黄州，识苏子瞻，皆不执弟子礼，特敬前辈而已。"其高蹈自誉如此。

但米芾知雍丘县时，苏东坡自扬州回京，路过雍丘，受到米芾盛情款待。酒席旁边设长案，长案上备精笔、佳墨、妙纸。二人对坐于酒席，酒过一巡，即到长案前铺纸挥毫，有两个差史研墨，几不能供。至暮，酒行既终，相携而去，二人都以为平日所书不及。

如此往来，只能说同门技艺切磋。

二

米芾的书法风格，宋史家有道是"沉着飞翥，得王献之笔意"，所以后人有"风樯阵马，沉着痛快"之评。也就是说，米芾在"宋四家"中，其书法面目跟蔡襄书法一样，是没有彻底摆脱二王笔法的。

这看法，米芾本人故然不同意，据《古今画鉴》记，米芾初见徽宗，呈进画《楚山清晓图》，受徽宗称赞，徽宗命他书《周官》篇于御屏。米芾书毕，掷笔于地，大声说道："一洗二王恶札，照耀皇宋万古。"

藏于屏风后的徽宗闻声步到屏风前，对米字观赏一番后赞许不已。

米芾再拜索要所用端砚，徽宗顺意而赐。米芾高兴地拜谢，将砚置于怀中，墨汁淋漓于朝服，令徽宗为之开怀大笑。

笔者在此要说的是“一洗二王恶札”，只能算米芾理想的笔法，他的现存墨迹依然是二王笔法中的“追险绝”一路，不是二王“复归平正”的面目罢了。

所以，黄山谷评论米芾书法说：“元章书如快剑斫阵，强弩射千里。当处穿彻。书家笔势亦穷于此。然亦似仲由未见孔子时风气耳。”

黄山谷这话虽是针对米芾的《苕溪诗卷》和《蜀素帖》说的，但到米芾的晚年，也还未见得米字有王羲之《十七帖》的“复归平正”。以《米南宫十七帖》来观其骨力，大不过也就在王献之左右。这，较之同时代书家，诚然是了不起的卓然大家了。这成就，米芾说为之熬白了头。他自白：“既老自成家，人见之，不知以何为祖也。”（《海岳名言》）

“复归平正”可谓二王书法的最高境界，也就是孙过庭在《书谱》中所说：“至如初学分布，但求平正；既知平正，务追险绝；既能险绝，复归平正。”孙过庭这话，也不是随意说出，他依于儒家和道家惠予书法的美学基调：“和而不同”与“天地有大美而不言”。

但是，这是晋唐人的审美观。宋人的书法审美情趣偏重于“笔势澜翻”的意态，止于“险绝”而视“险绝”为最高境界，也在情理之中。同样，也不能拿宋人的审美力去否定晋唐人的审美情趣。因此，“一洗二王恶札，照耀皇宋万古”之类的话，只能视为跟风颂圣者言，尤其是米芾这样世受皇家“恩荫”的人，在皇帝面前吼句颂词，也是情有可原的。

所以，日本史家宇野雪村说：“宋代有代表性的书家可以举出蔡苏黄米四大家，苏和黄是革新派书风的完成者，誉为天才，而蔡和米则以古法的继承者而享盛名。”

宇野雪村的话，可谓“第三只眼”看书法“宋四家”。

一个时代的艺术大师，无论是创新还是继承，同样都是美学史上的杰出奉献者。在他们之间，既是各有春秋，自是各领风骚。

真真假假皆因爱

一

《可书》记，米元章长于临写。在涟水时，得知一僚客藏有戴松《牛图》，米元章于是去借来用了好几天，将这《牛图》临摹后，就用临摹本还给人家，以为人家不能辨认。不料过了几天，这僚客把临本拿回来找米芾要真本，米芾大为惊讶地问道："你凭什么说我给你的是临本？"

僚客说："真本里，牛眼睛中有牧童影，你这临本的牛眼里没有牧童影。"

米芾只好把真本还给僚客。米芾平生以假乱真，以借要偷，失手也不止这一回。苏轼在《东坡志林》卷八中记："吾尝疑米元章用笔妙一时，而所藏书真伪相半。"这"所藏书真伪相半"，是说米芾惯于以假乱真，以临换真，多有得手也多有失手，所藏的书帖以致真伪相半。

《清波杂志》卷五也记，老米酷嗜书画，尝从人借古画自临摹，临摹后，有时还将真赝本都拿给真本的主人，让真本的主人自择，如是巧偷豪夺，所得真本甚多。东坡在《二王帖跋》中说："锦囊玉轴来无趾，粲然夺真疑圣智。"就是讥讽米芾的。

二

米芾除在临摹上做手脚外，有买更有拼命讨要。《群书类编故事》卷十八记，米芾在真州，尝拜访太保蔡攸于船中，蔡攸将珍藏的右军《王略帖》拿给他看。米芾看后即将此帖揣入怀中，起身欲要跳水，蔡攸惊问他为什要跳水，米芾说："我平生所藏的书帖，就没有这样的真迹，因此，我宁可与此帖同死。"

蔡攸不得已，只好将《王略帖》相送。米芾这种本事，在他的圈子里也并非他一人才有。他有一次同友人范大珪同游相国寺，以七百金买得王维《雪图》，因自己无仆人跟随，他就把这《雪图》交给范大珪的仆人代拿。三人走着走着，范大珪主仆二人竟消失于人群，米芾也就独自回府。来日，他叫仆人去范府取他的《雪图》，不料范大珪对米芾的仆人说："回去告诉你家主人，这画我已送西京裱背去了。"

米芾无可奈何，只好学蔡攸，将《雪图》赠送范大珪。

三

米芾被宋徽宗任命为书画学博士，主要目的是为他把皇室所藏书画做鉴定。这事，总算宋徽宗找对了人。精于作假的米芾可谓鉴真的不二人选，还在米芾有这方面的眼神更因拥有这方面的知识。《宋史·文苑》所以说米芾"精于鉴裁，遇古器物书画则极力求取，必将乃已"。

笔者摘抄这些故事，没有他意，只想表明：这是一个伟大的艺术家至爱艺术的真情再现，也正因为心中揣着这份艺术至爱，他才可能为一个民族的审美观开拓出新的境界。难怪日本学者宇野雪村说："米芾不但是书家，而且是米法山水的创始人，是一位有名的画家。现在西方谈到中国绘画常常引用米芾，载于画史拔粹。"(《中国书法史·下》第 38 页)

个性掠影

掠影之一：前述米芾在涟水玩奇石荒政，是他一生与奇石为伴。《梁溪漫志》卷六记，米芾在安徽无为做官时，听说濡须河边有一块奇石，当时人们出于迷信，以为神仙之石，不敢妄加擅动，怕招来不测，而米芾立刻派人将其搬进自己的寓所，摆好供桌，上好供品，向怪石下拜，说：“吾欲见石兄二十年矣。”

此事日后被传到朝廷，言官认为有失官体，罢了米芾的官。米芾无所谓，依然我行我素，因而获得“米癫”的绰号。今人李可染据此作《拜石图》，是赞米芾的高洁。

掠影之二：米芾时常身着唐人衣冠，因而时常受到围观。他本人可是气宇轩然，风神萧散，吐音鸿畅。即令不相识的人，一看到他如是豪放不羁地走来，便知是当下高士米元章。（《挥麈后录》卷七）

掠影之三：米芾有洁癖，他的一帖说：“朝靴偶为他人所持，心甚恶之，因屡洗，遂损不可穿。”朝靴被人踩了一下，心头恶其被弄赃，屡洗，洗破了，不可穿了，都还要记一笔以洗心头之恶，过度爱好卫生的毛病也就可想而知了。

米芾择女婿，由于这人的姓康名段拂，字去尘，米芾一听这个名字就认定是自己的女婿，芾的解释是：“既拂矣，而又去尘，真吾婿也。”

米芾日常洗手，是用银方斛盛水，泻水于手，之后是两手相拍，至干都不用巾拭。（《何氏语林》《轩渠录》）

掠影之四：米芾晚年学禅有得，卒于淮阳军。死因是头上生疮，自知不久于人世，先一月处理家事，和亲友告别，将平生所好书画和奇物尽焚之，去世前的七日都吃素，更衣沐浴，焚香清坐。临终前，举拂尘示众，说：“众香国中来，众香国中去。”话毕，掷拂尘合掌而逝。（《词林纪事》卷八）

从这几个镜头里，看到米芾个性导出一个伟大艺术家纯洁而有尊严的艺术人生。

北宋末

昏孽佶

古人说的昏孽者，亦即愚昧不肖之子。语出《南史·齐武帝等诸子传论》：“而武帝不以择贤，传之昏孽，推此而论，有冥数矣 。”就目前所能见到的宋代史料来看，宋神宗传位于哲宗，向太后择子传位于徽宗，徽宗传位于钦宗，都没有考虑贤良否，由此究之，窃以为，“冥数”（气数）还在：本身不贤，固然难以择贤。据此，试析之。

北宋掘墓人——哲宗

宋哲宗赵煦（1077—1100），宋神宗的第六个儿子。哲宗是神宗一手择定的接班人，即位时年仅十岁，做了十三年的皇帝。

做人不真喜赝品

《宋史·哲宗本纪》对哲宗的评价是："哲宗以冲幼践阼，宣仁同政。初年召用马、吕诸贤，罢青苗，复常平，登俊良，辟言语，天下人心，翕然向治。而元祐之政，庶几仁宗。奈何熙、丰旧奸枿去未尽，已而谋蘖复用，卒假绍述之言，务反前政，报以善良，驯致党籍祸兴，君子尽斥，而宋政益敝矣，吁，可惜哉！"这是说，哲宗即位年幼，宣仁太后垂帘听政，重用司马光、吕公著等一大批贤能罢去青苗、市易等熙宁政策，开放言论，致使政通人和，天下归心，元祐之治才有了仁宗年间的气象。由于未将神宗执政期的邪恶势力除尽，哲宗一亲政，更年号为"绍圣"，意在继承父志，即恢复熙宁、元丰政策。章惇、曾布等元丰余党借"绍述"之势，将朝廷中正能臣一一谪黜，以致党争乱政，灾祸日益兴起，朝政因之日益凋败。

哲宗贬逐忠良任用奸人，归根到底，还在他智商不高，思想愚顽。这里，用两个相关故事来证明。

《徽宗传》记，蔡京想博得哲宗的欢心和信任，私下仿刻了一方传国玉玺，派心腹拿到咸阳，买通一个叫段义的人，让段义到咸阳县衙谎称挖古井得此玺，咸阳知县便将此玺说成秦始皇的玉玺送开封府，开封府马上送哲宗。哲宗得玺，喜出望外地叫蔡京鉴定真伪。蔡京拿过玺来搁了三天，才对哲宗说："陛下，经臣仔细验证，这确实是秦玺。这是陛下统治英明，让湮没多年的秦玺重见天日，正合'天下相应，古宝呈祥'。"

这正是李沆说的"佞言似忠，奸言似信"，但哲宗智力平庸，识不透人与物的伪劣，因而在大喜之下，把这赝品命名为"天授传国受命玉玺"，将蔡京升为翰林院学士承旨。

故事之二是《后山谈丛》卷五记，过去的腐儒认为秦玺所持者即正统国君。因此，宋太祖立国时，契丹人说他们获得秦玺，于是将这方秦玺拿出来进献给宋太祖，宋太祖不受，宋太祖对契丹进玺使者说："吾无秦玺，不害为国。且亡国之余，又何足贵乎！"

契丹于是敬畏、佩服宋太祖。

这两则故事，衡量了太祖和哲宗的智与愚时，更鉴定了哲宗做人不真，乐于与奸人为伍，成为物以类聚的注脚。

不辨是非领错队

《宋史·吕大防传》载，哲宗未亲政前，有一次和宰相吕大防等大臣共同研读《宝训》时，吕大防"推广（宋朝）祖宗家法以进，曰：'自三代以后，唯本朝百二十年中外无事，盖由祖宗家法最善，臣请举其略。'"他把宋朝的祖宗家法归纳为以下八条：

一、事亲之法：皇上事母，朝夕相见；

二、事长之法：以姑之礼行长女；

三、治内之法：宫禁严密，内外肃整；

四、外戚之法：外戚不得干预国政，杜绝了外戚专政；

五、尚俭之法：前朝宫室讲究华侈，本朝宫殿崇尚俭朴；

六、勤身之法：前朝君主在内宫多用豪车代步，本朝君主在内宫一律步行，不计寒暑，勤身养性；

七、尚礼之法：祖宗以来，闲居必以礼；

八、宽仁之法：前代刑法严厉，宋朝用法最轻，臣子有罪，最多也就是谪黜，未遭杀身。

此外，虚己纳谏，不狂心于圈地打猎，不尚玩好，不用珠宝玉器，不贵山珍美味，更是皇室的生活常法。

吕大防对哲宗说："此皆祖宗家法，所以致太平者。陛下不须远法前代，但尽行家法，足以为天下。"

吕大防这番话被《宋史》称为"万世矜式"，哲宗听后也认为说得对，但他亲政后，却把这"万世矜式"抛之脑后，"绍述"一词成了最热门的议政术语。

哲宗的"绍述"，就是继承神宗的政治举措。

绍圣后，已被废除的熙宁新法在修正中恢复，同时，司马光时的元祐旧党人纷纷下台，《宋史·蔡卞传》记，仅元符元年，再次重惩的元祐旧党就达830多人。这些受重惩者，都是当时的能臣。所以，《宋史·哲宗本纪》说："驯致党籍祸兴，君子尽斥。"

《宋史解读》说："哲宗时期改革派重新上台后，却不遗余力地对有不同意见的人士进行打击报复，苏轼、苏辙、吕大防、范祖禹等人先后遭到贬斥。而所谓的改革派主要成员热衷的是自己的权位，不仅主管军事的知枢密院事曾布对保甲等改革措施敷衍了事，执政章惇也与曾布貌合神离，严重影响了改革的进程。"

这里所要指出的是，绍圣"务反前政"，无非是重敛百姓，不存在社会变革的任何意义。进而言之，章惇、曾布等所谓的改革派压根不存在改革意图，自无改革进程可言。因此，章惇和曾布不顾国是，只为巩固和扩大自身的权力而致力于内部倾轧，正是邪恶政举的败露。在这种情况下，哲宗只强调他的“绍述”立场而无视举政是非，以这样的政治立场带领一群奸佞再次折腾社会，显然是在为宋帝国掘墓！

丧国者——徽宗

宋徽宗赵佶（1082—1135），宋神宗第十一子。在位 25 年。

徽宗神化

北宋虽葬送在徽宗手里，徽宗可是有许多神化故事的人。

——〔宋〕佚名《宣和遗事》后集记，徽宗的前身是玉堂天子，因不听玉皇说法，故谪降到人间来。

——〔宋〕赵潜《养疴漫笔》说，神宗在秘书省看到南唐后李煜像，见李后主神态文雅庄重，叹讶再三。而徽宗出生时，又梦见李后主来见，徽宗所以文采风流过李后主百倍。后来徽宗当了亡国奴，被女真人掳到北方去，女真人就用宋太祖对待李后主的态度来对待宋徽宗。

——〔宋〕曹勋《北狩闻见录》载，徽宗在襁褓时，白天卧在摇篮里，卧处的屋栋忽然中折，欲坠复继，栋折之声传到前殿，乳母这才急抱襁褓中的徽宗离开，襁褓中的徽宗一离开危房，栋断梁堕于卧处。

——〔宋〕蔡绦《铁围山丛谈》记，哲宗即位后，久无皇嗣，于是密遣特使前往泰山天庆观问徐神公，徐神公一话不说，只书“吉人”二字叫特使带回。哲宗看后，不解其意，又拿跟左右看，左右也不知这徐神公说的何意。

虽说天机不可泄露，但是向太后对徐神公的“吉人”还是琢磨出一点“天意”来。所以，在章惇篇可见，哲宗一去世，在选择继位人时，尽管宰相章惇说：“端王（赵佶）轻佻，不可以君临天下。”向太后却不顾章惇反对，执意立赵佶为帝，用时人的话来说，亦即顺应天命了。因此，这则神话无非是说，端王赵佶做皇帝既是顺天应命，北宋丧失在他手里也是天意而非人为，北宋的丧失既是天意所为，徽宗父子也就不应该承担亡国之责了。

这里，我们从宋人笔记和今人的徽宗传里看到这些神话在美化徽宗的同时，更应看到这在帮徽宗父子推卸丧国之责。一个亡国之君在皇位上纵欲荒淫，为穷奢极侈而大肆搜刮民财，因丧失民心，继而丧失国家，丧失国家后还不想承担历史责任，从历史上讲，可能吗？

轻佻之据

《宋史·徽宗本纪》说：“徽宗未立，（章）惇谓其轻佻不可君天下。”意思是，徽宗还没有即位，宰相章惇就说他处世轻浮不稳重，不能胜任国家元首。历史上以轻佻著称的皇帝，一是汉末灵帝，《后汉书·何进传》：“帝以辩轻佻无威仪，不可为人主。”再是吴国的孙皓，《三国志·吴书·孙坚孙策传评》：“然皆轻佻果躁，陨身致败。”

只是，章惇说赵佶轻佻，不可以君天下的依据何在？

《铁围山丛谈》卷一记，在哲宗朝，诸王多沉醉在富贵荣华的奢靡之中，独有端王赵佶雅好不凡，所事者唯笔墨、丹青、画史、射御而已。这些嗜好在今天看来，恰是王公贵族素质高贵的说明。但是，作为帝王的候选人，有玩物丧志的暗示。所以，《桯史》卷十记，徽宗还是做端王时，艺文之外，颇好驯养禽兽以供玩。及即位，宦官奉承，罗致稍广。江公望在谏省闻之，多次进谏，徽宗才下诏令内府将所驯养禽兽尽放。

殿中有一只白鹇，驯养较久，放之不去，徽宗亲自用麈尾逐之，讫不离左右。徽宗于是刻江公望的姓名于麈柄，曰："朕以旌直也。"（旌直：旌表直言。）

这说明徽宗即位之前确实生活在玩弄异物的日子里，而江公望进谏后，徽宗纳谏改之，可见徽宗还是一个愿改正的君主。然而，江公望离朝去国，享乐之论兴起，徽宗即醉心于万岁山艮岳工程不断扩建。

于是，都城广莫，秋风夜静，禽兽之声四彻，宛如郊野，有见识的人以为这是国家的不祥之兆，朝臣益思江公望之忠心耿直。

艮岳由来及耗费

《挥麈后录》卷二记，元符末年，宫内讹言祟出，有茅山道士刘混康，以法箓（帝王所受天命的符命）符水为人祈禳——祈求福祥，祛除灾变。同时，这刘道士还善于捕逐鬼物。哲宗闻之，即将刘道士召入宫中祈禳逐鬼。

到了徽宗，徽宗的问题出在没子女，于是叫刘道士解决这问题，刘道士依于堪舆学有"山管人丁"之义，运用阴阳风水术堪测后，说："京城东北隅地偏低，倘将该地势加高，当有多男之祥。"

徽宗依言而行，将京城的东北隅筑为数仞山丘，风水先生叫它"艮岳"。这之后宫就不断地生孩子，徽宗于是崇信道教，将这座人工山丘赐名万岁山。并在这座人工山丘上大兴土木，倾一国财力来打造人间仙境。这艮岳，自崇宁初（1102年）动工，至宣和壬寅（1122年）年始告成，历时二十年。据《中国历史大事年表》记："是年，宋造万岁山（艮岳）成，周围十余里，运四方奇山异石置其中。千岩万壑，麋鹿成群，楼观台殿，不计其数。"

艮岳建造期，朝中巧言谄媚者更是不失逢迎良机，搜刮花石冈及古玩等进贡成为社会灾难。《泊宅编》十卷本卷三载，徽宗崇观以来，将天下珍异悉归皇宫。这是对民间藏宝的搜刮，搜刮天下珍异者，故然是地方官吏，这些地方官吏为了争得宠幸而图其爵禄，打着进贡的旗帜对民间藏宝肆无忌惮地搜刮，四方梯航为之殆无虚日。最突出的是宣和五年，平江府朱勔造巨舰，载太湖石一块至东京（开封），沿途凿河断桥，毁堰拆闸，陆地以千人抬行，数月乃至。是日，役夫各赐银碗，并官其四仆，皆承节郎及金带，朱勔本人遂提升为威远节度使，朱勔进贡的这块太湖石，也封为盘固侯。号敷庆神运石。

《识小录》卷一记，艮岳初建，各大宦官在土木工程上争出新意，场景宏丽。徽宗独念四方所进贡的珍禽在圃不能尽驯，有市人薛翁是驯化禽鸟的行家，受童贯之召，到艮岳驯化这些珍禽，也就月余，薛翁就把这些珍禽驯化出来。薛翁驯化后的珍禽，只要这薛翁一用鸟语招呼，即听其去来。这薛翁因而做上了鸟官，并设管禽局名“来仪”。

徽宗幸游万岁山，清道声后，万岁山的珍禽们群翔来迎徽宗，薛翁以牙牌奏道：“万岁山瑞禽迎驾。”

徽宗一看这阵势，感到神奇莫妙，大喜之下，封赏不已。

可见这万岁山不仅仅是解决徽宗多产子女，而且还是迎祥呈瑞和模似仙境的好去处。徽宗为之砸钱不息。

徽宗如果只是艮岳景区负责人，是称职的。然而，这二十年，他以国君的淫威，不惜人民的血汗来满足他的“龙颜大喜”，这就不仅是轻佻了。《宋史》说他“溺信虚无，崇饰游观，困竭民力”，即指出这是他葬送国家的罪责之一。

君臣腐化

吕大防谈宋的祖宗家法时，其中有一条是尚俭之法。《清波杂志》

卷二记，徽宗把宫中珍藏的玉盏、玉卮拿出来对辅臣说：“欲用此于大宴，恐怕人以为太（奢）华。”

蔡京说：“臣过去出使契丹时，他们把石敬瑭时代的玉盘玉盏拿出来向臣夸耀。说大宋没有这些东西。现在陛下用上这些东西，没有什么不好。”

徽宗说：“先帝做了一个几尺的小台，就有很多人上奏劝谏，朕因此担心又有人来劝朕。”

蔡京说：“只要事情合理，有人说也无大碍。陛下应当享受天下的进贡，区区一些玉器，何足道哉！”

蔡京于是在徽宗面前大肆宣扬“丰亨豫大”，徽宗因此骄奢淫逸，蔡京更是穷尽奢华，臭名昭著的“丰亨豫大”也就成为君臣秉烛游的注脚。

《行营杂录》记，宣和元年，道德院来奏院内突生金灵芝，徽宗车驾道德院亲观这一祥瑞，回来时顺便亲幸蔡京家，蔡京在鸣銮堂置酒迎圣驾，席上，蔡京进诗，徽宗即席赐和，诗云：

道德方今喜迭兴，万邦从化本天成。
定知金帝来为主，不待春风便发生。

后人把“定知金帝来为主”说成是金人入侵导致靖康之难的不祥预言，只能从“诗无达诂”去注释。这里，遵照唱和背景，诗中遣词在徽宗的本意，道德一词是指道德院及引申道德之义，而金帝则是徽宗的自称。据此，我们从诗中看到君臣醉在“丰亨豫大”的自我感觉良好之中。对照李后主的词句，正是“梦里不知身是客，一晌贪欢”。

陶穀在《清异录·居室》中讲述了一个极其奢华的环境后，说：“此室暂憩，令人金迷纸醉。”徽宗和蔡京辈长期呼吸于纸醉金迷的环境中，奢靡腐化既是极自然的事，死于安乐便是其必然结果。

这一年，虽与金辽“议和”，但百姓困苦不堪，不再忍受暴敛而纷纷造反，宋江、方腊等大规模的农民起义也在这一年相继爆发。

自我超度

徽宗虽然没有狂封禅，但对道教的狂热不亚于真宗，他在位期间，史上有名的大道场不断——

宋政和六年（1116年），宋徽宗用道士林灵素言，在上清宝箓宫大会道士。林灵素谓徽宗系上帝长子，蔡京等亦在“天府”有名。道教更盛。（《中国历史大事年表》第348页）。

宋政和七年（1117年），大会道士，林灵素讲“清华帝君”夜降宣和殿事。徽宗自称教主道君皇帝。（《中国历史大事年表》第348页）。

宋宣和七年（1125年），徽宗禅位于太子桓，是为钦宗。尊徽宗为教主道君皇帝，既而又改称教主道君太上皇帝。（《中国历史大事年表》第351页）。

上述摘录，在《宋史·徽宗本纪》中皆有述。如是崇道自妖的事竟成为中国历史上的大事件，足见一个执政者干的是不关自己职责的分内事。如果说徽宗崇道自妖也是一种政举，那么，徽宗如是自我妖魔化就只有一种解释：这就是超度行将灭亡的北宋。

《湖海新闻夷坚续志》后集卷一记，宋宣和间，徽宗斋设一千人道人，只缺一名，适有一疯癞道人求斋，被监门官拒之门外。其时，徽宗与道士林灵素便殿谈话，而癞道人忽在阶下，急遣人送去赴斋。癞道人以布袍袖于殿柱一抹而往，柱上即现笔书：

高谈阔论若无人，可惜明君不遇真。
陛下问臣来日事，请看午未丙丁春。

好事者说这是“靖康之难”的预兆，试想，一个癞道人都能预言帝国将灭，这个国家确实行将不国了。

横征暴敛

徽宗即位后，为满足自己的腐化所需，其财政在蔡京等人的操纵下，继续打着“富国强兵”的幌子推行王安石新法，徽宗在即位第二年更改年号为“崇宁”，其意为遵崇熙宁。而崇宁新法推行的种种措施比熙宁新法苛严，成为北宋最为残暴和黑暗的时期。根据《宋史·食货志》《宋会要辑稿·食货》记，徽宗一朝搜刮民财的措施有以下几项：

——巧立名目，增加赋税。这些巧立名目的赋税中，有一个最为残暴的手段是“纽折”。所谓“纽折”也就是钱物反复折算，例如《宋会要辑稿·食货》记：先以“一匹（绢）折纳钱若干”，继之又拿这绢折的“钱又折麦若干”。如此反复折算，最终计税额为原税额的数倍。

——大量增加免役钱。以巩州为例，巩州在神宗元丰年间所纳免役钱为400贯，到徽宗政和元年增加到29000贯，三十来年增加70多倍。

——实行茶叶专卖制度。这里面有两大收入：一是官府批茶引（茶叶销售计划指标）时就将茶叶税收尽，名曰：“抽盘”。二是出卖“茶引”，也就是茶叶销售指标。商人获将茶引，每引纳私钱100~300贯。

——修改盐钞法。从中搜刮民财，其手法和茶法大同小异。

——滥发货币。纸币（交子）自仁宗年间发明以来，自仁宗至神宗数十年间，货币相对稳定。哲宗元祐年间至崇宁初，货币贬值10%左右。蔡京执政，滥发纸币，崇宁四年到大观元年两年间，纸币贬值75%。

以上种种，有道：“蔡京执政，举天下之财而尽用。”这些草菅人命的举措导向官逼民反，宋江、方腊等等大规模的农民起义因而发生在徽宗一朝，也正是百姓难以承受横征暴敛的说明。

人民生活在猪狗不如的环境里，而徽宗在宫中整日纵欲玩乐，大摆豪宴，各种乐舞、百戏、杂剧等等表演，每月消费达120万余贯，之前，朝廷左藏库的月支出也不过36万贯。宫廷如是“享用侈靡”，正是徽宗一朝横征暴敛的出发点。因此，我们就不难理解史家为什么说吕大防的“宋家法八事”为“万世矜式”了。

超然三角恋，君臣同其乐

一

徽宗的后宫有许多大美人，玩腻了，于是玩起妓女来。徽宗做狎客玩妓女，据《徽宗传》说：“宋徽宗确实厉害，他所临幸过的女人很容易怀孕，各宫中从啼乳的婴儿到七八岁的玩童整日在后宫中吵吵闹闹，令徽宗极为心烦。”“徽宗每有雅兴临幸某位美人，却总被小儿的吵闹弄得情绪全无。”

《徽宗传》作者虽然忽略了皇帝的女人生下子女后不单有侍女尽心服伺，还有保姆及专用育婴室来养育皇子或公主，皇帝的休闲处压根不存在童婴吵闹。但为了给皇上狎妓找理由，这不成道理的理由，算是皇上花心肠的一条正当理由吧。

《青泥莲花记》卷十三载，东京名妓李师师，住金线巷。徽宗自政和以后多微服往来于金线巷李师师家，乘小轿子，有几个太监随行。为此，还特设了一个为徽宗嫖娼服务的行幸局，徽宗去李师师处当日回宫，行幸局就说徽宗赴宴会，若是泡在李师师家次日未归，行幸局就传旨说徽宗有疮痍上不了朝。如此一来，李师师甚被宠溺。

尽管李师师被皇上宠溺，李师师既为东京青楼名角，就不可能是皇上的专供。或者说，皇上哥想师师妹成为专供，师师妹基于经营需要多样化或杨花本水性，不可能也不愿成为皇上哥的专供。再或，青楼不似内宫，青楼自有规矩：拒绝男人专供。总之，你徽宗一离开金线巷，这巷的金线就得牵其他嫖客来玩师师，时下有钱更有才华的狎客周美成便是其中之一。

二

据《本事词》卷上记，周美成有一次在师师闺房里和师师妹谈小歌词，突报徽宗临幸，周美成想出闺房已来不及，只好躲进了师师妹的床下。这徽宗进师师房间，彼此寒暄几句，徽宗便拿起新橙一个，一边剥一边对师师说："这是江南初进来。"

徽宗将橙喂着师师妹，继而将师师妹喂到床上去，诚然，周美成就在床下囚了一晚上。周美成虽然受了这等淫威气，但他没有忘记风流才子的使命，事后他排除床下尽听的戏谑淫语，别出心裁地制作意境，搅尽脑汁地化去用典痕迹，写成千古名篇《少年游》：

并刀如水，吴盐胜雪，纤手破新橙。锦幄初温，兽香[1]
不断，相对坐调笙。 低声问：向谁行宿？城上已三更。
马滑霜浓，不如休去，直是少人行。

注[1]香：一作"烟"。

这首词之成千年佳构，妙在有篇更有句，其"并刀如水，吴盐胜雪，纤手破新橙"句，便是千年名句。"并刀如水"，化用杜甫《戏题王宰相画山水图歌》："焉得并州快剪刀，剪取吴淞半江水。"这里的"并刀如水"，不只形容破橙之器光洁似清水澄澈，还暗含作者被剪撂到一边。"吴盐胜雪"，形容玉盘兼叙人。语出李白《梁园吟》："玉盘杨梅为君设，吴盐如花皎如雪。"大凡名句，皆含多层意思而名。

这时的周美成虽说五十多岁了，但是花心献殷情胜似少年，因而带着一腔青春年少的心情写出《少年游》后，即献与师师妹，师师妹也就拿这词在徽宗面前唱了起来，徽宗听后，只问此词是谁人作，李师师答道：“周美成词。”

徽宗细推“纤手破新橙”，顿时明白是情敌周美成在床下听错剥橙人而作，这时，徽宗醋了，而且醋劲不小，回到朝廷马上宣蔡京来见，一见蔡京，勃然大怒地问：“开封府监税周美成，闻他课额不登（没完成），京尹为何不问责？”

蔡京不知主子犯酸，以为主子勤政，于是马上传京尹，也就开封府一把手。蔡京拿主子的话来问责，京尹说：“唯周美成课额增羡（只有周美成的任务是超额完成了的）。”

蔡京只好说：“上意如此，只得迁就将上。”

周美成因此丢职，不日押出京城。在周美成被押出京城的这一日，李师师在城郊相送丢了职的周郎美成。好玩的是，徽宗听说情敌周美成已逐出京城，很是高兴，淫心顿时发作，于是去了金线巷，一听李师师竟去送周美成去了，自是大不高兴，离开青楼时，不意师师回来了。

“尔去哪里？”徽宗恼羞成怒地问。

师师说：“臣妾万死，知周美成得罪，押出城，略致一杯相别，不知官家来。”徽宗只好问周美成有词作送师师没有。

师师说：“有《兰陵王》词，今‘柳荫直’者是也。”

徽宗说：“唱一遍看！”

师师说：“容臣妾奉一杯，歌此词为官家寿。”

徽宗听了《兰陵王》后，淫心大悦，马上又召周美成回京城任大晟乐正。周美成这一押一升，满朝文武不知就里，亦即难测帝王术中的一惊一乍无非就是心情好与否。此外，同是狎客青楼行走，态度之宽容抑或环境使然，当然，青楼容不得囊中羞涩的人，恰如朝廷最容不得不会玩权术者。

三

《墨庄漫录》说这仨人皆大欢喜地玩到靖康年间，徽宗被金人掳去，只能做没完没了的阶下囚。李师师流落浙中，士大夫时不时地邀她去演唱，有道是色衰人憔悴，无复向时风态，但毕竟是著名歌唱家，依然拿着“一支歌曲一束绫”的演唱费。大晟乐府待制周美成，靖康后自是树倒猢狲散，《宋史·文苑》说：“邦彦好音乐，能自度曲，制乐府长短句，词韵清蔚，传于世。”

今天读这则故事，再读周美成的《少年游》，如果“并刀如水”还有别的意思的话，周美成的并州剪刀在“靖康之难”才把他仨从“此间”剪开。

当太上皇那一年

徽宗做了皇帝 25 年，该玩的他都玩了，国家被他玩得个支离破碎，金军兵临城下，在主战派吴敏、李纲的血书进谏下，这个历史大玩家才把国事交给太子赵桓，自己做了道君太上皇，才 44 岁，论说是年富力强的年纪，若按今天国家元首的法定年纪，还差一岁呢。然而，这 20 多年来，蔡京这老鬼领导徽宗及时行乐，徽宗已是未老先衰者了。

《可书》记，道君徽宗既逊位，坐着轻便小轿，出东水门。在汴河边搭上一艘运粮船游了一汴河自助游，上岸在一家烧饼店吃了十文钱的烧饼，吃这一顿烧饼，只需十个铜钱，但他付了十文金钱。吃饼后不一会儿，童贯、蔡攸等宠信骑马来找徽宗，徽宗很不高兴地问：“卿等接着追来，何故也？”

攸等奏道：“臣等受陛下重恩，死亦不离陛下。”

徽宗只好带着他俩去了汴河侧的一座寺庙，寺僧披袈裟以迎，礼毕，寺僧问：“官员是见任，是罢任？”

徽宗说：“皆罢任。”

寺僧问：“可有子弟在城中做官？”

徽宗说：“有子二十七（亦说三十一）人，长子乃今上皇帝。”

寺僧诚惶诚恐之际，徽宗起身离寺。等侍卫赶到，徽宗已东下。我们从这则故事看到沙门势利不亚于时，更看到徽宗做太上皇之得意。

《挥麈后录》卷一也记有徽宗微服出行：靖康元年正月戊辰日，徽宗微服出通津门，御小舟，将次雍丘，这天傍晚船遇搁浅，夜出堤上，徽宗骑着御骏鹁鸽青，望睢阳奔去。闻鸡鸣，滨河有一小市，市民皆酣睡，独有一老妇人张灯，竹门半掩。徽宗推门而入，老妇人问姓氏，徽宗回答说：“姓赵，居东京，刚从官场上退下来，叫长子去顶替了这个职务。”

侍卫听主子这话皆笑，徽宗看了侍卫一眼，也不由得笑了起来。老妇人不再多问，只管按寻常经营进酒食，徽宗受用时，叫老妇给侍卫也上桌酒席，老妇照办后，接着给徽宗加火烘鞋袜。徽宗离开这家夜店时，特叫侍卫记下这家店名。

徽宗到回京城，即以白金赐该店。

以后，徽宗如是出行，各地官员就要格外拿份心思关注了。《老学庵笔记》卷一说，徽宗南幸至润，郡官迎驾于西津。御舟抵岸，皇上坐棕顶轿子，一宦官立轿旁呼曰：“道君传语，众官不须远来！”

卫士接着传这话，众官遂退。

这一番格外平淡清雅的风光，上天也就只许徽宗享受了一年，来年，不爱好和平的金人打乱了徽宗的清闲日子。

同子“北狩”去

靖康二年二月六日，徽宗和钦宗一道被金人掳去贬为庶人，金人将他们作为战利品掳回北方，成了名副其实的亡国奴。但南宋王朝不承认徽、钦父子已做亡国奴，说父子二人到北方去狩猎去了。简称“北狩”。诡辩也好，虚伪也罢，我们中国人的阿Q精神也不是鲁迅时才有的。因此，“北狩”一词，我们也就将就着用。

徽宗一行作为金人的北行俘虏，由于金人本无优待俘虏的仁心，徽宗一行作为庶人的基本生活都不能保有。《北狩见闻录》记，徽宗一行在路中苦渴，只有摘道旁桑果充饥渴。这东西徽宗幼时在藩王府吃过，但那时是吃稀奇，觉得味道很美，但吃几颗，保姆就不准吃了。现在可以多吃，却是饥不择食。徽宗由此悲叹世事难料。

北去一路日行或六七十里，或八九十里，使二帝及室后走得脚痛不能行，痛苦万状。渐入沙漠，风霜高下，寒气侵骨，春如严冬，二帝衣着单簿，又害伤寒病，因卧古庙七八日，少愈即被监者催行，徽宗病后只剩一身骨架，不能饮食，形同鬼状，监者实在看不过去了，才做了个木担架，铺以茅草抬着他走出沙漠，皆垂死而复生。有一晚宿于林下，时月微明，传来笛声，凄楚特甚，徽宗口占《眼儿媚》：

玉京曾忆昔繁华，万里帝王家。琼楼玉殿，朝喧弦管，暮列筝[1]琶。
花城人去今萧索，春梦绕胡沙。家乡何处，忍听羌笛，吹彻梅花。
注[1]筝：一作“笙”。

徽宗吟罢，问钦宗：“汝能赓（唱和）乎？”

钦宗继韵曰：

家传三百旧京华，仁孝自名家。一日奸邪，倾天拆地，忍听琵琶。
如今塞外多萧索，迤逦绕胡沙。家邦万里，伶仃父子，向晓霜花。

钦宗吟罢，父子二人相执痛哭。

这是《南炉纪闻录》和《宣和遗事》后集所记，父子二人以后的诗词，大抵都是这个调子：只有叫苦连天，没有深刻反省。在徽宗做亡国奴的诗里，有一点反省的，是他在过燕山道间僧寺的七绝里，有“猖狂不听直臣谋”的句子。

郑振铎先生在谈论赵佶诗词时，也说：“赵佶的天才，不下于李煜，其生平际遇，也很有似于李煜。”（《插图本中国文学史》第504页）为此拿赵词《燕山亭》（裁翦冰绡）与李词《望江南》（多少恨）作比，认为赵词的悲恨“更为深入一重”。这是值得商榷的。笔者在李煜篇已指出，李后主的艺术境界是在政治生命结束后以哲人态度致力于执政过失的深刻反省，认识到贪欢丧国，因而才有“梦里不知身是客，一晌贪欢”这一绝句。徽宗有这样的哲思吗？显然没有。“猖狂不听直臣谋”也不过是把草菅人命的执政过失推卸给奸臣蔡京等人。在位时“骄奢淫佚，溺信虚无，崇饰游观，困竭民力”等等作恶多端的劣迹罪责，仅“猖狂”一词作代，显然没在灵魂深处检讨自己的亡国之责。人品如此，艺品又能高到哪里？

更可笑的是，这个罪恶深重的丧国者，还在小歌词里唱道：“孟婆，孟婆，你做些方便，吹个船儿倒转。”无怪王国维先生说徽宗“狩北”没有负罪感。

至于徽宗以后的亡国奴惨然日子及死，托名于辛弃疾的《南渡录》有详细的记录，其义只有四个字：不值同情。

徽宗艺术

在认定徽宗是一个“骄奢淫佚，溺信虚无”的昏君后，笔者不否认徽宗是艺术天才。徽宗艺术的杰出成就表现在书法、绘图两方面，但是，在审美力上，就艺术家应具的综合要素而言，不能忽略徽宗的诗人胸臆。也就是说，决定从艺之人出息与否，是从艺者具备诗人素质与否。一个没有诗人素质的艺人，其作品多为工匠之作，是谈不上意境的。例如，齐白石自评诗第一，印第二，字第三，画第四。是非常中肯而有见地的自评。也正因为齐白石具有诗人胸臆，其印其字其图才呈现出别开生面的意境。

书法

我们知道，书法艺术是一门古老的意象艺术，自王羲之至唐称圣以来，师从者难有艺术突破，形成自家面目的书法大家更是比登天还难。唐宋五百来年，有自家面目的一代大家，也就不过十来人，而这十来人中，帝王入列者，就徽宗一人。徽宗的书法面目，我们常赞的是他的“瘦金体”，其实，徽宗草书也是史上一流。《书史会要》说：“（徽宗）万几之余，翰墨不倦，行草正书，笔势劲逸，初学薛稷，变其法度，自号瘦金书。要是意度天成，非可以陈迹求也。”

瘦金体的传世作品有《牡丹帖》《秾芳诗帖》，现藏台北故宫博物院。二帖展示了华丽富贵及婀娜多姿的娇柔美，是不可多得的艺术珍品。

徽宗草书，气势凌空，变化莫测皆有度，运笔迅疾流畅，结体奇宕潇洒不失法。就形象喻知法而言，他的《千字文》（现藏上海博物馆），有似江河日月，一泻千里。《草书纨扇》（现藏上海博物馆），更像出水芙蓉，天然去雕饰。

绘画

徽宗一生酷爱绘画，《画继》卷一记，徽宗皇帝天纵将圣，艺极于神。他曾在一次清宴上对僚臣说：“朕万几余暇，别无他好，唯好画耳。”

评徽宗《奇峰散绮图》“意匠天成，工夺造化，妙外之趣，咫尺千里”。

《画鉴》说徽宗的花鸟、山石、人物画可入“妙品”。

元代书画家赵孟頫说徽宗的人物画，其风神态度可与顾恺之、陆探微比肩。但陈师曾却指出：“徽宗专尚法度，取形似，故采入画院者往往以人物为先，笔力、气韵为次。”（《中国绘画史》第141页）

赵孟頫为赵氏子孙，评徽宗画难免情感夹杂。陈师曾为一代画宗，评徽宗画有别前人之处是他撂开徽宗的皇帝身份，以同行人的目光来评说，较中肯。再说，徽宗的人物画是形似还是神似，只要稍为有点读画常识的人，拿徽宗《听琴图》（故宫博物院藏）和苏汉臣《秋庭婴戏图》（台北故宫博物院藏）、李唐《村医图》（台北故宫博物院藏）比照细读，形似与神似完全大白于心，也就不难发现《听琴图》不如《村医图》《秋庭婴戏图》传神。

或许因为徽宗的人物画神似有缺，谢稚柳等先生才认为《听琴图》不是徽宗真笔，忽略了徽宗“万几余暇，唯好画”。再，《听琴图》如是他人“代笔”，权倾朝野的蔡太师就不可能在画上称“臣”了。

徽宗作为中国绘画史上的符号性画家，按画坛“精一样”之说，徽宗精于花鸟画。《画继》说徽宗花鸟“独于翎毛，尤为注意，多以生漆点睛，隐然豆许，高出纸素，凡欲活动，众史莫能也”。

读徽宗的花鸟画，“骨活神从，曲尽真态”。盖非虚言。其《芙蓉锦鸡图》《祥龙石图》《枇杷山鸟图》《池塘秋晚图卷》《梅花绣眼图》现藏故宫博物院；《山禽腊梅图》《杏花鹦鹉图》《鸲鹆图》现藏台北故宫博物院；《柳鸦图》现藏上海博物院；《瑞鹤图》现藏辽宁博物院。

就徽宗在艺术王国的作为，对中国画的历史贡献不只是他的作品，还有他对画坛的高度重视，使得一大批杰出画家成为翰林并走进皇家画院。宋画由是拓展审美新境界，在画史上翻开了新的一页。

北宋殉葬品——钦宗

宋钦宗赵恒（1100—1161），徽宗的长子，北宋末代皇帝，在位时间一年零两个月。

葬送自己的历史闹剧

钦宗是在金人十万铁骑临城的状况下即位，即位后，他重用李纲罢黜了蔡京、童贯一党奸臣，与金作战也呈现出喘息之机。可是，为了显示与金人议和的诚意，竟将李纲罢免，北宋王朝最后一丝喘息求存的生机也就随之消逝。

靖康二年闰十一月初，金兵两路大军围困开封城，金兵的多次攻城均被击退。但是，《宋史·钦宗本纪》载昏聩的钦宗父子病急乱投医，相信并重用妖道郭京用“六甲法”抗敌，结果城破国灭。

这“六甲法”是妖道宣扬的一种法术，是说设坛祭天，化“六甲”符上天后，上天即派出十万天兵天将下凡助阵败敌，这时，身怀“六甲法”的人，只要带着七千七百七十七人出阵，口念咒语，撒豆成兵，即是十万天兵天将现身，到时定将敌营主帅生擒来献。郭道长这等退敌神术，打心眼迷信道士法术的徽钦二帝自是视为帝国的救命稻草，于是在冬月二十五日，郭京命守城军民退下城头，祭祀后，带着七千七百七十七个身怀撒豆成兵法的驱“神兵”出宣化门退敌擒帅。

谁知两军对决，宋军一方的天兵天将未出现，被金军一击即溃。金兵顺势破城，徽、钦二帝反被金兵生擒，皇后、妃嫔及其宗室四百七十余人，外戚、宰执及在京大臣，文人、伎艺、工匠、娼优等城中十万居民，皆成金军战利品。一并随同宫中金银绢帛、奇珍异宝、图书文物押回北国。金世宗将钦宗封为重昏侯而囚之。

伎艺、工匠、文人都是宋帝国的文化精英，奇珍异宝、图书文物乃汉文化的文化成果，这一切就这样被掠去，东京遭屠城。历史因此告诉后人，不仅是伟大的文化果实被外敌掠去，还有社会文明成就遭到肆意践踏甚至破坏殆尽。

想真宗当年酷玩道教，史家就说差点把国家玩殁了。都以为不过是危言耸听，这回，历史总算让赵宋王朝眼睁睁地看到迷信佬崇道亡国。

北宋灭亡后，钦宗没有反省自己的过失，《三朝北盟会编》卷七十一说徽、钦二帝被押往北方前夕与太学生别，钦宗掩面大哭，只说蔡京误我父子。足见昏孽者至死不悟，之所以昏孽，也在一生不悟更不觉。

熙宁奸臣

关于奸臣的认定，《现代汉语词典》【奸臣】指残害忠良和阴谋篡夺帝位的大臣。《宋史·奸臣传》对奸臣的认定是：“小人得志，逞其狡谋，壅阏上听，变易国是，贼虐忠直，屏弃善良。”将这话译成现代汉语，大意是：人格卑鄙、见识短浅的人一当获得权势，便要弄狡猾诡诈的手段来堵塞或阻遏皇上的视听，擅自改变国家大计，残暴陷害忠诚正直之臣，废弃好的方针政策，将国家陷入动乱不安的灾难之中的当权者，就是奸臣。

蔡确

蔡确字持正，泉州晋江人，《宋史·奸臣传》说蔡确这个人很有智慧，不拘小节，但崇尚气节。嘉祐四年进士，任邠州司理参军，因受贿被告发。陕西路都转运使薛向想治他的罪，见他一表人才，谈话间认为他很不寻常，不单没治他的罪，反而称赞他。

蔡确被宋史家判定为奸臣，是依于以下几事：

一、王安石执政，推荐蔡确为三班主簿，接着经邓绾举荐，被任命为监察御里行。他善于琢摩皇上的心思，察觉神宗已厌倦王安石后，王安石有一次按惯例乘马入宣德门却被卫士打下了马，王安石请皇帝依法处置皇家卫士。蔡确却上疏责王安石不对。蔡确上疏颇受神宗看好，加直集贤院，迁侍御史知杂事。王安石也就在这时才弄明白，什么叫“走狗烹”。

二、蔡确擢御史中丞、领司农寺，新法中的“常平、免役（青苗法、免役法）皆成其手”。时任参知政事，左相吴充想改变新法，蔡确不让，举萧规曹随为例，说新法为“今陛下所自建立，岂容一人挟怨而坏之。”

三、右相王珪荐蔡确参与治狱，史书说他“锻炼为狱”，亦即严刑拷打、屈打成招，成为有宋以来的一代酷吏。蔡确升任知制诰、御史中丞，参知政事，皆以起狱夺他人之位而居之。士大夫交口咄骂，而蔡确以为是自己的能力施展。

四、王珪为相、蔡确为副相，蔡确善弄权，实握宰相之权，多次因工作差错而受神宗处以罚金。每次受罚后，二人都去宫门谢罪。为相受罚金并去宫门谢罪，人们都认为是件非常可耻的事，但二人不以为然，但求大权在握。

五、哲宗即位，御史刘挚、王岩叟接连弹劾蔡确，指出："在熙宁、元丰年间，冤假错案和苛政，蔡确由头至尾都参与了。到如今才对人说：'蔡确当时哪敢说什么！'是想巩固自己的地位，反把过错归于先帝。"

蔡确于是贬谪知陈州，第二年牵涉他弟弟蔡硕的贪污案，被削夺官职转任安州、邓州后，又因《游车盖亭》诗涉讥讪朝廷贬英州、新州，之后死于贬所。

据《鸡肋编》卷下记，蔡确既以诗得罪，遂以言为戒。往新州，只携爱妾琵琶姐姐，与之同行的，还有一只鹦鹉，很聪明。每当蔡确呼唤琵琶时，只要敲一下小钟，鹦鹉就会呼唤琵琶的名字。蔡确到新州不久，琵琶死于瘟疫，从此蔡确再没敲过小钟。一天，蔡确因事误将小钟击响，鹦鹉闻声，又呼琵琶名字。蔡确触景生情，大感悲怆，赋诗一首：

鹦鹉声犹在，琵琶事已非。

堪伤江汉水，同去不同归。

以蔡确从政一生来看，举进士可谓饱学之士；"崇尚气节""仪观秀伟"，自是有风度的美男子；保新法、做酷吏而入相，不能说不是高才；有爱妾和鹦鹉同贬所，自是性情中人。投靠王安石又叛王安石，揣摩皇上心思而投其所好，是缺了一点点德，但那时的官场有一句流行词叫"笑骂由他笑骂，好官我自为之"，说来，蔡确的奸邪行为还是效法王安石、邓绾们。

刑恕

邢恕，字和叔，郑州原武人。他自幼博览群书，精通典籍，古今成败故事尽在胸中，每每高谈阔论，口若悬河，颇有战国时游说于七国之间的纵横家气度。熙宁举进士，补永安主簿。

《古事比》卷二十记，他也经常出入当时朝廷重臣司马光、吕公著等门下，不由得踌躇满志，意气风发，经吕公著推荐为崇文院校书，王安石也很赏识，还让人带话给邢恕，要他等待更好的时机。邢恕不知就里，和王安石的儿子王雱谈新法的弊端，王安石大怒之下，使谏官上疏邢恕未历官即处馆阁，邢恕于是被赶出朝廷，出任延陵县的县令，不久延陵县被撤销，邢恕成为地方政府的闲职人员。以后，邢恕开始寻找新主子。

作奸行迹有以下几事：

一、吴充为相，邢恕恢复校书，不久为馆阁校堪而迁为历史馆检校、著作佐郎。蔡确任尚书右仆射兼中书侍郎，由因与吴充有隙，于是把吴充所任用的人统统驱逐下台。邢恕诚惶诚恐，生怕让蔡确撞着。不料神宗这时读了邢恕的《送文彦博》诗后，在蔡确面前赞该诗文辞清丽，颇具功力。蔡确立刻任邢恕为职方员外郎。邢恕不知内中根由，感激不已。

这是蔡确看出皇上有复用司马光之意，想到邢恕未及第时便常出入司马光和吴充之门，于是又掉过头来巴结邢恕。邢恕便以蔡确为靠山，背叛了司马光，并为蔡确出谋划策，收招名士，在政事上提一些“改革”的建议，二人越发情投意合，虽是相互利用，却貌似君子素交。

所以，《东都事略》卷九十九说，“邢恕初从温公、伊川游，号为善士，后入绍圣党，为凶人”。也就是说，邢恕是与蔡确、章惇、黄履交结后，才变坏的。因而被时人目为朝廷“四凶”之一。

二、和蔡确密谋废哲宗另立新主，未遂，转而又假造事实，说蔡确和他在哲宗即位上下了大力。哲宗即位，邢恕看到朝中大权在高太后手里，就交好高太后的侄子高公绘，唆使高公绘，替高公绘写奏章，请求尊崇宋哲宗的生母朱太妃，好为高氏的将来打算。太皇太后高氏看到这个奏章后，很是生气，质问高公绘是在谁的指示下写的这个奏章。高公绘说是邢恕，太皇太后立即把邢恕贬斥到了外面做了知府。此事弄巧成拙，也就暴露了邢恕心术邪恶。

三、邢恕依附章惇，罗织莫虚有的罪名上谤君后，下诬忠良，“内怀猜猾，而外持正论”取得了哲宗的信任。有一次在经筵（为皇帝开设的经书讲座）读宝训（皇帝的言论诏谕），讲到仁宗皇帝谕辅臣，说人君如修举政，“则日月薄食、星文变见为不足虑”，邢恕说：“上皇所言虽合《荀子》之说，然而自古帝王谁肯说自己是不修政事之人，果真如此，则天变进废了。”

哲宗由是对邢恕更加赏识，邢恕揣摩到哲宗对章惇有所不满，便不断揭章惇的短。《宋史·邢恕传》所以说邢恕“（依）附章惇即背（叛章）惇”。时任宰相章惇觉察邢恕在出卖他，寻了个借口，将邢恕贬为汝州知府，之后几迁几贬。

四、徽宗即位，蔡京专权，又起用邢恕为西北边帅。邢恕罗织罪名陷害同僚，对边防得意于纸上谈兵，转运使李复直言不讳地说邢恕的计谋简直如同儿戏。徽宗也很恼恨他的乖张战术，无奈蔡京力荐其“贤”，未罢免。可边关日见吃紧，报急的文书日至京师五六次，蔡京不得不贬黜邢恕为太原知府，徙永兴、疑昌、真定后夺了他的职。

上述可见，邢恕以纵横家自居，由于“内怀猜猾”，一生多与邪恶为伍，屡设奸计，误国误民不以为耻。

吕惠卿

吕惠卿（1032—1111年），字吉甫，晋江泉州人。嘉祐二年进士，初为真州推官，王安石非常赏识他的才能，对神宗说："学先王之道而能用者，独惠卿而已。"

熙宁二年，朝廷设置"制置三司条例司"领导新法施行，王安石总领其事，吕惠卿成为王安石最得力的助手。王安石凡事必定和他商议，凡是王安石所涉及变法的奏章都出自吕惠卿的手笔。吕惠卿因此成为新党核心人物之一，新党人称王安石为孔子，吕惠卿为颜渊。这样的美誉，事后令人耻笑不已，但在当时，贤能皆被逐出朝廷，在沆瀣一气的政治氛围里，狗尾巴冒充貂尾，专营者也就视狗尾巴为貂尾了。

吕惠卿入《宋史·奸臣传》是以下三事：

一、据《宋史·吕惠卿传》载，司马光对神宗说："惠卿这人邪佞并非国栋良才，他的作为才让王安石受到朝野诽谤。安石有贤能但固执，不谙世务，新法皆出自吕惠卿谋划，王安石极力推行，天下人于是认为安石是奸臣。近来提拔官吏不按程序，满朝大臣非常不满。（惠卿巧非佳士，使安石负谤于中外者皆其所为，安石贤而愎，不闲世务，惠卿为谋主，而安石力行之，故天下并指扫奸邪，近者进擢不次，大不厌众止。）"

神宗说："惠卿进献对策条理明晰，颇有才华。（惠卿进对明辨，亦似美才。）”

司马光说：“惠卿确实文采出众，思辨明慧，但是心术不正，但愿陛下仔细考察他，史上有名的奸佞者，像汉武帝时的江充和唐文宗时的李训，如果没有才能，又如何能打动人主？（惠卿诚文学辨慧，然心术不正，顾陛下徐察之。江充、李训若无才，何以能动人主？）”

神宗沉默不答，之后，司马光又在信上对王安石说：“惯于献媚阿谀之人，对您现在而言确实有顺从合意之感，一旦您失势，必定将出卖您以换取利益。（谄谀之士，于公今日诚有顺适之快，一旦失势，将必卖公自售矣。）”

王安石读后，明白司马光这些话是指吕惠卿，很不高兴。

《步里客谈》卷上说，王安石再次拜相后，已是参知政事的吕惠卿看到王安石是自己上升宰相的压顶石，于是把王安石过去写给他的信拿出来让神宗过目，神宗看到信上有“勿使上知（不要让皇上知道）”四个字，对王安石就不再信任并冷落王安石，王安石只好辞职回南京当逸民。前述《清波别志》卷中记：“王荆公退居钟山，切切以吕惠卿为恨。”常常书写“福建子”三字咒之，悔恨为惠卿所害。《步里客谈》也记载荆公此番悔恨，后来被宋史家录入《宋史·吕惠卿传》。

二、熙宁七年六月，郑侠上书说吕惠卿结党为奸，堵塞言路。吕惠卿大怒并命中丞邓绾、知制诰邓润甫惩治他，郑侠被谪放至汀州。由是制造了宋开国以来的第一桩文字狱案。

同年七月，吕惠卿又采用弟弟曲阳县尉吕和卿的计谋，制定五等丁产簿计税，让全国百姓自报家财，家中禽畜都不许遗漏。他人告发隐瞒家产者，用被告者财产的三分之一充赏告发的人，陷百姓于水深火热之中。保甲正长发放青苗钱，还让保甲内的人一同前往官府认领，不得遗漏一人。如此横征暴敛，全国因而更加动乱不安。

三、吕惠卿母亲去世，报丁忧，皇上诏奉禄外特补助五万钱，吕惠卿请皇上再添一万五千钱，御史以其贪婪弹劾他。神宗说：“惠卿实在是过于贪图财利，但看在他是执政大臣，治他的罪，有伤国体，谴责他不义就是了。(惠卿固贪冒，然尝为执政，治之伤体，姑责以义可也。)”

由是削去奉补，惠卿还申辩，御史以居丧不应有言罪之，神宗念其居丧而没有问罪。但是，吕惠卿由此失宠，丁忧后辗转于地方任上。

哲宗即位，宣仁太后听政，苏辙回到朝廷，由因吕惠卿过去把王安石给他的私人信件拿出来卖主求荣，苏辙斥吕惠卿猪狗不如。也因为这一点，章惇、曾布等同党都畏惧吕惠卿而不再往来。不久，吕慧卿因儿子吕渊闻妖言不告案牵连，谪祁州团练副使，移庐州而逝。

熙宁新法既出至吕惠卿之手，如不过细分析熙宁新法的性质和由来，吕惠卿应当是制度经济学家了。但是，就一个制度经济学家的操守而论，一个制度经济学家着眼国家经济政策，立足于经邦济世的起点时，还需格外防范误国害民。然而，权欲使吕惠卿丧失社会良知，制定的经济政策令人民不堪重负，从而导致社会动荡。

章惇

章惇（1035—1105），字子厚，建州浦城人。嘉祐二年进士及第，任商洛县令。

熙宁初，王安石执政，章惇看到王安石的用人原则是“顺我者昌，逆我者亡”，因而以才取悦王安石，王安石悦其才华，提拔为编修三司条例官，加集贤校理、中书检正。由此成为新党的中坚力量。

一

章惇列入《宋史·奸臣传》，有如下几桩事。

一、哲宗即位，章惇知枢密院事。宣仁太后听政，司马光拜相，将新法尽废，章惇竭力反对司马光废除新法，引怒宣仁太后，贬黜知汝州。

哲宗亲政，表示绍述新政，章惇拜相，也就宣告新党重新掌权。章惇和蔡卞请求掘司马光的坟墓，哲宗没同意，只剥夺了司马光的谥号，推倒司马光的“忠清德粹”碑并追贬为崖州司户参军。

这一来一往，从统治角度讲是政治方向的必要斗争，可在继正统的史家看来，这是正统受邪恶所侵，正是小人“逞其狡谋”。

二、恢复熙宁新法，章惇对元祐法令也有所吸取，多以我意修正而推行之。这在宋史家看来，正是“擅自改变国家大计，残暴陷害忠诚正直之臣，废弃好的方针政策，将国家陷入动乱不安的灾难之中（变易国是，贼虐忠直，屏弃善良）。”

三、重用蔡卞、黄履、蔡京、安惇等等一大批专营投机者整人害人为上。

《东都事略》卷九十五记，章惇任相，为人忌恨刻薄，手段歹毒，作恶多端，朝野于是以歌谣咒之：“大惇、小惇，入地无门。大蔡、小蔡，还他命债。”这其中，大惇就指的是章惇，大蔡、小蔡分别指蔡京、蔡卞两兄弟。

二

哲宗崩，哲宗无子，向太后和章惇、曾布等大臣讨论立新皇帝一事，章惇厉声说：“按照国家的礼律，应该立哲宗帝的同母弟简王（以礼律言之，母弟简王当立）。”

皇太后说：“老身无子，诸王皆是神宗的庶子。”

章惇说：“以长则申王当立。”

皇太后说：“申王病，不可立。”于是提出立端王为皇帝。

章惇欲再以端王轻佻来反对立端王，知枢密院事曾布大声怒斥道：“章惇，听太后的安排。”

端王赵佶于是继位，章惇因此失宠。为山陵使，灵车陷泽中，劾其不恭，罢相知越州，不久又贬为雷州司户参军。后死在睦州贬所。

章惇得势则盛气凌人，但他的妻子张氏贤淑聪慧。章惇入相，张氏病逝，逝前一再告诫丈夫：“君作相，幸勿报怨。”

《宋史·奸臣传》说章惇没有听妻的临终遗言，弄权报怨，作恶多端，不得善终，悔不听妻言。窃以为，章惇虽和苏轼、曾巩是同科进士，但权迷心窍而与邪恶者为伍，忽略了“亲君子，远小人”。

三

章惇一生有两件事万想不到。

一、《邵氏闻见后录》卷二十二记，章惇任相，听说苏轼苏辙住在贬地的官舍里，为之颁发政府文件：谪黜之官一律不许住官舍，民居也不准租房给谪黜之官。章惇万没想到几年后他被贬到雷州，官舍不能住，去租民房时，有房出租的人却说："我不能租给你这个被贬到这里的官，衙门早有文告，我把房子租给你住，政府就要惩罚我。"

这是一件典型的害人害己的事，通过这事可见章惇心胸之狭窄，预事能力之平庸，没有给自己留余地。史家说他"性忮毒"，最终毒害了自己。

二、元丰八年，司马光向宣仁太后密荐范纯仁、朱光庭、苏辙等人担任谏官，章惇竭力反对，说："我也知道韩缜、吕公著、司马光不会徇私舞弊，但如果将来有一天奸臣执政，以此为例提升谏官以亲疏为标准，台谏官就失去意义了，这会造成政治的昏暗，国家安危之所系。"

章惇说这话时，可见是以忠良标榜。想不到宋史家不单不承认他的忠良之说，还依上述事例将他章惇列入奸臣传。

如是遗臭，诚然是章惇只顾弄权、无视民生而戏弄自身的结果。

曾布

曾布（1036—1107）字子宣，南丰人。师从胞兄曾巩，同举进士。受韩维、王安石的推荐进入三司条例司，和吕惠卿一道制定青苗法、保甲法、农田法、助役法。据《邵氏闻见录》卷十三载，吕惠卿、丁父忧离职，王安石正愁无心腹可商变法事宜，曾布“巧黠迎合”王安石，王安石颇为器重，曾布因此成为王安石的左右臂。

熙宁七年，天下大旱，神宗下诏求直言，曾布上疏究开封府主管市易的判官吕嘉问多收利息以图奖赏。王安石认为这是曾布在阻止市易法的推行，大怒之下将曾布贬到饶州等地方就任。

曾布被列入《宋史·奸臣传》，其事有四：

一、章惇为相，曾布极力吹捧他，只望章惇推荐他进门下省成为执政之一（布草制救其称美，冀惇引为同省执政）。结果为章惇嫉妒，只任命他做分知密院事，曾布对章惇大为不满，进而阳奉阴违，想倾轧章惇。为此挑唆哲宗，对哲宗说：“皇帝手握国家权力，切不要授权与人，反受其害，眼下丞相专权，朝臣都只畏惧宰相，不惧怕您陛下（人主操柄，不可倒持，今自丞弼以至言者，知畏宰相，不知畏陛下）。”哲宗未听，倾轧未果。

二、哲宗崩，前叙立新皇帝时，曾布依附向太后，突然袭击章惇，致使章惇失宠。这也恰恰是曾布基于权欲熏心争宠成功的说明，压根不是站在国家角度慎重考虑国家大计。历史证明徽宗轻佻，“不可君天下”，不能说曾布无丧国之责。

三、徽宗即位，曾布因拥立徽宗受重用，韩忠彦任左仆射（宰相），曾布任右仆射（副相），但韩忠彦懦弱无能，曾布主宰了朝政，曾布犹不能容忍，借韩忠彦“变易神宗法度”而罢相，曾布独揽大权。徽宗召蔡京为尚书左丞，野心家蔡京针对曾布重用女婿有失提拔程序，上疏责问曾布的过失，罢相知润州。

四、曾布罢相后，查出他利用职务之便贪污受贿，他的几个儿子因此下狱，他本人落职，死于润州。

基于上述，《宋史》将曾布列入奸臣传，梁启超先生对此颇为不平，说：“曾子宣这人，是千百年来最正直、最刚强的志士，他有宰相之才、翰林学识，是散文大家曾巩的弟弟，王荆公得到曾布，就像得到夔龙一样得意。（‘曾子宣者，千古骨鲠之士。’‘其才其学，皆足以辅之，南丰可云有弟，而荆公之得士，亦一夔而足者也。’）因此，梁先生为曾布被列入奸臣传顿足痛斥：“王荆公的冤屈，这百年来倒有数十人为之鸣冤申辩，而曾布的冤屈，却一直沉冤于万古黑暗里，我哪能不为他申冤出气？（荆公之冤，数百年来为之昭雪者，尚书数十人，而子宣之冤，乃万古如长夜，吾安得不表而出之？）”（《王安石传》第268页）

读梁启超《王安石传》，可见梁先生是立足于改良失败者的立场上为曾布叫冤。无奈学术研究和政治论述有别：搞政治大可只讲立场不要是非，作学术得以是非为旨。所以，梁先生偏离学者心态，抱改良失败者的政治态度去称赞曾布的才能，忽略了曾布的低下人格，从而把曾布“巧黠迎合”与“逞其狡谋”之能视为辅弼之才，把曾布及儿子的贪污受贿的犯案说成是蔡京的污陷，也就只能从情有可原方面来看待梁先生的雄辩。

《挥麈后录》卷七记：建中初，曾布与蔡京兄弟为敌，曾布执政时，时下有文士向曾布献词："扁舟去国，颂声唯在于曾门；策杖还朝，足迹不登于蔡氏。"

明年，曾布罢相南迁，蔡京拜相当国，这文士更其语向蔡京进献："幅巾还朝，舆颂咸归于蔡氏；扁舟去国，片言不及于曾门。"

这一方面反映了当时士大夫骑墙随风不足养，另一方面也道出士大夫对朝廷上去个强盗来个匪的主政者无可奈何。

安惇

安惇（1042—1104），字处厚，广安军人。上舍及第，调成都府教授。

安惇入《宋史·奸臣传》，事实有三。

一、绍圣初，召为国子司业，三迁谏议大夫。章惇、蔡卞共同制造文馆狱，蔡京和安惇是重要推手，二人陷人于罪，使尽阴险歹毒的手段来陷害司马光一党人。这二人在司马光一党人执政时期，又百般地听任司马光的政令。

二、刘婕妤册封皇后这一天，天气晴朗，百官朝贺，安惇大声说：“今天封皇后，真是上合天意，下合人心呀。”如是献媚，百官私下嘲笑他的奸猾争宠。

三、蔡京执政，又与蔡京狼狈为奸，数谄忠良。朝野因此生出“大惇、小惇，入地无门”的咒骂之声。这小惇便是安惇。

安惇平生如是，以致在世时就成为千夫所指之人。

“六贼之首”蔡京

蔡京（1047—1126），字元长，兴化仙游（今福建仙游）人，神宗熙宁三年登进士第。四任宰相，被时人称为“六贼之首”。

古谓贼者，在这里，一是《汉书·食货志》言：“淫侈之俗，日日以长，是天下之大贼也。”再是《韩非子·饰邪》：“行小忠而贼大忠也。”三是《三国志》称董卓的暴虐不仁为“狼戾贼忍”。这三种贼心，在蔡京身上皆有。而且，这些贼心都未被时任宰相的王安石、司马光觉察，倍受二位宰相看好，可见蔡京奸诈过人。

见机行事　上司看好

一

《宋史·奸臣传》载：元祐初，司马光执政，恢复差役法，限期五天，臣僚们都担心太急迫，只有蔡京如约，使其辖区全部改雇役为差役，没一人违反。他到政事堂向司马光汇报，司马光高兴地说：“若人人奉法如君，有什么行不通！”

不久，台谏官说蔡京心怀奸邪，破坏法度，因此蔡京调知成德军，改知瀛州，调到成都。

绍圣初，蔡京调到朝廷，任代理户部尚书。宰相章惇要改变役法，设机构讨论，久久不能形成决策。蔡京讨好章惇，对章说：“按熙宁役法实行，还有什么可议论的？”章惇于是采用雇役法。

十年间，蔡京也就这样反复取悦于新旧两党，在司马光和章惇这两大政敌间互相依仗，在党争激烈的官场立于不败之地。这时，中正之士才发现他见风使舵，为人奸邪。

二

《重刊兴化府志》记，早在王安石执政时，王安石就看好蔡京，神宗熙宁末，王安石就对女婿蔡卞说：“天下没有可用之才啊！不知将来谁能继承我，执掌国柄？”然后掰着手指头自言自语：“我儿王雱应该算一个！”接着又对蔡卞说：“贤兄（指蔡京）如何？且算一个吧。”又掰下一指，沉吟良久，才说：“吉甫（指吕惠卿）如何？且算一个吧。”

这时，蔡京距宰相位还远，曾布做枢密使，蔡京还是北门承旨。据《铁围山丛谈》卷一记，蔡京这时也有一个翰墨亮点，蔡京的字在方家眼里虽说笔法不精，但在朝廷，却是一笔被看好的字。因而在元符末年命召入东门草制哲宗庙的遗制。这在当时，哲宗既未发丧，事在秘密中，宫中只有宰执章惇、枢密使曾布和学士蔡京，这样一来，就只有曾布跟蔡京磨墨了。蔡京事后为此非常感慨地说：“始觉儒臣之贵也。”

这是哲宗的国防部长跟哲宗治丧委的秘书磨墨，这秘书当然觉得身贵。但是，再贵也不过就是需他的书写哲宗遗制的这一瞬间，哲宗丧事一过，这位易反易复的老手却被朝廷反掌。

死灰复燃　权倾朝野

一

徽宗即位，蔡京被罢官为端明、龙图两学士，知太原，皇太后命徽宗留蔡京完成修史工作。过了几个月，谏官弹劾他与内侍陈䜣交结，陈䜣获罪被斥退，蔡京被贬，知江宁拖延不任。御史陈次升、龚夬、陈师锡相继议论他的罪恶，蔡京被夺去官职，让他提举洞霄宫，居住在杭州。

蔡京谪居杭州，书名仍盛。《佩文斋书画谱》卷三十四记绍圣间，天下号能书，无出蔡京之右者。这是苏轼、黄庭坚的墨迹皆在封杀中，蔡京书名因而闻达天下。

令蔡京想不到的是，就在他的仕途坠入低谷时，宦官童贯却以供奉官的身份到三吴来为徽宗搜刮历代名家书画及各种珍奇古玩。童贯驻足在杭州，蔡京极力巴结童贯，童贯也需要蔡京这样的书画行家帮自己鉴定书画拿主意，凡是蔡京书的屏幛、扇带等物，童贯都送到宫中，并附上自己的评论，但徽宗开始留意蔡京，是"已而宫妾，宦官合为词誉（蔡）京"。（《宋史·奸臣传》）

宫妾、宦官们为什么赞许蔡京呢？据《家世旧闻》说，闲居杭州的蔡京和童贯原本不相识，得知中宫派童贯到杭州天竺祷观音求嗣，便在天竺山中候见。蔡京置酒席款待童贯时，见童贯施给天竺寺的佛礼不厚，问其故，童贯回答说："宫中何从有钱？"

蔡京叹道："朝廷本不该这样穷，国家府库，其财当如山如海的富饶。"

童贯把这话拿回宫里一说，皇后、妃嫔们天天念着这话，巴不得蔡京来做宰相，蔡京这才开始受徽宗起用。

二

宰相韩忠彦与副相曾布交恶，韩提拔蔡京来帮己除曾布，没想到蔡京进入权力中心察觉徽宗有意恢复神宗的施政措施，于是借机取得徽宗信任，将韩忠彦取而代之，更把曾布逐出朝廷。

蔡京拜相后，借名推行神宗新法，为巩固自己的相位做了以下六事。

——培植亲信，铲除异己。他勾结宦官童贯、梁师成、杨戬等，将自己的亲信安排到国家各重要部门主事。

——视相府与宫庭等同，将小妾也封为夫人，马夫也是高级官员。

——沿用王安石手法，借推行新法改换官制。大搞“一言堂”，防止他人弹劾自己，甚至不惜作假圣旨。

——制造“元祐党籍”，将司马光、文彦博等一百二十人列为“奸党”时，以“为臣不忠”的罪名打击章惇、曾布时，顺便铲除了可能威胁自己的人。

——以“丰亨豫大”说倡导奢靡，带领徽宗堕落腐败天地，为此大肆掠夺社会财富来满足整个统治阶层的奢侈之需。

基于上述，《宋史·奸臣传》说：“京天资凶谲，舞智御人，在人主前，颛狙伺为固位计，始终一说，谓当越拘挛之俗，竭四海九州之力以自奉，帝亦知其奸，屡罢屡起，且择与京不合者执政以柅之。”这是说，蔡京本性残暴诡诈，擅用玩弄权术控制他人。在皇帝面前，专权独断，暗中窥伺人主之意以求固位专宠，始终对皇帝说，不必拘泥流俗，应该竭尽四海九州的财力来满足自己享乐。徽宗也知道他奸诈，故屡罢屡起，并选与蔡京不和的人为执政来牵制他。

徽宗知道蔡京奸诈，屡罢相又屡起用，也因为自己的奢靡所需离不开蔡京的如意伺奉，所以才选与蔡京不合的人为执政来牵制蔡京（“择与京不合者执政以柅之”）。这，不过是徽宗玩火防止自焚的一厢之愿而已，既是玩火，就是自焚的开始。

贪字当头有例外

一

《宋史·奸臣传》记：“京既贵而贪益甚，已受仆射奉，复创取司尝寄禄钱，如粟、豆、柴薪与傔从粮赐如故，时皆折支，亦悉从真给，但入熟状奏行，帝不知也。” 这是说，蔡京身随位高，更是贪得无厌，他已领宰相的俸禄，又领受司空寄禄钱，他相府的粟、豆、柴草及侍从等日常开销，都照赏赐给他，当时都是折支，以实物给他，蔡京仍然各自再造册领受，宋徽宗并不知道。

在前说过，宋朝宰相的年俸可买一百亩良田。上述说蔡京领了宰相工资外，对司空寄禄钱以及皇上发的奖金还要格外造册领双份，可见贪婪胜豺狼。

二

《归田诗话》卷中记：蔡京当国，倡导、推行“丰亨豫大”之说以肆蛊惑。每逢生日，天下郡国皆有馈献，号“太师生辰纲”，富侈可知也。也就是说，自从蔡京倡行“丰亨豫大”的侈靡之风以来，蔡京每年的生日，天下各州郡都要向蔡京送上一份生日厚礼，时曰“太师生辰纲”，敛财穷奢也就可想而知了。据此，《水浒传》说晁盖们劫“太师生辰纲”并非作家无中生有，而且晁盖们所劫“太师生辰纲”不过是上千份中的一份罢了。

《金瓶梅词话》（杂种本）第五十五回说西门庆借蔡京生日而趋附蔡京门下后，说：“但拜太师门下，做个干生子，也不枉了一生一世。”西门大官人这话，可是道出了全国州官到蔡府拜寿的心态。

此外，一干趋炎附势的文人也不失时机地为太师生辰献词，《归田诗话》说文士锦囊玉轴，竞进诗词，蔡太师独喜周邦彦的贺诗：

化行禹贡山川外，人在周公礼乐中。

谁要为蔡京翻案鸣不平，周邦彦这两句诗可做蔡京翻案的铁证。

三

《扪虱新话》卷四说蔡京为相任官，也不全是拿钱才可得好官。时有二人寻求提拔，蔡京手上正好有一个肥缺美差，蔡京一时不知给谁好，也就对二人说：

“能诵卢仝《月蚀》乎？”

这二人中有一人应声而诵，这首诗有一千七百多字，此公朗念起来，如注瓶水，音吐鸿畅，一坐尽倾。蔡太师大喜之下，就把这美差给了此公。

据说，过人的记忆是聪明的一部分，一个人的文才及聪明用于同流合污，就是自我作贱了。

仕途末日

一

《宋史·奸臣传》载，宣和六年，蔡京凭借朱勔的势力，第四次执政，此时，蔡京已是77岁的老人，他老眼昏花不能办事，政事都由他的次子蔡绦处理。凡是蔡京所批，都是蔡绦所做，并替蔡京上奏。蔡绦每次上朝，侍从以下都拱手相迎，低声耳语，堂吏数十人，怀抱案卷跟在后，于是他恣意为奸，窃弄威权，用他的妻兄韩木吕为户部侍郎。他们一起密谋，挑拨是非，陷害和驱逐朝士，建宣和库式贡司，各地的金帛及库藏，都被搜刮来作为天子的私财。

其时的宰相白时中、李邦彦只奉行文书而已，不久，蔡绦不能胜任其职，他的哥哥蔡攸也揭发他们，徽宗大怒，本要流放他们，蔡京极力请求免他的罪，徽宗停了蔡绦的俸养，把韩木吕贬到黄州。不久，革去蔡绦侍读，毁掉赐出身的诏令，蔡京也辞职。

当时白时中等上书请罢蔡绦以动摇蔡京的地位，蔡京毫无退意。宋徽宗让童贯去蔡京那儿，令他上章辞官，童贯到后，蔡京哭着说：“皇上为何不容京几年？一定是有人进了谗言。”

童贯说：“不知道。”

蔡京不得已，把辞职的章奏交给童贯，宋徽宗命词臣代他做辞职三表。

钦宗即位，太学生陈东等伏阙上疏，请诛杀“六贼”蔡京、童贯、王黼、梁师成、李彦、朱勔，以平众怒。蔡京才被逐出朝廷，衡州安置。这一年，蔡京八十岁。

二

《云谷杂记》卷三还记，蔡京在贬黜的路上，市人得知此翁原是奸相蔡京，不单不卖东西给他吃，还诟骂他，州县吏为之驱逐，蔡京轿中独叹：“京失人心，何至于此。”继而作词《西江月》：

> 八十一年住世，四千里外无家。如今流落向天涯，梦到瑶池阙下。　　玉殿五回命相，彤庭几度宣麻。止因贪此恋荣华，便有如今事也。

几天后，蔡京饿死东明寺，有道是生无尊严，死亦无尊严者，蔡京也。可门人吕川卞四处凑钱葬京，其墓志曰：“天宝之末，姚、宋何罪？”

莫看蔡京墓志就这几个字，却道出两层意思：

一、你钦宗把国家弄丢了，与前朝蔡太师执政何干？

二、太师蔡京是堪比姚崇、宋璟这样的能臣贤相。

一个门人对主子的墓志作得如是称妙，真不愧是“六贼之首”的门人。只是，坚定的立场基于是非不分而为虎作伥，同样为人不齿。

不义之财被不义

《西湖游览志余》卷四记，蔡京权势盛极时，建府第于杭州，极为雄丽，全占山林立湖之绝胜。宣和末，金人来侵，蔡氏一家像受惊吓的猪那样奔突逃窜，尽将平日所勒之积，用巨船载之，自汴河至杭而藏入杭州老宅。靖康初，朝廷下诏没收蔡京一家的财产，适逢毛达可任杭州知府，这毛达可原是蔡京门下士，此时便有意将没收事缓行并秘密知会蔡氏，蔡京一家速将家产半数四散隐藏，其中有四十担金银财宝寄藏族人。谁知蔡氏父子诛的诛，贬的贬，这四十担金银财宝全被族人据为己有，成为浙右海盐蔡氏之冠。

猎来却逐他人手

《金瓶梅词话》（杂种本）载蔡太师的客厅上，平日里都是四十美人身后排队站，美其名曰：“丽屏。”这不应是小说家塑造，《谈薮》记，蔡京权势盛极时，蔡太师姬妾成群，性供给成为稀缺。京师士人出游，有登徒子日暮过人家，窥见一个大花园，逾墙而进，在花木繁茂中，径路交互，不觉深入而迷返。天渐黑，突见有使女红纱灯笼走来，登徒子于是藏于园中小亭旁，灯笼渐近，见是十来个衣着华丽的妙龄美人上小亭举灯笼为号，亦有壮男投妇人群中，登徒子不失时地混入其中，有一美妇见登徒子惊道：“又不是前日那个。”

另一妇人看了登徒子两眼，说道：“也得，也得。”

于是手执登徒子携去，登徒子不敢问，随妇人来到洞房曲室，群饮交戏，五更乃散。

事后，这登徒子再游，方看清是蔡太师的花圃。

三

《云谷杂记》卷三载，蔡京谪黜途中，突然接到圣旨，金人索要他的宠姬慕容氏、邢氏及武氏三人，这三人皆妙丽不凡。说来，金人也是学蔡京弄佳丽的方法弄走了他这三个佳丽。蔡京不得不作诗以别：

为爱桃花三树红，年年岁岁惹东风。
如今去逐他人手，谁复尊前念老翁。

读这诗，有感于八十一岁的诗翁堪比十八岁的风流少年。

结语

这些故事告诉我们，蔡京虽说才能出众，然而品质败坏，做人做事贼心不死，枉然了大好官运，成为遗臭万年的历史人物。

后　记

鄙人近十来年好读宋朝史料，所作札记和资料卡完全出于读书习惯，前年将这些笔记整理成册，看到“柳成荫”的影子，才生出结集出版的念头。虽几经易稿，但在书样子方面不尽人意处，还请读者赐教。

拙著出版之际，感念初稿结集时，不少笔误承蒙周国庆和徐钰先生指正，这里，衷心致谢。

周康尧

2017 年 9 月